地方治理研究报告 Ⅱ

U1004771

践行五大发展理念与县域治理

李宗楼　王义德◎主编

安徽师范大学出版社

·芜湖·

图书在版编目(CIP)数据

践行五大发展理念与县域治理/李宗楼,王义德主编.
—芜湖:安徽师范大学出版社,2016.11
ISBN 978-7-5676-1763-6

Ⅰ.①践… Ⅱ.①李… ②王… Ⅲ.①区域经济发展-研究报告-安徽②地方政府-行政管理-研究报告-安徽
Ⅳ.①F127.54②D625.54

中国版本图书馆CIP数据核字(2016)第282596号

践行五大发展理念与县域治理　　李宗楼　王义德　主编

责任编辑:胡志立　何章艳
装帧设计:张德宝
出版发行:安徽师范大学出版社
芜湖市九华南路189号安徽师范大学花津校区
网　　址:http://www.ahnupress.com/
发 行 部:0553-3883578　5910327　5910310(传真)
印　　刷:虎彩印艺股份有限公司
版　　次:2016年11月第1版
2016年11月第1次印刷
规　　格:700 mm×1000 mm　1/16
印　　张:20.75
字　　数:344千
书　　号:ISBN 978-7-5676-1763-6
定　　价:59.00元

前　言

党的十八届五中全会提出的创新、协调、绿色、开放、共享五大发展理念，是我们党把握世界发展大势、着眼我国发展全局作出的战略抉择，是“十三五”乃至更长时期我国发展思路、发展方向、发展着力点的集中体现，是引领经济发展新常态、决胜全面建成小康社会的强大思想武器和科学行动指南，是以习近平同志为核心的党中央治国理政新理念、新思想、新战略的一个重大标志性理论成果。

党的十八大以来，以习近平同志为核心的党中央毫不动摇地坚持和发展中国特色社会主义，勇于实践、善于创新，不断深化对共产党执政规律、社会主义建设规律、人类社会发展规律的认识，形成了一系列治国理政新理念、新思想、新战略。创新、协调、绿色、开放、共享五大发展理念，是以习近平同志为核心的党中央治国理政新理念新思想新战略在发展问题上的集中概括。五大发展理念聚焦突出矛盾、揭示发展规律，创造性地回答了新形势下实现什么样的发展、如何实现发展的重大问题，深化和拓展了中国特色社会主义理论体系中一些重大命题的理论认识、实践要求，为中国共产党人在发展问题上提供了管全局、管根本、管长远的思想导向和行为导向，具有丰富的内涵和重大战略意义。

五大发展理念是对国内外发展理念的总结和发展观的深刻变革。2016年新年伊始，习近平总书记在重庆调研时强调，创新、协调、绿色、开放、共享的发展理念，是在深刻总结国内外发展经验教训、分析国内外发展大势的基础上形成的，凝聚着对经济社会发展规律的深入思考，要“崇尚创新、注重协调、倡导绿色、厚植开放、推进共享”[1]。4月，习近平在安徽调研时强调，各级党委和政府要按照“五位一体”总体布局和“四个全面”战略布局，深入贯彻创新、协调、绿色、开放、共享的发展理念，立足自身优势，加强改革创新，努力闯出新路，奋力开创经济社会发展新局面[2]。这是对五大发展理念内涵的丰富，是对国内外发展理念的深刻总结，也是对原有发展理念和发展实践的伟大变革。一方面，五大发展理念深刻揭示了我国“十三五”乃至更长一个时期经济社会发展的基本特征是“转型发展”，在转型中提升发展，在发展中实现转型，推动社会主义现代化进入新阶段，是“十三五”规划的精髓。另一方面，五大发展理念也深刻揭示了我国改革与发展实践互促共进的演进规律，把发展与改革紧密结合起来，既推动经济社会结构和发展方式的重大调整，也推动发展体制机制的全面改革。五大发展理念将有效破解发展难题、增强发展动力、厚植发展优势，带来一场关系我国发展全局的深刻变革。

五大发展理念彰显了推进“五位一体”总体布局的价值灵魂。改革开放以来，我们党在推进中国特色社会主义事业的实践中，不断完善发展格局和目标体系。从物质文明建设和精神文明建设“两手抓、两手都要硬”，到经济建设、政治建设、文化建设“三位一体”，到纳入了社会建设的“四位一体”，再到党的十八大确立经济建设、政治建设、文化建设、社会建设、生态文明建设“五位一体”总体布局，体现了我们党对中国特色社会主义事业认识的演进和深化。五大发展理念的提出，进一步凸显了协调推进五大建设的价值取向，把新发展理念融入贯穿到总体布局中，使中国特色社会主义事业始终保持协调均衡、永续发展、与时代共进步的良好态势，给人民群众带来更多、更实在的获得感。

五大发展理念是走出一条适应、把握、引领新常态的正确道路。习近平总书记指出，我国经济发展的显著特征就是进入新常态。在步入新常态的新的发展条件下，经济社会发展呈现出一系列新的阶段性特征：经济发展呈现出速度变化、结构优化、动力转换三大新特征，增长速度从原来的

①习近平：落实创新协调绿色开放共享发展理念　确保如期实现全面建成小康社会目标[EB/OL].[2016-01-07].http://cpc.people.com.cn/n1/2016/0107/c64094-28022473.html.

②习近平：加强改革创新开创发展新局面[EB/OL].[2016-04-27].http://politics.people.com.cn/n1/2016/0427/c1024-28309744.html.

高速转向中高速，发展方式从规模速度型转向质量效益型，经济结构调整从增量扩能为主转向调整存量、做优增量并举，发展动力从主要依靠资源和低成本劳动力等要素投入转向创新驱动。在这种情况下，谋划和推动“十三五”时期我国经济社会发展，就要把适应新常态、把握新常态、引领新常态作为贯穿发展全局和全过程的大逻辑①。习近平还指出，党的十八届五中全会提出创新、协调、绿色、开放、共享的发展理念，是针对我国经济发展进入新常态、世界经济复苏低迷开出的药方②，是指引新常态下我国经济社会发展的思想罗盘和行动路标。坚持五大发展，就是要彻底摆脱长期形成的思维定势、路径依赖、行为习惯，摒弃不适应经济发展新常态的“速度情结”“换挡焦虑”；用新的理念指导新的实践，因势而谋、因势而动、因势而进；直面深刻的供给侧结构性矛盾，以坚定的决心、坚韧的意志，加大供给侧结构性改革力度，着力矫正要素配置扭曲，推进去产能、去库存、去杠杆、降成本、补短板，不断强化内生动力、激活增长潜力，推动我国经济迈上新台阶③。

五大发展理念是实现国家富强和民族进步的历史性跨越，是全面建成小康社会的行动指南。全面建成小康社会，凝结着中华民族的千年求索、百年奋斗，将是中国历史上开天辟地般的伟大跨越。五大发展理念，围绕全面建成小康社会，坚持目标导向和问题导向相统一，突出把创新摆在国家发展全局的核心位置，要求创新引领和驱动发展，以重大科技创新为引领，以重要领域和关键环节的突破带动全局，以创新的思维和坚定的信心探索创新驱动发展新路，以提高我国经济整体素质和国际竞争力；强调发展的整体性、协调性、平衡性，解决发展不平衡、不调协问题，统筹补齐短板与厚植优势，着力推进全面进步全面发展；注重绿色发展、可持续发展，尊重自然、顺应自然、保护自然，推进人与自然和谐共生，让良好生态环境成为经济社会发展、改善人民生活质量的增长点；强调发展的内外

①习近平在省部级主要领导干部学习贯彻党的十八届五中全会精神专题研讨班上的讲话[EB/OL].[2016-05-10].http://news.xinhuanet.com/politics/2016-05/10/c_128972667.htm.

②习近平：落实创新协调绿色开放共享发展理念　确保如期实现全面建成小康社会目标[EB/OL].[2016-01-07].http://cpc.people.com.cn/n1/2016/0107/c64094-28022473.html.

③黄坤明.深刻认识新发展理念的重大理论意义和实践意义[N].光明日报，2016-07-25(06).

联动性，主动顺应、积极引领世界发展潮流，实行开放战略，更好利用国际国内两个市场、两种资源，形成深度融合的互利合作格局，实现合作共赢、共同发展；凸显发展的人民性、普惠性，推进全民共享、全面共享、共建共享、渐进共享，使全体人民在共建共享发展中有更多获得感，凝聚和激发国家发展最深厚的动力。新的发展理念在中国得到全面贯彻落实并成为普遍实践，将深刻改变和重新塑造我国经济社会发展，并对我国现代化进程和国家民族命运产生深远影响。它所引领的全面小康，必将实现国家由大到强的历史性跨越，为迈向“第二个百年”目标，进而实现中华民族伟大复兴的中国梦，奠定更加深厚坚实的基础。

五大发展理念是一个不可分割的有机整体。在这个有机整体中，创新是引领发展的第一动力，协调是持续健康发展的原则要求，绿色是永续发展的必要条件，开放是发展的环境布局，共享是发展的根本目的。也就是说，创新、协调、绿色、开放、共享五大发展理念之间相互联系、相互贯通、相互促进，构成了指导和引领当今中国发展的全新理念和行动指南。正如习近平同志所强调的，五大发展理念是不可分割的整体，相互联系、相互贯通、相互促进，要一体坚持、一体贯彻，不能顾此失彼，也不能相互替代[①]。哪一个发展理念贯彻不到位，发展进程都会受到影响。因此，需要把握好新发展理念的系统性，树立全面系统的科学思维，掌握统筹兼顾的工作方法，增强贯彻落实的整体协同，不断开拓发展新境界[②]。

理念是行动的先导。发展理念管全局、管根本、管方向、管长远，直接关乎发展成效乃至成败。发展是一个不断变化的过程，发展环境和发展条件不会一成不变。经济新常态下的发展迫切需要用新发展理念作指导。只有发展理念与时俱进，才能指引发展实践不断开辟新境界。五大发展理念顺应时代发展潮流，把握发展速度变化、结构优化、方式转变、动力转换的新特点，指明了实现更高质量、更有效率、更加公平、更可持续发展的新路径。树立和贯彻新的发展理念，就能使我国发展占据时代制高点，维护和用好重要战略机遇期，在日趋激烈的国际竞争中赢得更大发展优

①习近平：落实创新协调绿色开放共享发展理念　确保如期实现全面建成小康社会目标[EB/OL].[2016-01-07].http://cpc.people.com.cn/n1/2016/0107/c64094-28022473.html.

②刘奇葆.新发展理念蕴含的理论特质和品格[N].人民日报，2016-08-17(01).

势。因此，必须深刻领会、掌握五大发展理念的深刻内涵，努力践行五大发展理念。

县——作为中国基础行政区域，始于春秋时代，推广于战国，定制于“始皇”。2 300多年来，历朝历代的行政层级之间有较大变化，唯独县这个层级最为稳定，而且越来越健全巩固，有的县名甚至沿用至今。郡县制的建立与发展，可以看成我国从古至今，至少是春秋战国以来最有效、最持久，因而也是最伟大的政治体制改革成果①。按照我国现行体制，县是国家行政的重要基础、国家政权的重要层次。县级政府作为县级权力机关的执行机关，是最直接面向社会公众的基层政权，它承上启下，连接城乡，构成国家政权与社会民众之间的实质性纽带。同时，县是党和国家方针政策部署的实施者，推进县域经济社会发展的组织者。县域经济社会稳定发展是整个国家发展经济、保障民生、维护稳定的重要基础，起着基础性、全局性、根本性的作用，具有十分重要的战略地位。

因此，推进县市（县级市）深入贯彻五大发展理念，对全面落实好“四个全面”战略布局，完成“十三五”规划确定的各项任务，实现“两个一百年”奋斗目标具有战略性意义。正是基于这一思考，近年来，我们组织开展县域治理实证方面的调研，探讨县域治理的基础理论、治理结构和治理能力等问题。党的十八届五中全会召开之后，我们选择了省内经济社会发展成效突出或有某方面发展特色的县市作为调研对象，其中包括近年来县域经济综合竞争力排名靠前的多个县市，总结与思考其积极践行五大发展理念中的好做法、成功经验或某方面发展优势，对相关治理事务方面存在的不足作出客观分析并提出相应的建议，试图促进基层更好贯彻落实党的十八大和十八届三中、四中、五中、六中全会精神，提高统筹贯彻新发展理念的能力，提升县域治理科学化水平，推动经济社会持续健康发展。《践行五大发展理论与县域治理》是对这些研究成果的总结，全书的主要内容大体分为三个部分：

一是践行五大发展理念推进县域发展研究。主要以发展成效显著或形成发展特色的相关县市为研究个案，探索它们在五大发展理念引领下，不断增强县域综合实力，加快转型升级发展，推进新型城镇化和生态县建

①单传海.县级政府执行力[M].北京:新华出版社,2011:12.

设，促进开放与共享等方面的成功做法、好的经验。《增强动力　激发活力　凝聚合力——肥西县创新转型发展透析》《天长市坚持创新发展增强综合实力》《南陵乡村经济社会新发展及其经验探讨》三篇文章着重分析近些年来三县践行创新发展理念，打造县域经济社会发展新局面，不断提升区域整体效能，在省内县域发展与治理实践中产生了积极影响。《肥东县改革创新推进新型城镇化建设探析》《协调发展理念引领下的庐江县新型城镇化建设——实践探索、成功经验与发展前景》两篇文章，主要探讨用改革创新和协调发展理念，推进新型城镇化建设所取得的积极成效和成功经验。《用创新发展理念推动绿色发展——宁国市生态文明建设实证分析》《坚持绿色发展开创生态建设新局面——全椒县生态县建设调研报告》《“开源”和“节流”并举推进可持续发展——长丰县节约集约利用国土资源调查》三篇文章，重点探索国家级生态县（宁国）和省级生态县（全椒）如何坚持绿色发展，建立与完善绿色发展体制机制，在生态建设中取得突出成效，以及作为全国国土资源节约集约模范县（长丰）在节约集约国土资源实践中的成功做法。《开放发展理念在县域发展中的实践——以繁昌县为例》《以开放理念引领镇村经济社会发展——以无为县高沟镇为例》等文章，着重分析经济发展较快的县和经济发达的镇在坚持开放发展，不断提升开放型经济水平等方面的相关做法和经验。《共享发展理念下的农村土地流转探索——基于宣城市宣州区调研》《芜湖县积极推进美好乡村建设实现共享发展》等文章，从理论与实践方面阐述县区为坚持共享发展所采取的相关政策和措施。以上研究成果反映的是部分县市践行五大发展理论所取得的显著成效和好的经验，对其他县市基层深入贯彻五大发展理念、引领经济发展新常态、决胜全面建成小康社会、提高治理能力有积极的借鉴作用。

二是基层政府建设与公共文化服务研究。主要围绕基层政府加强自身建设，进行权力清单制度改革，创新农村公共文化服务供给进行研究。《县乡关系视角下的权力清单制度改革——基于繁昌县的实证调查》一文，针对现行县乡行政体制下，县乡政府之间依然存在责权划分的匹配性矛盾、问责体系的向度性矛盾等，提出应通过权力清单制度改革厘清和调整县乡关系，并不断改进和完善，增强基层政府的治理能力。《运用法治思维完善政府权力清单制度——基于桐城市推行权力清单制度分析》一文，立足权力法治化的政府治理实践，提出强化法治思维在政府权力清单制度建设中的方法论统筹地位，从尊崇法律至上威严、强化权力法律支撑，厘清权力运行规则，健全依法治理体制等层面提出一些启示性思考与建议。《岳西县创新农村公共文化服务供给探析》《加强乡镇综合文化站建设提升公共文化服务水平——贵池区乡镇综合文化站发展现状调查》三篇文章，主要结合两地农村公共文化建设现状，阐述农村公共文化服务是全面建成小康社会的内在要求，提出推进农村公共文化建设，要改革创新农村公共文化服务机制，增强政府提供文化服务的责任担当，提高政府供给服务水平，更好地满足农村群众文化需求。

三是乡村治理与农村政治文化研究。主要围绕乡村治理中产生的村民理事会，以及乡村传统政治文化对基层治理实践的影响进行实证研究。《村民理事会的功能定性与发展趋向——基于对全椒县的调查》《村民理事会与村级协商民主建设探索——以全椒县H村为例》两篇调研报告，着重探讨村民理事会的建立及其在村民自治中所发挥的积极作用，提出将村民委员会与村民理事会进行机构与职能整合，尽可能地处理好村级行政事务与村民自治事务之间的关系；以村民理事会为依托，健全村级民主协商机制，推动行政化治理与协商治理有机结合。这些观点对进一步完善村民自治有着建设性作用。《社会转型视野下新型农村政治文化的构建——以芜湖市郊区农村变迁为例》《徽文化影响下的农村传统政治文化》《徽州传统政治文化当代变迁及影响——基于歙县乡村调查》《徽州农村政治文化结构现代性分析——以歙县鲍村为例》等文章，主要分析与阐述乡村政治文化传统，包括徽州传统政治文化当代变迁在乡村治理实践中的影响，提出引导乡村传统政治文化向现代政治文化转变，构建新型农村政治文化，更好地服务于现实社会和村民治理，促进农村社会和谐发展。

《践行五大发展理念与县域治理》一书由安徽师范大学法学院公共管理系组织专题调研和文稿撰写，由安徽师范大学法治中国建设研究院资助出版，得到法学院院长彭凤莲教授、院党委马广见书记、副院长周俊强教授等领导同志的鼎力支持。苏州大学政治与公共管理学院教授、博士生导师乔耀章先生对本书的研究主题十分肯定，并对本书的编写出版提出宝贵意见。本书还得到安徽师范大学科研处、安徽师范大学出版社领导的关心与支持。在此向他们一并表示诚挚的谢意！

本书主要收录了我校法学院和政治学院教授、副教授撰写的研究论文、调研报告，也收录了其他高校教师和实际部门工作同志撰写的专题论文。本书的出版，将有助于深入学习和贯彻习近平总书记关于五大发展理念的重要论述，更好地发挥发展理念的引领作用，推进地方治理实际问题的深入研究。

由于我们水平有限，深入基层调研不够，本书难免有不足之处，欢迎学界同仁及读者批评指正。

李宗楼

2016年10月于安徽师范大学花津校区

目　　录

践行五大发展理念　推进县域发展研究

基层政府建设与公共文化服务研究

乡村治理与农村政治文化研究

践行五大发展理念
推进县域发展研究

增强动力　激发活力　凝聚合力

——肥西县创新转型发展透析

李宗楼　郭　琪　张海林①

摘　要:创新是引领发展的第一动力,决定我国发展思路和发展方向,是新的历史条件下深化改革开放、加快转型发展的理论指导和行动指南。肥西县坚持以科学发展、创新发展理念为指导,围绕发展目标,优化发展布局,推进体制机制创新,加快转型升级步伐,强化责任担当,着力培育发展动力、激活发展活力、凝聚发展合力,使县域综合实力获得快速增长,为实现肥西县跨越性发展、全面建成小康社会打下坚实基础。

关键词:创新理念;体制机制;转型发展;责任担当

创新是历史进步的动力，是时代发展的关键，位居我国五大发展理念之首。习近平总书记在党的十八届五中全会上提出的创新、协调、绿色、开放、共享五大发展理念，把创新提到首要位置，指明了我国发展的方向和要求，符合当今世界发展潮流，并已贯穿党和国家的一切工作，体现了中国共产党对发展规律认识的深化，是全面建成小康社会的行动指南。

肥西县积极贯彻科学发展和践行五大发展理念，特别是在创新发展上不断取得新成绩和新进展，促进县域经济社会稳健快速发展。在全国县域经济基本竞争力与县域科学发展评价中，肥西县连续6年跻身全国百强县，目前位居第79位。2015年，肥西县全年实现地区生产总值560亿元，

---

①李宗楼,安徽师范大学法学院公共管理系教授,安徽师范大学法治中国建设研究院研究员;郭琪,安徽外国语学院国贸学院讲师;张海林,中共芜湖市委党校经济学教授,现受聘安徽外国语学院国贸学院教授。

5年突破3个百亿元大关；实现财政收入63.5亿元，5年连续跨越4个十亿元台阶；实现全社会固定资产投资558亿元、社会消费品零售总额83亿元、农村常住居民人均可支配收入16 650元，5年分别增长2.1倍、3.1倍和2.3倍①。在宏观经济下行压力较大的形势下，肥西县各项主要经济指标继续保持两位数增长，经济社会发展总体保持“增速稳定、质量提高、活力增强、环境优化、民生改善”的良好态势，成为全省县域发展排头兵。肥西县不断加快创新转型发展，实现综合实力快速增长，在省内外产生了积极的影响。总结其创新转型发展的有效路径和发展经验，对推进县域经济社会发展迈上新台阶将有积极意义。

一、提升创新认识，谋划发展布局

县域经济的充分发展对全面建成小康社会、建成富强民主文明和谐的新肥西具有十分重要的意义。为使肥西县的发展步伐更加稳健、城乡环境更加优美、群众生活更加殷实、社会大局更加和谐，奋力实现全面建成小康社会，用创新理念指导，提高发展认识，谋划发展布局，明晰发展路径，成为该县带领人民攻坚克难、团结拼搏的重要共识。

（一）用创新理念，提升县域发展认识

肥西县位于安徽省中部，省会合肥西南，属合肥市辖县。全县面积为1 695平方千米，辖12个乡镇、4个园区，有80多万人口。区位优势明显，基地设施好，交通便捷。多年来县域经济保持快速发展态势，经济总量排名位于全省县（市）前列。作为一个经济发展较快的县，如何在新的历史条件下不断创新实现县域综合实力大的跨越，巩固全省县域发展排头兵地位，在全省率先全面建成小康社会，是该县面临的重大考量。

党的十八大以来，以习近平同志为核心的党中央立足我国社会主义现代化建设的时代使命，洞悉经济社会创新转型发展大势和客观规律，就适应和引领经济发展新常态，决胜全面建成小康社会，提出一系列治国理政新思想、新观点、新论断，凝聚形成新发展理念，明确提出把创新摆在国家发展全局的核心位置。创新作为引领发展的第一动力，决定我国的发展

①参见2016年肥西县政府工作报告。

思路、发展方向和发展面貌。要进一步增强创新意识，提高抢抓机遇开拓进取的能力。适应新的形势，坚持与时俱进，增强创新意识，是一个地区加快发展的关键[①]。2016年4月，习近平总书记在安徽调研时强调：要立足自身优势，加强改革创新，努力闯出新路，奋力开创经济社会发展新局面[②]。这些新论述都是科学谋划发展布局，推进县域改革创新转型发展的指导思想和行动指南。

肥西县委县政府在改革发展实践中，以习近平总书记创新发展系列论述为指导，开展多种形式的创新理念学习与思想大讨论，树立崇尚创新的发展观，把认识和行动凝聚到创新发展上，形成"抓创新就是抓发展、谋创新就是谋未来"的共识。县领导结合实际，深入分析经济发展形势，清醒地认识到该县经济规模虽然较大，但人口较多、人均自然资源有限，走以土地、劳动力、资本等为主导的传统发展之路已行不通。要从根本上解决发展不优、动力不足、产业结构不合理、层次偏低、三产服务业增长缓慢、资源环境约束趋紧等急迫问题，必须走创新发展之路。县委县政府认为，肥西县当前正处于工业化和城镇化加速发展期，加快发展仍是第一任务，只有在加快发展中促转型、谋升级，做大总量、优化存量、扩大增量、提升质量，才能做到调速不减势、量增质更优[③]。同时，要把握整体经济新常态下发展呈现的阶段性、地域性特征，坚持加快发展、融合发展、统筹发展、转型发展。县委县政府明确提出，要以创新理念指导县域发展的各项决策，通过科学决策促进和保障创新发展，形成以改革创新为主要引领和支撑的县域经济体系和发展模式，转变经济发展方式，优化经济结构，提高发展质量和效益，不断增强县域发展动力。

（二）谋划发展布局，促进综合实力提升

谋划县域发展布局是推动县域经济创新发展的重要条件和必然要求。一方面，创新发展需要科学合理的发展布局推动实施，在围绕区域发展目

①习近平与"十三五"五大发展理念·创新[EB/OL].[2015-11-01].http://politics.people.com.cn/n/2015/1101/c1001-27762105-2.html.

②习近平：加强改革创新开创发展新局面[EB/OL].[2016-04-27].http://people.com.cn/n1/2016/0427/c1024-28309744.html.

③汤传信.在肥西工作务虚会上的讲话[EB/OL].[2015-03-20].http://feixi.mofcom.gov.cn/article/ldjh/201503/20150300905696.shtml.

标基础上确立的发展布局具有长远性、全局性和指导性，能更好地促进创新发展；另一方面，谋划发展布局需要坚持创新，用创新思维去认识和把握发展环境与条件，提高科学谋划能力，增强谋划工作的前瞻性，这样才能制定出符合实际的发展蓝图，从而抓住发展机遇，少走弯路，如期实现既定的区域发展目标，为战略发展打下坚实基础。

肥西县正是为适应新阶段发展要求，以改革创新促进综合实力的提升，在坚持“全市科学发展主战场、全省科学发展排头兵、全国科学发展模范县”总目标的前提下，确立了“十三五”期间“两个率先、四个翻番、一个晋升”的发展目标，即在全省率先全面建成小康社会，在全省率先建成全国县级文明城市，地区生产总值、财政收入、规模以上工业增加值、第三产业增加值在2015年基础上实现翻一番，主要发展指标晋升全国五十强①。这是在总结多年发展成绩和经验基础上提出的县域发展目标任务，是全面开拓肥西县科学发展新境界的体现，也是谋划经济社会发展布局的重要依据。

围绕发展目标，肥西县结合当前呈现的“三期重合”发展特征②和在区域经济发展板块中的角色和担当，以及挺进全国五十强所确立的主攻方向，形成今后一个时期改革转型发展的整体布局。一是划分五大功能区，优化经济结构和产业布局，增强县域经济发展实力。即根据区域人口、环境、区位等资源禀赋，将全县区域分为合肥主城西南片区、产城融合示范区、环巢湖生态示范片区、紫蓬山生态旅游示范片区、西北部生态协调发展片区等五个功能片区，引导各功能区、各乡镇、各工业园区调整发展思路、找准发展方向、明确主导产业、优化产业布局、培育特色产业、构建产业集群，推动区域的差异发展、特色发展、联动发展。五大功能区成为实施创新发展的有效抓手，将有助于提升县域整体功能和综合竞争力。

二是凸显全域统筹发展，构建城乡一体化发展格局，加快提升城乡一

①中国共产党肥西县第十二届代表大会第三次会议关于中共肥西县委关于制定国民经济和社会发展第十三个五年规划的建议的决议[EB/OL].[2015-12-30].http://www.ah-feixi.gov.cn/content/detail/5689dabe6b07e1db68f624e4.html.

②县委书记汤传信在2015年7月全县经济工作会议上的讲话中，分析经济社会发展形势时认为，当前和今后一个时期，肥西处于发展功能定位调适期、发展战略机遇叠加期、发展模式路径转型期“三期重合”阶段。

体化水平。肥西县在确立发展布局时，坚持全域统筹，推动城乡规划、产业发展、基础建设、民生民计、生态保护、社会治理六个一体化，逐步实现县域生产空间集约高效、生活空间宜居适度、生态空间山清水秀。同时，坚持“强行入轨，超高对接”[①]，加快合肥主城西南片区发展，创建全国县级文明城市。全县常住人口城镇化率超过70%，主城区常住人口突破60万[②]。坚持顶层设计一步到位，推进重大基础设施建设，提高城市建设管理品质，推动城市供水、供气和公交等公共设施向乡镇延伸，加快中心镇和美好乡村建设，着力构建主城区、中心镇、美好乡村协调发展的城乡一体化新格局，促进城乡一体化发展水平显著提升。

三是遵循发展为了群众，发展成果由群众共享的原则，全力推进共建共享，注重发展社会事业，着力打造和谐幸福新肥西。在发展布局安排中，尤为注重坚持民生优先，优化教育资源配置，深入推进内涵发展，激活教育内生动力，着力提升教育教学质量；推进和深化医药卫生体制改革，健全公共卫生服务体系；加快完善就业创业、社会保障、公共文化、住房保障等服务体系，促进公共服务均等化、优质化；保持和谐稳定的社会环境。总之，通过积极安排，优化促进民生事业发展，为保障改革发展成果由群众共享奠定基础。

二、创新体制机制，增强发展动力

创新是引领发展的第一动力，是谋划发展布局，实现发展目标的理论依据。而发展布局的实施与推进，需要在一定体制机制下开展运行，只有不断创新体制机制，建立适应经济快速发展的环境条件，才能保障发展布局的稳步推进，实现既定的发展目标。肥西县围绕制约经济社会发展的体制机制弊端，勇于突破，大胆改革，不断创新，尤其在融资和财政管理体制、科技体制、土地利用效益机制、社会事业发展体制等方面不断改革创

①根据2015年3月肥西县工作务虚会、2015年7月全县经济工作会议，县委县政府提出“强行入轨，超高对接”，即肥西的建设发展已进入了弯道超车的关键时期，要抢抓合肥南向发展机遇，立足于肥西的发展定位、特色优势和阶段性特征，将城市规划、建设、管理等主动对接合肥主城区，以高标准推动肥西与合肥全方位融合发展。

②参见2016年肥西县政府工作报告。

新，增强发展动力，取得显著成效。

(一)创新融资和财政管理体制

在经济快速发展过程中，资金的保障和财政管理体制直接关系到区域发展进程和成效。区域经济发展水平与区域融资方式和管理体制相互联系、相互作用、相互促进，融资机制的不断完善和融资能力的不断提升是区域治理的重要组成部分，决定着一个地区动员储蓄、吸纳并配置资本的能力和效率。也就是说，一个地区有较强的融资能力就有获得快速发展需要的稳定资金，以支持和保障区域经济发展。同时，需要有适应市场经济需要的创新财政管理体制，才能确保基层财政资金的作用最大限度的发挥，以利于经济发展和民众安居生活。对于一个县级区域，政府资金如果不能满足经济社会发展需要，利用市场机制构建新的融资和财政管理体制就显得尤为重要。

肥西县在经济建设和快速发展中，积极进行融资平台和财政管理体制的改革创新，依据相关政策全省首家县级企业债券发行获国家发改委批准，组建县投融资中心，整合成立城乡建设投资有限公司，融资平台不断优化。发行企业债券16亿元；出台政府性债务管理暂行办法，完善“借用还”一体化制度；引导支持企业上市融资，培育上市（挂牌）企业12家；开展14次银企对接，解决120家中小企业流动资金7.8亿元。几年来，政府性融资45亿元，借用金融市场手段，保障了肥西的大建设、大发展[①]。目前，正积极拓展与金融部门合作，加快实施农发行新港南区整体城镇化项目；探索政府和社会资本合作（PPP）融资模式，着力形成多元化、可持续性的资金投入机制；探索部门预算支出绩效评价，扩大县城乡公司资产规模，优化资产结构，提升经营能力。同时，不断强化预算执行，盘活财政存量资金7.7亿元，实施新一轮县乡财政管理体制，基层运转经费保障基数增长81.6%，村、社区运转经费全部纳入财政预算。

(二)创新科技体制

科技创新是全面创新的重中之重。要加快建立以企业为主体、以市场为导向、产学研相结合的技术创新体系，使企业真正成为研究开发投入、

①参见2016年肥西县政府工作报告。

技术创新活动、创新成果应用的主体，把创新完善科技创新体制作为加快县域建设的重要举措。正如习近平总书记指出的，必须深化科技体制改革，破除一切制约科技创新的思想障碍和制度藩篱，处理好政府和市场的关系，推动科技和经济社会发展深度融合，打通从科技强到产业强、经济强、国家强的通道，以改革释放创新活力，加快建立健全国家创新体系，让一切创新源泉充分涌流[①]。

近年来，肥西县积极推进科技体制创新，充分利用和增强科技对县域发展的推动作用。在做好桃花工业园省级高新技术产业开发区、省级装备制造高新产业基地、火炬计划合肥先进制造业基地申报工作的基础上，积极推进“两化融合”；依托桃花科创中心和科技创新加速器，打造全省一流的科技企业孵化中心和生产力促进中心，培育多个省级以上企业技术中心、工程技术中心和省级企业重点实验室。新增完成高新技术企业产值200亿元；专利授权量继续保持全省各县前列，顺利通过国家知识产权强县验收。

(三)创新土地利用效益机制

土地是人类生存和生产最基础的物质条件，是一切经济活动最基本的生产资料，在我国现代化建设进程中具有根本性、全局性和战略性地位。当前，我国正处于全面建成小康社会的关键时期，突出的特点之一就是各类建设用地需求量大，土地资源供需矛盾日益尖锐，尤其是随着工业化、城市化进程的快速推进，利用好农村土地资源，对推动农村城市经济协调发展、促进经济结构转型和全面建成小康社会具有十分重要的现实意义。国土资源部《关于推进土地节约集约利用的指导意见》明确提出，要加快形成充分反映市场供求关系、资源稀缺程度和环境损害成本的土地市场价格机制，通过价格杠杆约束粗放利用，激励节约集约用地。目的是大力推进节约集约用地，促进土地利用方式和经济发展方式加快转变，为全面建成小康社会和实现中华民族伟大复兴的中国梦提供坚实保障[②]。

肥西县为全面贯彻中央关于节约集约利用土地资源的精神和要求，采

①习近平.习近平谈治国理政[M].北京:人民出版社,2014:125.

②国土资源部关于推进土地节约集约利用的指导意见[EB/OL].[2014-09-26].http://www.mlr.gov.cn/zwgk/zytz/201409/t20140926_1331065.htm.

取多种措施深化土地利用效益机制改革创新。第一，建立工业项目预审机制，提高投资强度、亩均税收指标。几年来，召开多次工业项目预审会，预审项目174个、核准95个，节约土地3 600亩，有效提高了土地利用率及产出率。第二，扎实推进农村土地流转，新增流转面积4.4万亩，实施县级土地整治项目1 960亩，加快推进小庙枣林村省级万亩土地整治项目。第三，实施土地综合整治，新增建设用地2.65万亩；上市经营性土地5 900亩，出让工业用地2.1万亩，实现土地出让金收入172亿元。第四，健全土地执法共管机制。建立政府牵头、部门参与的联席会议制度，健全多部门协同、多方位联动的土地管理和制止违法违规用地合作机制。加强与公检法和监察部门的沟通协调，健全信息共享、案件通报和移送制度。完善执法巡查和案件查处机制。

(四)创新社会事业发展体制

加快发展社会事业是促进社会主义和谐社会建设的重要任务之一。一方面，社会事业关系广大人民群众的切身利益，维系社会公正，体现社会公益性，是保障社会公平、维护社会稳定的重要途径。加快发展社会事业，是完善政府社会管理服务职能、统筹经济社会协调发展的重要任务。另一方面，社会事业兼具公益、准公益和盈利的性质。在社会事业改革中，基层政府需要转换既是投资者，又是管理者、经营者的多重身份，推进社会事业的多元化、社会化、市场化，按照管办分离的原则，对社会事业实行分类管理。也就是说，要创新社会事业发展体制，通过营造良好的环境，引导社会力量参与社会事业，这样才能在全面建成小康社会的决胜阶段，更好地推动总体目标的实现。

近年来，肥西县积极创新社会事业发展体制机制，促进和加快社会事业发展。第一，注重创建全县中小学教育教学岗位绩效考核体系，推进教师队伍“县管校聘”和校长职级制改革，实施管办评分离，扩大学校办学自主权，激活教育内生动力，探索合作办学新模式，引进市区好的学校到肥西办学，不断提高县域整体教育教学质量。第二，在全省率先实施基层医药卫生体制综合改革，加快县域医共体建设，推行分级诊疗制度，实施医保差别化支付政策，开展处方集试点，成立城乡居民基本医疗保险管理中心，逐步健全县乡村三级医疗卫生服务体系，城乡居民诊疗得到较大改善。第三，城乡居民社会养老保险参保率、发放率达100%；城镇企业职工五项社会保险覆盖面逐步扩大，基金征缴率达98.3%[①]。城乡低保、农村五保实现应保尽保，供养标准持续提高。拥有综合性社会福利院1所、乡镇敬老院23所。肥西县以民生为本创新体制，在社会事业各方面取得大进步。

三、加快转型升级，激发发展活力

大胆创新体制机制，改革制约县域经济社会发展的各种弊端，既是为了适应和促进经济社会发展，增强发展新动力，也是加快转型发展，适应经济发展新常态的需要。国家“十三五”规划纲要明确提出，我国经济发展进入新常态。经济增长速度从高速转向中高速，发展方式从规模速度型转向质量效率型，经济结构调整从增量扩能为主转向调整存量、做优增量并举，发展动力从主要依靠资源和低成本劳动力等要素投入转向创新驱动，概括起来就是速度变化、结构优化、动力转换。因此，加快调结构、转方式，推动产业转型升级是顺应发展大势的战略选择，是破解发展难题、培育发展新动能和适应供给侧改革的迫切要求，也是抢抓发展机遇、厚植发展优势的关键举措，事关全局和长远发展。

(一)明确转型主题，选择发展路径

制度如何运作、如何适应不断变化的社会环境，不可避免地反映出它的监管者和运营者的品质[②]。这是著名制度经济学家科斯在《变革中国——市场经济的中国之路》中提出的鲜明观点，试图阐明一个社会的经济发展没有一劳永逸的发展路径，更没有一成不变的发展方式。当社会环境发生了变化，就需要运用新的智慧创造新的方式促进经济运行。也就是说，我国经济发展步入新常态，必须调整原来的经济产业结构，转变发展方式，激发发展活力，才能促进区域经济升级发展。

①参见2016年肥西县政府工作报告。

②罗纳德·哈里·科斯，王宁．变革中国：市场经济的中国之路[M].徐尧，李哲民，译.北京：中信出版社，2013.

新常态下的转型发展，首先是发展模式和路径的转型，既要以现代化都市区的理念和标准来思考问题、谋划发展，也要摒弃产业低端化、碎片化、低效化的发展方式，在坚持创新驱动、产业融合，走高端化、集群化、绿色化发展道路的同时，着力克服粗放、分散、低效的传统管理模式，推行精细化、系统化、科学化管理，推动产业层次由中低端向中高端迈进，构建充满生机和活力的现代产业体系，实现更高质量、更有效率、更可持续的发展。正如安徽省在关于《加快调结构转方式促升级行动计划》中提出的，加快调结构、转方式，推动产业转型升级，是新常态下实现新发展的关键举措。肥西县为实施并加快转型发展，制定《加快创新转型升级发展实施方案》，强调要按照“四个全面”战略布局，以调结构、转方式、促升级为主题，大力实施战略性新兴产业集聚、传统产业提升、现代服务业提速、现代农业提效、园区转型升级、创新驱动发展、人才高地建设、质量品牌塑造、民营经济壮大等“九大工程”，促进和落实转型升级的目标和要求。同时，强调产业上突出参与合肥经济圈分工，在园区共建等方面突出合作共赢，各项工程结合肥西特色，体现出肥西由工业大县向工业强县转变，由产业经济向品牌经济转变，由地域型经济向开放型经济转变。努力打好调转促攻坚战，为实现更高质量、更有效率、更可持续的发展奠定基础。

(二)加快调整步伐,促进转型发展

围绕发展目标和总体布局，借助科技创新，推动产业转型发展，是肥西县转型发展的重要步骤。一是整合外部资源促转型，引进布局一批高精尖项目和龙头企业，助推产业高端化、集聚化发展，积极帮助一批孵化成熟的科技项目转化落地，推动色选、新一代电子信息、生物医药等产业链式发展，带动产业整体提标升级。二是培育内生动力促转型，深入实施创新驱动战略，积极与中国科学技术大学先进技术研究院等市级创新平台开展广泛深入的合作，促进科技新成果转化和传统技术升级。三是加快淘汰落后产能，改造提升传统产业，同步推进调整存量与做优增量，实现三次产业联动转型。特别是注重发挥资本市场对经济转型升级的助推作用，促进企业做大做强。可以说，肥西县从制造到“智”造的转变，从传统优势

产业向高端产业的转型，凸显了工业经济扩量提质。据统计，2015年上半年，桃花、柏堰、新港三大园区完成产值510.4亿元，占全县规模以上工业产值的80.6%，同比提高3.3个百分点；2015年，全县电子信息、汽车、家电、装备制造四大产业支撑有力，实现产值930亿元，占全县规模以上工业比重近75%①。

三大产业同步发展是肥西县转型升级的重要组合拳。围绕工业重点产业发展需求，积极推动生产性服务业专业化和高端化发展，生活型服务业也在发展提速稳步推进。全县规模以上现代服务业共涉及6个行业门类，25家企业。电子商务迅速推进，建成电子商务公共服务平台，已有来自全县50余家企业60多种特色产品入驻平台，2015年，全县网购交易量7.5亿元，跨境电子商务交易额达2 500万美元②。

如果说新型工业是经济发展的强大支撑，现代服务业是经济发展的新引擎，现代农业则毫无疑问是经济发展的重要根基。近年来，肥西县加快农业结构调整，促进农业转型升级，推动农业产业化经营，稳步推进标准化和品牌化建设，不断壮大农业服务体系。资料显示，肥西县不但成功创建花岗、官亭、柿树岗、金桥四大现代农业示范区，还创建现代特色高效农业园区8个，新增现代特色高效农业园区建设面积2.6万亩。2015年，实现农业总产值92亿元，增长9%。总之，以工业、现代服务业、农业转型升级作为发展的必经之路，致力于构建多元支撑的现代产业体系，实现工业经济的提质增效，大力发展现代服务业，推动传统农业深度转型，培育新的经济增长点，为实现县域经济又好又快发展激发了强大活力。

（三）整合资源，多措并举，全力推进

调结构、转方式，推动产业转型升级，目标是优化产业结构，增强创新能力，提升质量效益，增强发展动力，形成以战略性新兴产业为先导、先进制造业为主导、现代服务业为支撑、现代农业为基础的现代产业新体系。这一深层次的转型发展涉及区域性整体性发展，也是多方面系统性工程。要达到转型升级目标，必须从全局出发，整体把握，分类指导。肥西

①肥西县加快推进三大产业转型升级[EB/OL].[2016-05-23]. http://www.ceh.com.cn/cjpd/2016/05/922680.shtml.

②参见2016年肥西县政府工作报告。

县正是从全域长远发展和现实需要出发，整合资源，多措并举，全力推进。

一是抓项目建设提质和园区平台提档。在加快调转促的同时，完善产业规划，制定项目管理总体办法，进一步提升项目管理信息系统，引进一批产业层次高、带动能力强的重大工业项目和现代服务业项目。2016年上半年，全县完成固定资产投资299.2亿元，增长9%，完成年度计划的50.7%，总量及完成序时均居合肥四县一市之首，继续保持高位运行态势，有力拉动经济增长和社会发展。推进桃花工业园争创国家级开发区，提升园区承接、服务大项目的能力。加快产城融合示范区建设，打造全国示范产业新城。

二是抓资源整合成效，优化发展环境。为更好配合和推进调转促，肥西县注重完善产业、基础设施和公共配套布局规划，促进国土空间开发高效、协调、可持续，开展政策集成创新，利用省市开放创新平台，引资引智并举。设立政府投资引导基金，综合运用担保、贴息、奖补等方式，完善高端装备制造、战略新兴产业、现代服务业、现代农业发展扶持政策。激励政策性担保机构主动为民营企业解决融资难问题，县政策性担保公司推出“新型政银担”“惠农贷”“转贷资金”等产品。实施商事登记“三证合一、一照一码”改革。全面推进营改增，2016年，试点营改增改革预计减税1.6亿元，涉及4 813户企业①。启动信用肥西体系建设。这些措施的推行，使肥西县转型发展环境得到不断优化，有力激发了发展活力。

三是抓城乡统筹发展，促一体化水平提升。推进统筹城乡发展，建立城乡一体化公共服务机制，提升城乡一体化发展的质量和水平，是国家“十三五”规划纲要提出的重要任务，也是适应经济发展新常态，优化城乡产业空间布局，催生城市与乡镇协调发展的新型城市化内在推进机制。肥西县按照全域统筹、城乡联动的要求，大力推进城乡建设。2013年大建设全面启动以来，累计完成投资398亿元，建成区面积达92平方千米，城镇化率达60%。通过统筹城乡基础设施建设，推进道路交通、供水供气管网向乡镇延伸，逐步实现城乡基础设施互联互通、共建共享。另外，加快中

①黄玥.奋力推进“调转促”,肥西县加快创新转型升级发展[EB/OL].[2016-08-08].http://www.ahnw.gov.cn/2006nwkx/html/201608/%7B5D189793-6048-4AE8-8CE1-254A87D6F0AC%7D.shtml.

心镇和美好乡村建设也是突出亮点，设累计投入2.7亿元，建成示范中心村34个，乡村形象全面提升。根据规划，将按照五大功能分区和“六规合一”的要求，全面推进城乡规划、产业发展、基础建设、民生民计、生态保护、社会治理六个一体化建设，按照突出特色、错位发展的思路，着力建设一批宜居宜业、功能完善的特色中心城镇，逐步实现县域生产空间集约高效、生活空间宜居适度、生态空间山清水秀的城乡一体化新格局①。

四是抓行政改革创新，促转型发展。大力实施简政放权，着力深化行政审批制度改革，使市场在资源配置中起决定性作用的同时，更好发挥政府作用，激发企业发展活力。全面推行权力清单、责任清单制度，县级权力事项精简25%，行政审批事项精简29%。深入推进政务公开、办事公开，健全县长信箱、网络问政、政府热线三位一体综合服务平台。帮助企业优化资本结构，拓宽融资渠道。完善肥西县“1+3+5”政策体系和产业帮扶措施②，落实鼓励创新创业的优惠政策，以改革红利推动经济创新转型升级发展。

四、强化责任担当，凝聚发展合力

坚持创新转型发展，关键在人，关键在领导干部。领导干部不仅是经济社会发展的主要责任人，更是创新转型发展中的重要推动者。如何强化领导干部的责任担当意识，发挥领导干部的智慧和才能，成为一个地方推进创新转型发展最为关注的问题。习近平总书记反复强调，党员领导干部要敢于担当，担当起该担当的责任，尤其要牢固树立进取意识、机遇意识、责任意识。肥西县正是遵循敢于担当责任的要求，不断强化领导干部积极担当改革创新的责任和勇气，带领全县人民投身于创新发展和全面建成小康社会的伟大实践。

①参见2016年肥西县政府工作报告。

②指肥西县承接合肥市扶持产业发展“1+3+5”政策体系的若干规定。“1+3+5”政策体系中，“1”指的是一个规定，即《合肥市扶持产业发展政策的若干规定（试行）》，作为纲领性文件，用于指导今后一段时期五大产业扶持政策的制定工作；“3”指的是三个管理办法，即《合肥市政府投资引导基金管理办法（试行）》《合肥市天使投资基金管理办法（试行）》《合肥市财政资金“借转补”管理办法（试行）》；“5”指的是五大产业扶持政策，分别明确各产业扶持的重点及采取的具体投入方式。

（一）强化责任意识，增强领导干部的责任担当

责任担当简要地说，就是责任者既要忠诚履责、尽心尽责，也要勇于担责，能够担责。这种责任担当是中国共产党先进性的具体体现，是讲党性的根本要求，是带领人民创新发展，实现全面建成小康社会目标的关键。当前，经济发展面临一系列突出矛盾和挑战，问题不少，困难更多。解决这些突出矛盾和问题，迫切需要责任担当者以直面困难的勇气、履职尽责的意识、敢于担当的精神，迎难而上，锐意改革创新，以良好状态、坚实作风把各项工作抓实、抓紧、抓出成效。因此，强化领导干部的责任担当意识，成为转型升级发展与县域治理实践中极为重要的问题。

肥西县为了强化领导干部的责任担当意识，利用多种形式进行教育与引导，包括在全县范围内开展“做一个无愧于时代发展的肥西人”“肥西发展怎么看、立足岗位怎么干”等多次思想大讨论。通过讨论，促进领导干部思维方式和发展理念转变，激发内生动力，提升工作标杆，凝聚力量，认清肩负的使命和责任，进而激发其干事创业的热情和动力，将思想统一到县委县政府的决策部署上来。在“三严三实”教育活动中，强化“主人翁”意识，树牢宗旨意识，坚持心系群众、热爱群众、服务群众，做符合肥西发展规律的事、符合肥西发展大局的事、符合肥西人民发展愿望的事，努力把党委政府的决策部署变成全县人民的发展共识和行动自觉。在“两学一做”中强化领导干部的赶超意识、进取意识、看齐意识，培育发展的历史感、现实感和未来感，透过历史倍感自豪，把握现实抢抓机遇，展望未来坚定信心，瞄准全国五十强目标，增强加快发展的紧迫感和责任感。通过思想教育与引导，提高了全县各级领导干部责任担当的意识，夯实了责任担当的理论基础，营造出责任担当的良好氛围。

（二）创新领导机制，提升领导干部的执行力

提升执行力，既是干部尽责履职的基本要求和勇于担责的重要体现，也是县域发展各项目标顺利实现的重要保证。现代管理学之父德鲁克在《未来的领导者》中指出，领导者缺乏执行力恰恰是导致失败的主要原因，现代的社会更需要的是执行型的领导者①。也就是说，执行力是现代社会管

①黎明琳．着力提高领导干部的执行力[N]．光明日报，2014-07-27(07)．

理成功与否的关键因素，一个好的领导不仅应当是科学的决策者，还应当是一个能推动决策不折不扣加以落实的坚定执行者。目前，我国改革发展进入攻坚期，各级领导干部只有牢固树立执行观念，不折不扣地执行中央和省市县的决策部署，才能保证转型发展取得决定性成果，实现转型发展的既定目标。而提升领导干部的执行力不仅需要干部自身具有较强的综合执行素质和能力，掌握提高执行能力的方式方法，还需要通过一套机制建设促进并保障领导干部的执行力。可以说，经过科学设计的良好机制，可以使执行事半功倍，四两拨千斤；而不恰当的体制，越是严格执行，和美好愿望越是南辕北辙。

肥西县在强调领导干部提升自身执行素质的同时，县委县政府着力从创新领导机制层面进行积极有益探索，保障各级领导干部执行力的提升。一是建立县委统一领导下，县四大班子主要领导牵头，县委常委分块协调，县政府分管领导业务负责的领导机制[①]，包括由县委书记任组长的县重大问题发现协调解决领导机制。通过这种机制的建立，围绕推进“四个发展”、建设“四个肥西”，研究制定工业转型升级、统筹城乡发展等八个“三年行动计划”，梳理落实398项具体工作任务，明确当前及今后一段时期的工作总抓手。二是成立相关制度建设领导小组，出台系列规章制度，推动全县工作规范化、程序化，调动执行者的积极性和主动性，提高执行力。通过一系列严格的制度和措施，包括建立经济运行月度预警、重点工作督查、重大项目县领导领衔负责、乡镇园区经济社会发展“六规合一”等制度，使全县各级领导干部坚决贯彻落实上级的工作任务，做到只为工作尽责找方法，不为工作失职找借口，始终把培育动力、激发活力、凝聚合力作为发展的第一保障，促使各级领导干部在肥西跨越发展实践中，勇挑重担，实现价值，坚持身体力行，率先垂范，凝聚全县上下心无旁骛谋发展、齐心协力干事业的共识。

（三）完善管理机制，提高干部履责能力

转型发展是当前经济建设的重大特征，需要广大干部充分发挥才智并努力推进，需要广大干部脚踏实地、真抓实干，把握转型发展的机制和要

①汤传信在全县经济工作会议上的讲话[EB/OL].[2015-09-11].http://www.ahfeixi.gov.cn/content/detail/55f25611af88bcaf4b4e94f0.html.

求，善于发现新情况、新问题，及时提出新对策、新办法，提高应变处置、攻坚克难的能力，确保工作目标精准、方法对路、工作得力，从而促进经济社会快速发展。也就是说，面对经济社会发展的新环境和新任务，需要广大干部勇于直面矛盾，善于解决问题。这种干部履责能力的不断提高，是促进县域经济社会稳定、快速发展的重要条件，也是增强干部责任担当的必然要求。正如习近平总书记所说，全党同志特别是各级领导干部，都要努力增强本领，都要一刻不停地增强本领。只有全党本领不断增强了，“两个一百年”的奋斗目标才能实现，中华民族伟大复兴的中国梦才能梦想成真①。

肥西县为实现这一目标要求，始终不渝把加强干部能力建设放在重要地位，将完善干部管理机制，提高干部工作能力作为新阶段凝聚发展合力的重要工作任务。一是加大干部培训力度，开展“千名干部主体培训班”等系列培训活动，组织领导干部赴新加坡等地考察学习，着力打造一支经济型、管理型、建设型的“三型”干部队伍。二是出台干部实绩量化考核办法，树立干部选拔任用绩效考核导向，推行干部重点工作全程档案纪实，让想干事、能干事、干成事、不出事的干部脱颖而出。三是落实党政一把手的主体责任，加强党的基层组织建设，推进党代表任期常任制试点，形成风清气正干事创业的良好政治生态。四是注重干部作风建设，在“三严三实”教育和各项工作中，注重培养和提升干部科学施政能力，并将干部能力建设从县机关向乡镇延伸，使干部做到担“责”不推、担“事”不躲、担“难”不怯。通过一系列措施，干部队伍建设和科学施政能力得到明显提高。

（四）加强政府自身建设，提升政府服务能力

推进县域经济创新转型升级发展，在增强领导干部责任担当和履职能力的同时，必须加强政府自身建设，提升政府服务能力。县级政府是直接面向基层的政权组织，是党和国家方针政策部署的实施者与推进县域经济社会发展的组织者。当前，在加快转型发展的关键时期和深化改革的攻坚阶段，对县级政府自身建设提出了更高要求。也就是说，为适应和更好地

①习近平.在中央党校建校80周年庆祝大会暨2013年春季学期开学典礼上的讲话[EB/OL].[2013-03-03].http://politics.people.com.cn/n/2013/0303/c1024-20655810.html.

服务于县域经济转型升级发展，通过县级政府自身建设，提升锐意改革创新能力与服务能力尤其重要。习近平同志在同中央党校县委书记研修班学员座谈时指出，县级政权所承担的责任越来越大，尤其是在全面建成小康社会、全面深化改革、全面依法治国、全面从严治党进程中起着重要作用。

近年来，肥西县为加强政府建设，凸显政府服务能力，采取多项措施，稳步推进。一是依据中央和省市有关转变政府职能的规定，深化行政管理体制改革，大力实施简政放权，全面推行权力清单、责任清单制度，县级权力事项精简25%、行政审批事项精简29%。实现法无授权不可为、清单之外无审批、目录之外无收费。二是完善行政决策程序，健全政府议事规则，强化政府目标管理，确保政府系统运转规范有序。三是始终维护县委的领导核心地位，自觉接受人大法律监督，主动接受政协民主监督，虚心接受社会舆论监督，自2011年以来，5年共办理各级人大代表议案、建议和政协委员提案882件，政府工作成效和公信度得到明显提升。四是强化财政预算执行、重点项目建设、专项资金使用和领导干部经济责任等方面的审计监察，不断扩大政府购买服务范围，加强购买服务监督，提高政府财政投入的实效性。五是进一步推进政务公开、办事公开，健全县长信箱、网络问政、政府热线三位一体综合服务平台，使民众受服务的质量得到明显改善和提升①。

总之，随着干部责任意识的强化、领导机制和管理机制的创新，政府自身建设力度的加大，领导干部的担当意识、执行力、履责能力和政府服务能力得到不断提升，受到社会和民众的广泛认同，极大地激发了凝聚力和发展合力，在创新转型发展中发挥了极为重要的作用。

五、结　语

肥西站在改革创新转型发展制高点上，把培育发展动力、激发发展活力、凝聚发展合力作为发展的第一保障，不断提升创新认识，推进体制机制改革，加快转型发展步伐，县域综合实力获得快速增长，成为全省县域发展排头兵。面对“十三五”发展目标任务和经济发展形势的挑战，如何

①参见2016年肥西县政府工作报告。

进一步创新发展方式，挖掘增长动能，实施结构性改革，开辟新道路，拓展新边界，激发新活力，仍是摆在全县人民面前需要深度思考和面对的问题。笔者认为，最重要的应是深入学习贯彻新发展理念，真正领会习近平总书记所说的“抓创新就是抓发展，谋创新就是谋未来。不创新就要落后，创新慢了也要落后”[①]的真谛。肥西县立足区位优势，抓住发展机遇，把握阶段特征，围绕主攻方向，整合外部资源，培育内生动力，强化责任意识，提高执行力，全力推进转型发展、快速发展，努力闯出创新发展新路，开创经济社会发展新局面，一定能为早日实现“全市科学发展主战场、全省科学发展排头兵、全国科学发展模范县”总目标奠定更加坚实的基础。

①习近平在部分省区党委主要负责同志座谈会上强调加大支持力度增强内生动力加快东北老工业基地振兴发展[EB/OL].[2015-07-20].http://politics.people.com.cn/n/2015/0720/c1001-27327475.html.

天长市坚持创新发展增强综合实力

王义德①

摘　要:天长市坚持体制、机制和政策创新,营造了良好发展生态;通过外引内聚,汇聚创新能量,增强了企业自主创新的能力,实现了融合发展;在创新驱动下协调发展,逐步推进了"幸福天长"的实现。天长市的发展成就,既是在创新、协调、绿色、开放、共享五大发展理念指引下取得的,也是对五大发展理念的验证。

关键词:创新发展;融合发展;协调发展;幸福天长

天长市隶属安徽滁州,是较为特别的一个县级市。说其"较为特别",是因为它的历史和区位。它是唐玄宗李隆基于742年为纪念自己的生日千秋节(后改为天长节)而特设的一个县;20世纪中期,为纪念已故新四军罗炳辉将军,曾两度更名为"炳辉县";1993年,经国务院批准撤县设市。从行政区划来看,天长市就像安徽的一个"楔子"一样楔进了江苏,除西面与安徽来安县接壤外,其余被江苏的六合、仪征、高邮、金湖、盱眙包围。这种"特别",并不代表其具有经济发展上的特别优势。天长市面积1 770平方千米,人口63万,体量并不很大,没有特别的资源,又不紧邻大城市,实际上属于"无资源优势、无大城市辐射带动、无国家大项目支撑"的"三无"县市。然而,它却在改革开放以来特别是进入21世纪以来获得了长足的发展,成为安徽县域经济的排头兵,被誉为"皖东明珠"。

①王义德,安徽师范大学法学院公共管理系教授,博士,安徽师范大学法治中国建设研究院研究员。

并无特别优势的天长市的发展被称为“天长现象”，在安徽引起了广泛关注。在对“天长现象”的关注和思考中，安徽省委政策研究室在2011年上报的调研材料中提出了“天长何以持久”的命题。从这一命题的提出到现在，天长市取得了骄人的成就：地区生产总值达291.3亿元，年均增长13.1%；人均生产总值达到46 271元，是“十一五”末的2倍，年均增长13.2%；财政收入年均增长19.4%；工业总产值迈上千亿台阶，接近1 300亿元，是“十一五”末的3.2倍①；城镇在岗职工年均工资62 620元，年均增长14.7%；农民人均纯收入14 300元，年均增长13.6%②。在这五年中，天长市不仅县域经济综合实力一直稳居安徽省前十名，还在2014年、2015年连续跻身全国科学发展百强县，并连续10年进入中部百强县行列。也就是说，天长人又用五年的实践进一步回答了“天长何以持久”的命题。那么，人们不禁要问：究竟是什么因素推动了天长的持续发展？在笔者看来，答案就在天长市委、市政府所提出的建设“三个天长”中。“三个天长”即“千亿天长、创新天长、幸福天长”。不难看出，只有通过“创新天长”的营造，才能实现“千亿天长”和“幸福天长”。事实上，“创新”二字总是非常醒目地列入天长市政府年度工作的总体要求中。如2013年的“以创新驱动为主线”③，2014年的“把改革创新贯穿于经济社会发展各个领域、各个环节”④，2015年的“把深化改革和创新驱动作为根本动力”⑤，2016年的“突出创新驱动”⑥。也就是说，天长人始终是通过紧紧拉住“创新”这个“牛鼻子”来牵引天长市整体发展的。

一、坚持体制机制和政策创新，营造良好发展生态

改革开放以来，天长人在不断丰富和发展的中国特色社会主义理论的指引下，不断推进体制、机制和政策的改革和创新，激发各类创新主体的活力，营造良好的发展生态。

①参见2016年天长市政府工作报告。
②参见天长市国民经济和社会发展第十三个五年规划纲要。
③参见2013年天长市政府工作报告。
④参见2014年天长市政府工作报告。
⑤参见2015年天长市政府工作报告。
⑥参见2016年天长市政府工作报告。

(一)推进体制创新,大力促进民营经济的发展

“创新是引领发展的第一动力”，而“制度创新属‘原动力’创新，是持续创新的保障，能够激发各类创新主体活力，也是引领经济社会发展的关键”①。滁州是我国农村实行家庭联产承包责任制的发源地。地处滁州的天长也一直是体制改革的先行者之一，在经济体制改革方面的一个非常突出的表现，就是大力发展民营经济。

民营经济是改革开放后出现的一个具有中国特色的概念。尽管学界有不同的定义，但就一般理解而言，它与非公有制经济相联系，是指除了国有和国有控股企业、外商和港澳台商独资及其控股企业以外的多种所有制经济的统称，包括国有民营经济、个体经济、私营经济、混合所有民营经济、民营科技企业、农民专业合作社等类型。民营企业由于具有追求利润最大化的动力、内部较强的激励机制和外部强大的市场压力，能产生创新的欲望和要求，进行一系列的创新活动，从而推动着经济的发展。正因为如此，党的十八届三中全会进一步肯定“公有制经济和非公有制经济都是社会主义市场经济的重要组成部分”。习近平总书记在2016年两会期间在民建、工商联界联组会上发表重要讲话时强调指出，任何想把公有制经济否定掉或者想把非公有制否定掉的观点，都是不符合最广大人民根本利益的，都是不符合我国改革发展要求的，因此也都是错误的②。

改革开放以来，作为“三无”县市的天长深切地认识到，要实现经济发展，只能通过深化经济体制改革、鼓励城乡居民的创业兴业来实现。在相关政策的激励下，天长市形成全民创业的浓厚氛围，民营企业如雨后春笋般破茧而出，茁壮成长。其东南部被誉为“安徽的温州模式”的秦栏镇尤为突出，平均每8人中就有1名小老板。尝到民营经济发展甜头的天长市委、市政府在2013年又出台了《关于进一步推进全民创业加快民营经济发展的实施意见》，明确提出把天长市打造成全省全民创业的示范区和样板区。该文件提出进一步放宽民营经济的发展条件，全面放开投资领域，鼓

①任理轩.坚持创新发展——“五大发展理念”解读之一[N].人民日报,2015-12-18.

②习近平为民营经济送来浩荡东风[EB/OL].[2016-03-25].http://news.xinhuanet.com/politics/2016-03/25/c_128833531.htm.

励和引导民间资本进入交通、能源、金融等领域[①]。在这些政策、措施的引导和激励下，近年来，天长市每年新增民营企业1 500多家，每年实施工业投资项目200项以上，完成投资70亿元以上[②]。截至2014年，在工商部门注册登记的个体工商户达2.2万户，各类民营企业6 400多家，民营经济上交税金占全市工商税收总额的近90%[③]。许多民营企业成为明星企业。在2016年9月出炉的安徽省2015年民营企业百强中，天长就有蓝德集团、天康集团、天大集团等10家企业入围。天长市民营企业的发展，不仅在安徽产生巨大影响，也引起了外省媒体的关注。《南京日报》就有这样的报道：天康集团、蓝德集团、天长缸盖等一大批企业已成为安徽省乃至全国的行业"排头兵"、企业"小巨人"和产品的"单打冠军"。创新发展不仅让天长市的一些中小企业成为全国同行业的领头雁，也使整个民营经济实现凤凰涅槃[④]。民营企业的发展，不仅激发了经济活力，更有力地促进了天长经济的发展。

天长市不仅在经济体制上大力进行改革和创新，也在政府管理体制上进行创新。其中一个重要的体现，就是设立镇街科技工作部门。天长市委、市政府在发展的实践中体会到，经济发展、企业发展必须以科技进步为支撑，而这就需要有政府的引导和督促。为此，在其所辖的14个镇、1个街道办和2个经济开发区均设立科技副镇长或副主任，在市所有重点骨干企业安排科技联络员，严格实行联络员考核与奖励制度[⑤]。

（二）突出政策激励，推动企业科技创新

在创新发展中，"科技创新属'主动力'创新，是全面创新的重中之重"[⑥]。在科技创新中，企业无疑是主体，但政府的引导和激励也是不可或

①安徽天长推出扶持民营经济发展新举措[EB/OL].[2013-05-02]. http://www.ah.xinhuanet.com/2013-05/02/c_115616711.htm.

②天长大力推进大众创业万众创新[N].滁州日报，2016-04-20(A03).

③参见2015年天长市政府工作报告。

④李炳旺，王洋.创新发展，让天长民营经济涅槃重生[N].南京日报，2014-11-20(A16).

⑤王林，闵国梁.强力推进科技创新 驱动天长转型发展[J].安徽科技，2014(8)：15-16.

⑥任理轩.坚持创新发展——"五大发展理念"解读之一[N].人民日报，2015-12-18(07).

缺的。“激励是领导的重要职能之一，也是管理工作中的重要内容”[①]。天长市的企业以民营中小微企业为主体，中小微企业实力毕竟有限，需要政府给予一定的扶持和政策激励。但天长市委、市政府也认识到，企业是科技创新的主体，政府不能越俎代庖，政府的支持和投入，应当以政策激励的方式来推动企业的科技创新。天长市加大政策激励机制，出台了《天长市创新奖励政策》《天长市应用技术研究与开发项目及资金管理暂行办法》等政策性文件，允许企业按当年实际发生的技术开发费用的150%抵扣当年应纳税所得额；实际发生的技术开发费用当年抵扣不足部分，可按税法规定在5年内结转抵扣。激励企业创新，将政府的投入运用到科技奖励、专利资助、创业中心建设、重大技术攻关、技术研发等方面。天长市在这方面的激励政策明确而具体，甚至具体到单项产品（见表1）。如为积极鼓励企业采取以机器换人的方式提高工业智能制造水平，对企业采购机器人给予5%的奖补。近年来，天长市每年扶持40多个项目进行技术研发与升级，并不断加大奖励力度，仅2013年就兑现高新技术企业政策奖励、研发经费、税收优惠共计1 422万元[②]。天长市还定期举办相关表彰大会，促进科技进步。如以转型升级为主要内容的扶大扶强暨全民创业表彰大会，已连续11年对30强企业、30佳企业和规模以上企业进行表彰奖励；每3年开展一次科学技术进步奖表彰活动，已成功举办5届，共有140多个项目730多人次获奖[③]。

①娄成武，魏淑艳．现代管理学原理[M].3版．北京：中国人民大学出版社，2012:237.

②王林，闵国梁．强力推进科技创新　驱动天长转型发展[J].安徽科技，2014(8)：15-16.

③王林，闵国梁．强力推进科技创新　驱动天长转型发展[J].安徽科技，2014(8)：15-16.

表1　天长市对新技术企业及产品的奖励情况[①]

奖补对象	奖补金额(万元)
新认定为国家级企业技术中心或国家级研究所的企业	10
新认定为省级企业技术中心或省级研究所的企业	5
新认定的国家级重点高新技术企业	30
新认定的高新技术企业	6
国家级高新技术产品	6
省级高新技术产品	3
国家级新产品项目负责人	3
省级新产品项目负责人	1
新认定为中国驰名商标的企业	40
新认定为安徽省著名商标的企业	4
新认定为滁州市知名商标的企业	1

(三)努力搭建平台,为企业创新提供服务

过去政府管理旨在为社会“掌舵”，但随着社会的发展，政府的职能越来越转向服务。服务，而不是掌舵。对于公务员来说，越来越重要的是要利用基于价值的共同领导来帮助公民明确表达和满足他们的共同利益，而不是试图控制或掌控新的发展方向[②]。伴随着我国服务型政府的建设步伐不断加快，天长市政府不仅运用政策激励杠杆，推进企业科技进步，还努力搭建相关平台，为企业创新提供力所能及的服务。

加强创业中心建设，搭建中小企业科技孵化平台。创业服务中心，是政府创建的为全民创业兴业服务的重要平台。天长市一直重视创业服务中心建设。2011年，天长市高新技术创业服务中心通过国家级科技企业孵化器认定，是当年安徽省县（市、区）级唯一一家国家级科技企业孵化器。近年来，创业中心按照“整体规划，分步实施，快速启动，滚动发展”的原则，重点完善配套服务功能，提高综合服务能力。通过开展项目推荐、人才培训、投融资评估、法律咨询等社会化服务，逐步使中心真正成为促

①根据天长市《关于进一步推进全民创业加快民营经济发展的实施意见》整理。

②珍妮特·V·登哈特，罗伯特·B·登哈特.新公共服务——服务，而不是掌舵[M].丁煌，译.方兴，丁煌，校.北京：中国人民大学出版社，2014:39.

进高新技术成果转化、大学生创业、高新技术企业培育的孵化基地；通过开展项目论证及协调服务工作，帮助企业对产供销各环节进行调研，组织编写项目可行性研究报告，确保孵化企业的成功率[①]。创业服务中心与10多家高校开展合作，开发新产品40多项，申报专利68个[②]，目前，已成功培育昭田磁电、通冠无动力风机等88家企业。

举办科技节、研修班，组建企业家俱乐部等，为企业交流、培训搭建平台。天长市在搭建科技交流合作平台上的一个颇具特色的做法就是，自20世纪90年代以来连续举办科技节。科技节每年确定一个主题，深入开展科技讲座、表彰、成果展示、产学研对接、人才培训、考察交流等重大活动。如2014年科技节期间，组织30多名企业家到中科院固体物理研究所、南京航空航天大学等科研院校和无锡、江阴等周边县市进行科技交流与合作洽谈。此外，采用"走出去与请进来""订单培训与单位培训""学历教育与职业职能教育"等方法，全面加强企业中高层人才培训，推动企业创新发展。与南京大学合作开办高级工商管理EMBA天长研修班和中小企业领军人才高级研修班，组织企业家参加全封闭式"卓越总裁特训班"和健峰企管魔鬼训练营，以天长市企业家俱乐部为载体，定期组织企业家开展考察、合作、专题讲座、培训、产学研对接等活动[③④]。

(四)创新融资模式,尽力解决企业融资难问题

资金是企业运行发展的血脉，而在经济发展中一直存在着中小企业融资难、融资贵的问题。以中小企业为主体的天长市面临的这一难题尤为突出。为解决这一难题，天长市委、市政府不断攻坚克难，创新融资模式，积极帮助企业解决融资问题。出台了《关于进一步优化金融环境促进实体经济发展的指导意见》；创立城投、交投、综投等融资机构；创设天振担保公司并扩大注册资金；设立续贷过桥资金；引导社会参与投入，引入"设备租赁""企业联保"等多种创新性融资模式；成立安徽省首个民间互助融

①钱峰.科技创新,助推天长产业转型升级[J].安徽科技,2015(5):15-16.

②王林,闵国梁.强力推进科技创新　驱动天长转型发展[J].安徽科技,2014(8):15-16.

③王林,闵国梁.强力推进科技创新　驱动天长转型发展[J].安徽科技,2014(8):15-16.

④钱峰.科技创新,助推天长产业转型升级[J].安徽科技,2015(5):15-16.

资社团——天长市科技型企业资金互助协会；开展“税融通”“江淮之星”私募债、“道德信贷”、小微企业“易信贷”等金融业务。通过创新融资模式，不断增加融资额度。2013年，通过城投平台累计融入资金12亿元，为蓝德集团和中泰铜业从进出口银行争取信贷额度11.5亿元[①]。2014年，通过城投、交投、综投融入各类资金28亿元[②]，有效缓解了企业融资难、融资贵的问题。

（五）创新工作方法和机制，提升服务效能

天长市委、市政府在推进体制创新，加大政策激励、搭建平台、创新融资模式等企业服务的同时，也非常注重自身建设，着力打造法治政府和服务型政府。在完成行政审批流程再造，实行权力清单制度的同时，创新工作方法与机制，不断提升服务效能。特别是在党的十八以来，天长市以党的群众路线教育实践活动为契机，提出党员干部要强化五种意识，即强化“宗旨意识、大局意识、竞争意识、责任意识、忧患意识”，践行六个“一线工作法”，即“干部在一线工作、问题在一线发现、领导在一线指导、办法在一线产生、矛盾在一线解决、经验在一线总结”，要求全市党员干部必须把一半以上的时间用于为基层服务，扎扎实实为基层解决一些问题，做些实事、好事，并建立以市委书记、市长为第一责任人，镇（街道）党委书记和市直机关主要负责同志为直接责任人的责任制，并把践行“一线工作法”的重点放在“百企百村党组织共建共进”“千名干部帮千企、千件实事助千亿”“千名干部助百村、洁净三线三边”“群众诉求110阳光信访中心”上。坚持市委、市政府重点工作“一月安排、一月调度、一月督查、一月通报”机制，强化镇街和党委部门、政府部门目标绩效管理，加大对重点工程、重要工作的督查督办力度[③]。这些工作方法和机制的创新，为天长市的经济社会发展提供了优质、高效的服务。

总之，通过体制、机制和政策创新，激发全民创业兴业，增强了经济活力，促进了科技创新，提升服务效能，为天长市的创新发展营造了非常

①参见2014年天长市政府工作报告。

②参见2015年天长市政府工作报告。

③天长：聚焦“三个发展”，着力“三个提升”——天长市全力打造经济社会“升级版”[N].滁州日报，2015-10-10.

好的发展生态。

二、着力外引内集，汇聚创新能量，促进融合发展

天长市原先的发展基础并不雄厚。但是，天长人有敢想、敢干、敢闯的精神。在缺乏资金的情况下，着力招商引资；在自身力量不强的情况下，进行挂大靠强；在缺乏智力支撑的情况下，着力招才引智。与此同时，通过科学规划经济开发园区建设，汇聚生产要素，壮大创新能量，促进融合发展。在此基础上，推动企业转型升级，增强自主创新能力。

（一）坚持开放创新，着力招商引资、挂大靠强

改革开放以来的事实证明，开放发展是实现发展内外联动和拓展发展空间的必由之路[①]。不论是对一个国家来说，还是对一个国家内部的区域社会来说，必须在内外联动中取长补短，拓展发展的空间。对天长这个原先发展基础并不厚实的县级市来说，更需要开放发展。天长市虽无特别的优势，但它毕竟为经济发达的江苏县市所环抱，且毗邻南京和扬州，这使天长市具有了相对的“区位优势”。天长市紧紧抓住这一“优势”，坚持开放创新，加大招商引资的力度，引进大企业、大项目，增强自身的发展能力。为适应招商引资工作的需要，天长市在机构设置方面，除成立投资促进局统一管理招商引资事宜外，还在2013年组建3个驻外分局和6个产业招商办公室，以适应招商引资工作的需要；在政策方面，除制定了总体性的《招商引资工作意见》，还加强政策激励，制定了《招商引资考核奖励办法》，并根据形势的变化适时修订。近年来，天长市更注重重大项目和新增长源项目的引进。为此，制定了《重大招商引资项目引荐奖励暂行办法》；建立招商谈判与决策分离机制，建立统一协调的项目预审准入机制；实行重大项目市领导带队出征，牵头联系制度。近年来，在这些政策和机制的促进下，天长市招商引资的成绩引人瞩目：2012—2015年新引进外来投资亿元以上项目分别为79个、80个、57个、56个[②]；2016年1—7月份，新签约亿元以上项目40个。其中包括北京联亚集团总投资150亿元的金牛湖国

①胡磊.“五大发展理念”引领中国[M].北京：红旗出版社，2016:5.

②参见2013年、2014年、2015年、2016年天长市政府工作报告。

际文化创意基地，上海华龙汽配投资35亿元的国际汽车五金机电城，上海月星家居总投资32亿元的月星国际家居生活广场，浙江强强实业集团投资21亿元的高速喷水织机织造等一批重大项目[①]。

对于中小企业来说，通过挂靠大企业、强企业，获得资金、技术支持，是实现生产要素优化组合和企业低成本扩张的有效途径。天长市在大力招商引资的同时，为推动本地企业低成本扩张和生产要素的优化组合，非常注重推动本地骨干企业挂大靠强。仅2012年挂靠成功的就有：远东集团收购安缆集团并投资80亿元建设远东科技产业园，北京金数码投资集团收购天洋药业并投资5.2亿元新上2个国家级一类新药生产项目，安徽信业医药收购重组天康药业，泰州永润收购荣生工贸，中泰铜业收购金盛达钢构，等等[②]。2015年以来，天长市在实施一企一策"调转促"的过程中，又鼓励和实施了达安基因与康宁实业、天康集团与亿帆生物医药、缸盖公司与卡特彼勒、南化集团与天叶肥料等挂大靠强，蓝德集团与伽伽集团、晋源集团与海德电工等兼并重组项目[③]，为本地企业获得资金、技术、人才支持，借势借力扩张找到了一条快捷、高效的路径。

（二）科学规划经济开发园区建设，汇聚高端生产要素

经济开发园区，是改革开放以来的新生事物。设立经济开发园区的主要目的就是通过汇聚生产要素，实现产业聚集和整合，推动经济发展。改革开放以来，我国各地设立了林林总总、数不胜数的经济开发园区。然而，各地的经济开发园区发展很不均衡：有的朝气蓬勃、活力四射，有力地带动了当地的经济发展；有的则徒有其表，缺乏生机，浪费了土地等宝贵资源。天长市目前有两个省级经济开发区，即天长经济开发区和设立在秦栏镇的秦栏经济开发区。此外，还有设立在各个镇的经济开发园区。天长市经济开发园区的发展显然属于前一种。究其原因，主要是因为经济开发园区是建立在招商引资卓有成效的基础上，立足自身情况进行科学合理定位和规划。天长市将各园区划分为优先发展区域、重点发展区域、特色发展区域和适度发展区域。

①参见2013年天长市政府工作报告。
②参见2013年天长市政府工作报告。
③参见2016年天长市政府工作报告。

天长经济开发区和秦栏经济开发区是天长优先发展和重点发展的园区。天长经济开发区，在30平方千米发展规划、50平方千米的展望规划和千亿园区发展规划的引领下，在“十二五”期间，按照“工业立区、科技兴区”的发展战略，充分发挥与长三角地区地缘相近、人缘相亲、经济发展互补性强的相对优势，积极承接产业转移、培育新产业、发展支柱产业、扶持传统产业，重点打造新能源、现代服务区等特色产业。目前，形成了以骨干企业为主体的各具特色的多种产业园，诸如仪表电缆产业园、新能源产业园、新型纺织产业园、电子科技产业园、现代综合服务园等。秦栏经济开发区前身为安徽省科技厅批准设立的安徽天长民营科技企业示范区，2009年8月，经省政府批准为省级开区。秦栏经济开发区为避免同天长经济开发区产业雷同，注重项目选择，重点发展电子、光伏、汽车摩托车零部件等三大产业，形成了一些在功能上与天长经济开发区优势互补、颇具特色的特色产业园。

天长市在着力建设两个省级经济开发区的同时，也按照科学定位、建立各具特色的产业园的思路来建设其他镇的经济开发园区。如汊涧镇的经济开发区以食品加工为基础，形成了食品工业园、粮食产业园、低碳物流园、釜山工业园、生态旅游观光园。杨村镇经济开发园区则以医药产业为基础，聚集医药医疗器械、拉丝模具、铝型材等三大主导产业。

正是在科学定位、合理规划的基础上，天长市的经济开发园区形成了高端生产要素的汇聚，实现了产业聚集和整合，提升了经济发展能力。2015年，天长经济开发区实现工业总产值460亿元，税收收入12.47亿元，被评为安徽省开发区综合竞争力十强开发区、省投资环境十佳开发区、省创新型园区、省知识产权示范园区①；同年，天长市10个镇获批省级产业集群镇②，其中秦栏、铜城、冶山入选全省30个产业集群示范镇③。现在，“两区多园”建成面积达75平方千米，入园企业达1 700家，园区工业总产值占到全市工业总产值的80%，有力推动了天长市的经济发展。

①参见2015年天长市政府工作报告。
②参见2016年天长市政府工作报告。
③参见2015年天长市政府工作报告。

(三)持续推进企业转型升级,增强自主创新能力

当前世界范围内新一轮科技革命和产业变革蓄势待发，信息技术、生物技术、新材料技术、新能源技术广泛渗透，带动以绿色、智能、泛在化为特征的群体性技术突破，重大颠覆性创新不时出现，对国际政治、经济、军事、安全、外交产生深刻影响①。天长人也深知科学技术日新月异的发展对企业所带来的挑战。因此，天长市在大力引资，实现产业合理聚集的同时，持续抓好传统产业改造提升、新兴产业培育壮大和高新技术产业加快发展，实施大企业培育计划和成长型企业扶持计划，破解企业成长的规模约束。

经过多年的发展，天长市目前的主导产业有绿色照明、特型钢管、汽车零部件、光伏、食品、玩具、医药医疗器械、机械制造等，这些产业的产品都面临升级换代和新产品开发的繁重任务。天长市政府推进企业转型升级的思路是，通过政策引导和激励、实施“一企一策”等措施，突出加大对战略性新兴产业的扶持力度，围绕实现新兴产业“双倍增”目标，重点加快电子信息、新能源、新材料、高端装备制造、生物制药六大新兴产业的发展。与此同时，提出较为具体的分类指导计划。传统产业升级方面，坚持创新与技术引进相结合，仪表企业加快向智能化、数字化、自动化方向发展，电缆企业加快向第四代核电、高铁、超高压等高端电缆方向发展，电子元器件加快向LED显示屏、智能家电、打印机和电脑配件方向转型。新兴产业培育方面，推动特种车、汽车零部件、数控机床、发电机、各类设备制造等重大技术装备的自主研发制造，提高医疗器械及医药产品的科技含量和附加值，加快建设一批地面和分布式屋顶电站，带动全市光伏产业配套发展。龙头企业培育方面，凝聚各方力量，集聚各类资源，扶持企业做强主业、做大规模②。

天长市在持续推动产业转型升级的过程中，由于方向明确，措施得当，且力度较大，成效不断显现。2015年，新增高新技术企业9家，总数达38家；新增高新技术产品13个，总数达74个。全年新兴产业总产值突

①刘延东.深入实施创新驱动战略[N].人民日报,2015-11-11.

②赵永昌,赵欣泰.天长大力推进大众创业万众创新[N].滁州日报,2016-04-20(A03).

破300亿元，高新技术产业产值达400亿元，全部工业总产值达930亿元[①]。目前，亿元以上企业100家，10亿元以上企业17家，50亿元以上企业2家。同时，企业自主科技创新的能力不断增强，近年来，每年获得20多项高新技术产品和科技成果。其中，天康集团投入1亿多元研制的钛酸锂电池及钛酸锂负极材料，科技水平达到国内首创、国际先进，被科技部批准为国家级重点新产品。

（四）推动产学研用深度融合，促进协同创新

企业的科技创新，必须走产学研用结合之路，必须在“引资”的同时“引智”。为此，天长市强化与省内外高校、科研院所的科技合作，扩大科技合作领域，紧紧围绕本市优势主导产业，围绕解决经济社会发展中的关键和重大技术问题，开展联合攻关。天大集团、天康集团、蓝德集团和富华电子等骨干企业与高校、科研院所通过联合开发、委托开发、共建经济实体等形式，建设产学研战略联盟和研发机构，进行技术攻关。成功组建了安徽省光电缆产业技术创新战略联盟；建立了昭田磁电磁性材料、天康集团锂电池、益民集团低碳物流等3家院士工作站；建立了光电缆、肉羊2家省级产业技术创新战略联盟和180多家企业技术研发机构。目前，天长市企业已与省内外近200家高等院校、科研单位建立长期稳定的产学研合作关系。通过产学研用的深度融合，有力地提升了企业创新发展的能力。如昭田磁电科技有限公司与中国科学院、安徽大学、南京大学等开展产学研合作，成功开发出“高磁导低损耗因数锰锌氧体磁芯”，围绕这一专利，该公司陆续获得了12项发明专利授权，每年可为企业带来5 000余万元的经济效益[②]。而艳阳电气集团成功研发的“核用水下照明装置”，主要用于核反应堆内部的水下照明，是国内为数不多的、具有自主知识产权的核电照明产品。该产品的成功研制，既为提高我国核电装备国产化率做出了贡献，也为企业带来了生机和活力，“核用水下照明装置”的开发就是企业产学研结合的成果[③]。

①参见2014年天长市政府工作报告。

②李炳旺，王洋．创新发展，让天长民营经济涅槃重生[N]．南京日报，2014-11-20(A16)．

③李炳旺，王洋．创新发展，让天长民营经济涅槃重生[N]．南京日报，2014-11-20(A16)．

三、坚持创新驱动下的协调发展，着力打造"幸福天长"

如果说人们是因天长市在经济上的脱颖而出而提出"天长现象"的话，那么，在今天就不能将"天长现象"仅仅定位在经济的迅速发展上。今天的天长市，教育、科技、文化、体育、卫生等各项事业均衡发展，多方面进入安徽省乃至全国先进行列（详见表2）。这得益于天长市长期坚持创新驱动下的协调发展。事实上，协调是能够"出动力、出生产力、出合力"[①]的。

表2 天长市"十二五"期间社会事业发展成就[②]

领域	荣誉称号
教育	国家级义务教育发展基本均衡县，全国基础教育先进市
科技	全国县(市)科技进步考核先进市，国家中小企业公共服务示范平台，安徽省首批知识产权示范县，全国科普示范县(市、区)
文化	全国文化先进单位
体育	全国全民健身活动先进单位，省级全民健身示范市
卫生和计划生育	全国新型农村合作医疗工作先进市，全省人口和计划生育工作先进县
社会治理	全国"六五"普法中期先进县(市、区)，首批国家餐饮服务食品安全示范市

(一)坚持统筹规划，力促城乡一体发展

天长市注重协调发展的一个显著特点就是坚持全域谋划，城乡一体发展。消除城乡差别，实现城乡融合是恩格斯在《共产主义原理》中就提出的思想，也是共产党人一直坚持的理想。我国在发展过程中虽然一直坚持城乡协调发展的理念，但由于种种原因，在一个较长时期的实践中城乡差距不断扩大，有些地方则更为严重，产生种种矛盾。因此，党和政府一再强调工业反哺农业、城市带动乡村，推动新型城镇化发展战略，促进城乡一体化发展。天长市委、市政府响应中央号召，推动城乡一体发展的意识非常明确，采取了一系列措施。如在编制《天长市城市总体规划》的同

①任理轩.坚持协调发展——"五大发展理念"解读之二[N].人民日报，2015-12-21(07).

②摘自天长市国民经济和社会发展第十三个五年规划纲要。

时，编制《天长市推进城乡统筹建设美好镇村五年规划纲要》和《天长市村庄布点规划》，将生态建设紧密地融入城乡规划中，并提出“城镇建设有特色、村居建设有亮点、示范线建设出形象”的目标要求。

在城市建设中，天长市坚持宜居、宜业、宜游的理念，坚持将古代建筑元素融入现代建筑中，坚持文明城市、卫生城市、园林城市“三城联创”。“十二五”期间，完成170亿元的基础设施建设，建成滨河公园、红草湖湿地公园等一批公共服务设施，新增园林绿化面积320万平方米，新建、改造市政道路200多千米，城区建成区面积达30平方千米，实现了“三五年大变样”的工作目标[①]。如今的天长市城区车水马龙、游船如织，高层住宅楼、星级酒店、现代化写字楼、宽阔的道路与林立的亭阁水榭相映生辉，也因此获得省级文明城市、省级园林城市、省级卫生城市称号，并获得全国文明城市提名资格。

在美好镇村建设中，天长市始终坚持镇村联动，力争到2020年把所有镇村都建设成为经济繁荣、环境优美、服务均等、设施完善、社会和谐的美好镇村，将天长打造成为全省城乡一体化建设的样板区、示范区。在具体实施过程中，按照“一年抓示范、两年抓扩面、三年出形象、五年抓过半、八年全面完成建设任务”总体部署，分步推进，力求各具特色，突出示范带动作用。秦栏荣获全国文明镇称号，杨村获批省文明镇，仁和、新街创建省级卫生镇。目前已建成26个省级重点示范村，初步形成了“深秀长山”“山水井亭”“康居铜北”“红色光华”“幸福益民”“诚信李坡”等一批品牌，示范效用已经显现。

在美好镇村建设中，天长市不仅坚持镇村联动，还始终坚持“生态宜居村庄美”“兴业富民生活美”“文明和谐乡风美”三美同抓，协调推进。围绕“生态宜居村庄美”，实施环境综合整治。拆除危旧房屋、厕所，进行危房改造、沟塘清淤、墙体粉刷出新。污水处理设施、广场道路、下水道、路灯等基础设施同步建设。与此同时，将森林增长工程与美好镇村建设有机结合。建成500亩以上的特色林18个，培育天铜线800亩桂花园、天冶线1 000亩苗木基地等一批亮点。成功创建国家级生态镇1个、省级生

①参见天长市国民经济和社会发展第十三个五年计划纲要。

态乡镇4个、省级生态村8个[①]。围绕“兴业富民生活美”，加速推进全民创业。天长市非常重视镇域经济的发展，不仅在各镇建立了各具特色的经济开发园区，还大力发展高效现代农业。实施专用粮食绿色品牌基地、千亿斤粮食规划田间工程等，重点培育金银花种植、茶园、家禽养殖、休闲旅游等产业，加强农产品品牌建设。推进农业新型经营主体创新和适度规模经营。截至2015年，形成规模以上农产品加工企业51家；各类农民专业合作社达693家，其中国家级示范社6家，省级示范社8家；登记注册家庭农场509家，其中省级示范家庭农场8家；农业机械化综合水平达86.5%[②]。围绕“文明和谐乡风美”，开展各类创建活动。制定《天长市乡村文明公约》，持续开展“五星级文明户”、各类“好人”、星级优美庭院创建表彰等评选活动，促进乡风文明建设。

（二）坚持民生为本，构建和谐天长

经济建设的最终目的是改善人民的生活水平，也就是解决民生问题，这是构建和谐社会的基础。解决民生问题，说到底就是解决学有所教、劳有所得、病有所医、老有所医、住有所居的问题。近年来，天长市在实现义务教育均衡发展、新型农村合作医疗和城镇居民基本医疗保险100%覆盖，建构较为完善的城乡社会救助体系等基础上，着力解决人民生活中的出行、饮水安全、医疗等问题。

天长市坚持民生为本的一个突出体现，就是坚持每年为人民群众办十件实事。如在2015年政府工作报告中政府承诺要办的十件实事：实施市区道路贯通工程，解决市区断头路比较突出的问题；推进城乡环境整治和保洁一体化；建立“组保洁、村收集、镇运转、市处理”的城乡环卫保洁一体化机制，努力让农村和市区一样整洁卫生；开工建设市区10个街心公园和市区约300个停车泊位，逐步缓解市民休闲去处少和停车难问题；开工建设白塔河新河口大桥、铜龙河河口龙岗大桥；实施覆盖8.16万农村人口饮水安全工程；实施村村通道路路网化工程；实施平安视频监控系统二期工程建设，实现城乡治安技防一体化；新建市区垃圾转运

①吴礼明，张建华.天长何以持久？——访安徽省天长市人民政府市长刘荣祥（上）[EB/OL].[2014-10-17].http://www.zgcbcm.cn/house/csjd/27917.html.

②参见2016年天长市政府工作报告。

中心，关闭市区所有垃圾中转站；启用新客运中心，新建工交始末站（城市交通服务中心）；启动千秋乐菜市场、南城河菜市场搬迁改造[①]。这些承诺均在2015年年底按时完成。在2016年政府工作报告中，天长市政府又承诺要办十件实事：完成城市备用水源地规划，开工铺设备用水源管道；实施合群渠、二凤渠环境整治；实施棚户区改造和老旧小区改造；实施市区公共自行车系统工程，年内建成50个站点，投放1 000辆自行车，方便和引导市民绿色出行；打造城市出入快速通道，解决进城红绿灯多、通行缓慢问题；实施农村道路通畅工程，完成农村道路网化工程100千米以上；实施烈士陵园园林化改造；继续加大公共停车场建设力度，再建5个以上公共停车场，新增停车泊位不少于300个；为全市参保居民中的高血压、II型糖尿病患者免费发放基本治疗药物；建设公共区域免费WIFI[②]。在滁州日报2015年10月10日所发表的《天长：聚焦“三个发展”，着力“三个提升”》报道中，可以看到这十件实事进展顺利天长市政府在解决民生问题上速度之快、力度之大。近三年，天长市累计拨付民生工程资金22.6亿元，顺利完成33项民生工程[③]。也正因为如此，天长市2次荣获全省民生工程实施工作先进县称号。

天长市在解决民生问题上的另一个突出亮点就是创建医疗共同体，较好地解决看病难、看病贵问题。天长市所建立的医疗共同体，是以市一级三家医院分别与县域内的乡镇卫生院、村卫生室分别组建成三个医疗服务共同体，在医疗服务共同体内进行基层首诊、双向互动、急慢分治、上下联动。这种医疗共同体既实现了共同体内的资源整合、有序就诊、有序服务，又实现了看病方便、小病不出乡、大病不出县的目标。这种医疗共同体被认为是解决农村基层分级诊疗途径的一个有效模式，受到国务院医改办的充分肯定。

天长市民生问题的有效解决，也是在源头上解决了许多滋生社会矛盾的问题，为和谐天长奠定了坚实的基础。

①参见2015年天长市政府工作报告。

②参见2016年天长市政府工作报告。

③天长：聚焦“三个发展”，着力“三个提升”——天长市全力打造经济社会“升级版”[N].滁州日报，2015-10-10.

（三）坚持两个文明一起抓，大力建设精神文明

协调要求“身”“心”系统平衡，大力发展推动物质文明和精神文明平衡发展，坚持两个文明并重①。物质文明和精神文明之间的关系说到底就是“硬实力”和“软实力”之间的关系，两者之间的相互协调推进是相得益彰的。因此，邓小平同志早就提出“两手抓，两手都要硬”。然而，在一些地方却存在抓物质文明建设这一手比较硬，抓精神文明建设这一手比较软的问题。而天长市在经济建设快速发展，城乡基础建设大幅提升，民生问题逐步改善的同时，始终注重天长人素质的提升，塑造天长人的精神风貌。可以说，天长市坚持两个文明一起抓的实践证明了物质文明和精神文明建设是“双翼共振”、相得益彰的。

与经济建设、物质文明建设一样，在精神文明建设方面，天长市也建立了一整套卓有成效的工作机制。实施“一把手工程”，市委书记任文明委主任、创建指挥部政委，市长任文明委第一副主任、创建指挥部指挥；全市各行业、单位、社区基本上都成立精神文明建设指导委员会，建立党政一把手负总责、有关部门分工负责的精神文明建设工作机制。市文明委制定总体方案，把任务分解到各职能部门和单位。把精神文明建设工作实绩列入党政领导班子和干部考核的重要内容，将文明创建工作列入城乡岗位目标责任书考核项目，并提升文明创建分值。与此同时，加大精神文明建设投入。建立精神文明建设投入随财政收入的增长逐年增加，发挥社会各界力量的多元化投入机制②。

在精神文明创建中，天长市非常注重发挥文化事业单位的作用，加大对文化事业单位的投入。建立公共图书馆总分馆制，投资100万，构建以市图书馆为总馆，15个镇（街）为分馆，152个农家书屋为流通服务点的图书一体化网络；依托数字化网络，对市图书馆、镇（街）分馆和农家书屋的图书资料实行统一编目、统一管理，实行“通借通还”、免费借阅。新图书馆被评为国家一级馆，档案馆创建为国家二级综合馆。投资300万，

①任理轩.坚持协调发展——“五大发展理念”解读之二[N].人民日报，2015-12-21(07).

②吴礼明，张建华.天长何以持久？——访安徽省天长市人民政府市长刘荣祥（上）[EB/OL].[2014-10-17].http://www.zgcbcm.cn/house/csjd/27917.html.

完成龙岗抗大八分校、九分校纪念馆扩建，免费对外开放。抗大八分校纪念馆也积极开展“小小新四军”暑期夏令营等特色活动，充分发挥其爱国主义教育和社会主义核心价值观教育的基地功能。与此同时，加强市文化馆和博物馆的建设。市文化馆创建和培育了“千秋大讲堂”这一特殊品牌，开展弘扬社会主义核心价值观、革命传统、国防教育、企业管理、农机服务、文化传承等高品质讲座，满足全市人民的精神需求。与此同时，市文化馆还承办了“千秋大舞台”，满足群众的健康娱乐需求，深受欢迎，被誉为天长自己的“星光大道”。15个镇街文化站切实推进文化信息共享工程村基层服务点建设，也利用公共文化阵地，举办农业、科技、法制、党员教育等各项培训，承办各类文艺演出、进社区文艺辅导等活动，将精神文明建设寓于各项群众喜闻乐见的活动中。

公民道德建设无疑是精神文明建设的核心内容。为普及公民道德知识，天长市以弘扬民俗节日为重点，组织开展公民道德讲座、公民文明礼仪知识竞答、公民道德短信和滚动广告宣传等活动，增强全体公民的道德意识。在天长市电视台、广播台、政府网站和《今日天长》等媒体开辟专栏，营造道德建设氛围。发掘自身资源，建设孝园、孝文化广场。推选身边好人，每月上报全省月评“十佳事迹”材料人选，在全市范围内组织开展学习、宣传、评选道德模范活动[①]。在这些建设中，先后有郑开军、虞秀芝、李宏祥、徐明峰等一批批人先后登上“中国好人榜”“安徽好人榜”“滁州好人榜”。

城乡一体发展，有效解决了民生问题，注重精神文明的塑造与提升，使天长市环境优美、民风淳朴、社会和谐，极大提升了天长人生活的幸福感。而这种幸福感的提升，又激发了创业兴业的热情，激发了各领域的创新。可以说，天长市的发展成就，既是在创新、协调、绿色、开放、共享五大发展理念指引下取得的，也是对五大发展理念的验证。

①吴礼明，张建华．天长何以持久？——访安徽省天长市人民政府市长刘荣祥（上），［EB/OL］．［2014-10-17］．http://www.zgcbcm.cn/house/csjd/27917.html.

用创新发展理念推动绿色发展

——宁国市生态文明建设实证分析

朱启友[①]

摘　要:绿色发展指的是为了解决越来越严重的生态环境问题,在现代化建设中树立绿色理念,合理布局生产生活生态空间,运用绿色发展方式发展新兴产业,培育绿色文明生活方式,从而推进生态文明建设,富国惠民。宁国市立足自身实际,用生态文明理念协调经济社会发展,走出了一条城乡和谐发展的独特道路。其具体做法包括:确立和坚持生态立市战略,以“四换四驱”推动转型升级,发展休闲农业和特色乡村旅游,推进节能降耗与污染防治,建设生态山水城市,建立和完善长效管理体制机制。宁国市的经验对我国县域空间层次综合发展、和谐发展的有益启示有:明确重要意义,树立新生态文明发展理念;以生态经济助推结构转型,提高发展质量和效益;坚持培育生态文化,形成社会新风尚;依靠制度和法治,构建系统完整的生态文明制度体系。

关键词:绿色发展;生态文明建设;宁国市;实证

改革开放以来，安徽宁国市科学分析本身的区位和资源特点，扬长避短，积极克服区位偏、底子薄、资源短缺等劣势，立足于优越的地理风貌和自然环境资源，坚持科学发展观，制定生态立市战略，将绿色发展理念融入宁国经济、政治、文化、社会建设各方面和全过程，将生态优势转化为经济优势、发展优势和人民群众幸福感，走出了一条符合宁国实际的城乡和谐发展的独特道路。回顾和总结宁国市生态文明建设历程及经验，对

①朱启友,安徽师范大学法学院公共管理系副教授,博士,安徽师范大学法治中国建设研究院研究员。

于认识和概括我国县域空间层次综合发展、和谐发展的一般路径，将会有多方面的有益启示。

一、绿色发展理念的提出及其科学内涵

改革开放以来，党和政府在进行经济建设的同时，越来越重视生态环境保护，将节约资源和保护环境作为基本国策，把实施全面、协调、可持续发展确立为国家战略。党的十八大把生态文明建设融入中国特色社会主义“五位一体”总体布局中，提出把“美丽中国”作为生态文明建设的宏伟目标，把绿色发展、低碳发展、循环发展等作为生态文明建设的基本途径。党的十八届三中、四中全会分别从体制改革和法治保障方面部署推进生态文明建设工作。2015年6月和9月，党中央、国务院相继印发《关于加快推进生态文明建设的意见》《生态文明体制改革总体方案》，首次提出“绿色化”概念，并将其与新型城镇化、信息化、工业化、农业现代化并列，规划了当前和今后一个时期我国生态文明建设总的设计图和路线图。党的十八届五中全会提出创新、协调、绿色、开放、共享五大发展新理念，并把坚持绿色发展、推进生态文明建设作为当代中国社会发展的一个战略任务在国家决策的层面上固定下来，这不仅具有重大的理论引领作用，还具有重要的实践指导价值。

坚持绿色发展，推进生态文明建设，首先要准确把握绿色发展的科学内涵，避免理解上形成误区以及行动上出现盲目。那么，什么是绿色发展？它的内涵有什么样的特别规定？综合理论界和实务领域专家以及官员的看法，我们认为：

第一，坚持绿色发展，从背景上看，主要为了正视与解决发展过程中存在的越来越严重的生态环境问题，就是要“去黑存绿”，它是对传统发展方式的一种纠偏，是理性反思时代主要问题以后得出的科学结论。“黑”是“黑色经济”或“褐色经济”。发展中国家为了赶超发达国家，往往选择的是压缩型、粗放型的快速工业化道路，经济增长通常伴随资源能源消耗过度、环境污染严重，付出的生态代价较大。十几亿人口的现代化过程，多年的污染治理工作不力，致使在相同发展阶段我国面临的环境问题更为严

峻，城市与农村、生产与生活、工业与农业污染交织，在短期内集中爆发，环境压力迅速增大。坚持绿色发展就是要“去黑存绿”，“绿色”规定了发展的具体方式，是对传统发展方式的一种“反动”，就是要循环发展、低碳发展，用较小的环境资源代价保障经济社会可持续发展。如果背离了“绿色”要求，那么“发展”就可能误入歧途。

第二，坚持绿色发展，从内容上看，就是要树立绿色理念，合理布局和整治生产生活生态空间，运用绿色发展方式发展新兴产业，养成绿色生活方式以及社会风尚，由全体人民共享绿色发展成果。一是绿色理念或绿色思想。比如尊重自然、顺应自然、保护自然的新理念，山水林田湖是一个生命共同体的新认识，等等。二是绿色空间布局和产业布局。合理布局和整治生产空间、生活空间和生态空间，建设绿色乡村和绿色城市。三是绿色生产，即经济绿色化和绿色产业化。包括构建科技含量高、资源消耗低、环境污染少的产业结构；推动绿色设计，生产绿色产品，发展绿色产业，为绿色发展和生态文明建设提供技术基础以及产业支撑。四是绿色生活。即养成绿色低碳、勤俭节约、文明健康的生活方式以及消费模式。五是绿色共享。即绿色成果由全体人民共享，它是绿色思想、绿色布局、绿色生产、绿色生活的目标指向。这五个环节紧密相联、相辅相成。

第三，坚持绿色发展，根本立足点在于推动社会生产力发展。发展是执政兴国的第一要务，“绿色发展”中的“发展”点明了采取绿色发展方式所要达到的目标，如果离开“发展”，那么“绿色”方式也就失去了方向；“绿色”与“发展”两者是手段和目标的关系，辩证统一于社会生产力的发展实践中。在任何时候，坚持绿色发展理念都不能忽视和遮蔽社会生产力发展的根本要求。“保护生态环境就是保护生产力，改善生态环境就是发展生产力。”绿色发展不是不发展，而是重在提质增效，实现跨越式发展；绿色发展也不是慢发展，而是以一种新思维抓发展，即以生态增值为导向，以创新驱动为引擎，以质量和效益为中心，以产业转型升级为路径，实现经济效益、社会效益和生态效益同提升。

第四，坚持绿色发展是推进生态文明建设的基本途径和生态动力。“生态兴则文明兴，生态衰则文明衰”。生态文明里的“生态”不仅仅指的是自然生态，还包括人文生态与社会生态等。坚持绿色发展，“核心是以符合生态需要的方式改造外部自然而不是回归纯粹自然形成的生态状况”，不能把坚持绿色发展与改造自然对立起来[①]。通过绿色发展形成的循环经济，是建设生态文明的基础；通过绿色发展培育的文明风尚，是建设生态文明的重点；通过绿色发展构筑的体制机制，是建设生态文明的保障。坚持绿色发展，形成节约资源和保护环境的产业结构、生产方式、空间格局、生活方式，有利于树立生态观念、优化生态环境、维护生态安全、完善生态制度，从而快速推进生态文明建设。

第五，坚持绿色发展，推进生态文明建设，根本目的是为了富国惠民。强国之基是富国，资源环境也是富国之本。“绿色发展理念鲜明提出绿色富国的重大命题，彰显了我们党对新时期富国之道的科学把握。”绿色发展所要求的智慧技术快速应用、低碳循环发展、产业集群绿色升级、能源资源高效利用等，是当前科技革命和产业变革的新方向；绿色产业和循环经济包括的节能环保产业、清洁生产产业、绿色制造业与服务业等，是方兴未艾、最有前途的发展领域，可以形成很多新的经济增长点。所以，“绿色发展已成为我国走新型工业化道路、调整优化经济结构、转变经济发展方式的重要动力，成为推动中国走向富强的有力支撑”。民有所需，党必有应。随着经济社会发展、人们观念解放和生活水平不断提高，人们在富裕之外对环境质量的要求越来越高。保护和改善生态环境就是保障和改善民生，由清新的空气、干净的水源、安全的食品、优美的环境、文明的生活方式等构成的生态环境质量，在幸福指数中的地位不断凸显。“良好生态环境是最公平的公共产品，是最普惠的民生福祉”。生态环境一头连着民生和人民生活质量，另一头连着政治和社会稳定。“这里面有很大的政治”，搞不好就很有可能演变成严重的社会政治问题。因而，坚持和推进绿色发展、绿色富国、绿色惠民，“为人民提供关系最广大人民的根本利益，关系中华民族发展的长远利益，是我们党新时期增进民生福祉的科学抉择”[②]。

综上所述，绿色发展指的是为了解决发展过程中存在的越来越严重的生态环境问题，在转变发展方式中，树立绿色理念，合理布局生产生活生

①庄友刚.准确把握绿色发展理念的科学规定性[J].中国特色社会主义研究，2016(1)：89-94.

②任理轩.坚持绿色发展——“五大发展理念”解读之三[N].人民日报，2015-12-22(07).

态空间，运用绿色发展方式发展新兴产业，养成绿色文明生活方式以及社会风尚，从而推进生态文明建设，推动社会生产力发展，富国惠民，由全体人民共享绿色发展成果。

二、宁国市:实证研究对象的一般性描述

"首出庶物，万国咸宁"（《易·乾卦》）。宁国市位于安徽省东南部，皖浙两省交界处，东接苏杭，西临黄山。汉末置县，于1997年撤县设市（县级市）。宁国总面积2 487平方千米，总人口38万多，其中农业人口约30万人，占绝大多数，现辖13个乡镇、6个街道。改革开放以前，作为一个区位偏、资源缺、底子薄的山区县，宁国县域经济结构单一，以农林业为主，工业与服务业十分落后。1978年，宁国全县工农业总产值为9 961万元，其中，工业总产值仅为2 975万元，财政收入872万元，人均GDP只有280元，是安徽省有名的"贫困县"[①]。1979年之后，虽然20世纪60年代末上海设在宁国的"小三线"企业全部回迁，但留下了一批机器、设备、厂房。在这个"原始基础"上，宁国办起了第一批乡镇企业，开始进入快速发展轨道，1987年甩掉"贫困县"帽子，1992年跨入全省综合经济实力10强县行列，1995年又挺进"全国百强县"行列（安徽省唯一）。1997年，东南亚金融危机爆发后，受国内外市场变化的不利影响，宁国市相当多的国有企业和乡镇企业出现严重亏损，经济进入"寒冬"时期。在三年"寒冬期"里，宁国人在总结经验教训的基础上确立了新的发展思路：对内，推进企业制度改革，重点是要求所有的企业进行股份化改造；对外，主动融入苏、浙、沪，与"长三角"地区企业在生产要素配置、产权制度改革、生产与技术更新等各个方面开展深入合作，2000年后，宁国经济又从"寒冬期"中迅速回暖，连续四年综合经济实力位居安徽省各县首位。2003年，全县国内生产总值达46.5亿元，人均GDP达1.22万元，财政收入突破4亿元，创造了安徽县域经济发展的奇迹。

近年来，宁国市积极践行科学发展观，主动适应新常态，以实施"调

①程必定.从中部地区一个县的实践看统筹城乡发展的一般路径[J].中国农村经济，2004(12):40-44.

转促”计划和项目建设为主线，深入开展“三个年”（城市创建攻坚年、基地建设推进年、旅游发展提速年）活动，构筑五大优势（上市、创新、载体、生态、网+），统筹做好“稳增长、促改革、调结构、惠民生、防风险”等各项工作，实现了经济社会平稳健康持续发展。全市生产总值、财政收入、固定资产投资、社会消费品零售总额、进出口总额、农民人均纯收入等快速增长（见表1）。2010年至2015年，按户籍人口计算，宁国市人均生产总值分别为33 888元、42 116元、47 160元、52 567元、57 181元、60 655元，折合美元分别为5 119、6 685、7 475、8 492、9 309、9 738（见表2）。2015年，全市实现生产总值234.1亿元，财政收入39.1亿元，人均GDP和人均财政收入分别接近1万美元和1万元，已进入中等发达地区行列。经济和社会事业始终保持全省、全国先进水平，连续七年跻身全国中小城市综合实力百强县市（科学发展百强）行列，是安徽入围此榜单的“老面孔”和“排头兵”，2015年，列榜单第69位，比上一年升了一位；连续五年荣膺“中国十佳‘两型’中小城市”称号，2015年，在榜单上的位次提升至第4位；人民生活更加美好，为建设生态文明的现代化中小城市奠定了坚实基础。

表1　2009—2015年宁国市经济社会发展基本数据[①]

年份	生产总值（亿元）		财政收入（亿元）		固定资产投资（亿元）		社会消费品零售总额（亿元）		进出口总额（万美元）		农民人均纯收入（元）	
2009	114.9	17.6%	15.2	21.4%	149.5	47.8%	32	23.5%	12 448	−37%	7 293	8.8%
2010	130.7	16.4%	20.1	32.3%	172.4	32%	35.8	18.7%	22 619	82%	8475	16.2%
2011	162.7	15.7%	27	34.5%	140.6	31.9%	42.1	17.6%	41 064	82%	10 001	18%
2012	183	13%	30	11.1%	166.5	21.2%	48.9	16.1%	51 446	25%	11 451	14.5%
2013	203.9	11.4%	33.1	10.1%	200.7	20.6%	56	14.6%	63 670	24%	12 970	13.3%
2014	221.1	9.6%	36.5	10.4%	238.9	19%	63.4	13.2%	65 229	2.4%	12 567	10.2%
2015	234.1	8.4%	39.1	7%	283.3	18.6%	81.6	12.6%	69 601	6.7%	13 748	9.4%

①根据2009—2015年宁国市国民经济和社会发展统计公报整理。

表2　2010—2015年宁国市人均生产总值①

年份	2010	2011	2012	2013	2014	2015
人均生产总值（元）	33 888	42 116	47 160	52 567	57 181	60 655
折合（美元）	5 119	6 685	7 475	8 492	9 309	9 738

我们在肯定这些年发展成绩的同时，也要清醒地看到工作中的困难和问题：各项主要指标增速放缓，提速动能不足，经济下行压力仍然较大；收入增长乏力，刚性支出增多，财政收支矛盾凸显；工农业企业困难增多，第三产业比重偏低，结构性矛盾突出；尤其是在绿色发展方面欠账仍然较多，经济发展与资源环境保护之间的矛盾不断加剧。具体包括：

在自然资源资产产权管理方面，存在自然资源所有者不到位、所有权边界模糊等问题。在国土空间开发保护方面，宁国多山地丘陵，耕地、用作工业生产的土地非常有限。耕地1.59万公顷，仅占总面积的6.4%，人均耕地只有0.756亩，人均粮食面积只有0.31亩②；而山场面积近20万公顷，占总面积的80.4%③。城市规模、城市建设外延低效扩张，城镇化质量不高，存在因过度开发、无序开发、分散开发导致的优质耕地和生态空间占用过多、生态破坏、环境污染等问题，土地成了影响发展的最大制约因素。在空间规划体系建设方面，存在空间性规划重叠冲突、部门职责交叉重复、地方规划朝令夕改等问题。在资源总量管理和全面节约方面，存在资源使用浪费严重、利用效率不高等问题。在资源有偿使用和生态补偿方面，存在自然资源及其产品价格偏低、生产开发成本低于社会成本、保护生态得不到合理回报等问题。在环境保护和治理体系构建方面，存在污染防治能力弱、监管职能交叉、权责不一致、违法成本过低等问题。在环境治理和生态保护的市场体系培育方面，市场主体和市场体系发育严重滞后、民众参与度普遍不高。在生态文明绩效评价考核和责任追究制度方面，存在生态发展绩效评价不全面、对领导干部的环保工作泛泛要求、环

①根据2010—2015年宁国市国民经济和社会发展统计公报整理。

②程晖.安徽宁国的资源产出提高试验[N].中国经济导报，2013-03-02（A03）.

③程必定.县域层次统筹城乡发展一般路径的探讨——以安徽宁国为例[J].嘉兴学院学报，2005，17（1）：72-76.

保责任落实不到位、环保损害责任追究流于形式等问题[①]。

三、坚持绿色发展、推进生态文明建设的实践与做法

宁国市科学分析县域改革发展面临的新形势、新任务、新挑战，正视经济发展与资源环境保护之间的突出矛盾，认真落实中央以及安徽省有关改革决策部署，全面坚持创新、协调、绿色、开放、共享五大发展理念，将生态文明建设放在重要战略位置，用生态文明理念协调经济社会发展全过程和各方面，协调推进新型工业化、信息化、城镇化、农业现代化和绿色化，以发展绿色循环经济为途径，以创新生态文明体制机制为动力，重点培育绿色产业，促进资源节约利用，加强污染综合治理，塑造生态文明风尚等，着力打造生态文明建设的宁国样板，建设绿色美好家园。

（一）以生态立市战略为先导，用生态文明理念协调经济社会发展

思路决定出路。宁国人认识到，要从根本上缓解经济发展与资源环境保护之间的矛盾，必须首先立足全局，放眼长远，做好顶层设计，构建环境污染少、资源消耗低、科技含量高的新型产业结构，逐步提高经济绿色化发展水平，有效降低经济发展的资源环境代价。比如在2009年，宁国市就编制了“宁国市循环经济发展规划”，对全市一、二、三产业循环发展进行科学设计，用生态发展理念打造整个循环经济产业体系，提高了资源产出率。

做好顶层设计，制定和坚持开放兴市、工业强市、生态立市、创新活市、和谐安市的“五位一体”总体发展战略。其中，以生态立市战略作为先导，统筹开放兴市、工业强市、创新活市、和谐安市，注重用生态文明理念协调经济社会发展。根据顶层设计的要求，宁国市“生态立市”发展战略由总目标、主线、工作思路、空间布局、保障措施等方面构成，基本内容包括：总目标是建设生态文明的现代化中小城市；主线是调结构转方式促升级；工作思路是以生态建设为第一目标，以污染减排为第一任务，以环境监管为第一责任，以改革创新为第一动力；空间布局上构建与自然承载力相适应的区域发展格局、城市化格局、农业发展格局、生态安全格局。

① 中共中央国务院印发《生态文明体制改革总体方案》[N].人民日报，2015-09-22(14).

每一个方面都有体现绿色发展理念的详细规划与工作部署。在主线方面，调结构、转方式、促升级主要体现在实施由四大发展目标、十大重点工程、五大保障措施组成的“4105”行动方案上[①]。四大发展目标是建成战略性新兴产业集聚地、生态性休闲旅游目的地、综合性区域交通枢纽地、示范性文明建设先行地，十大重点工程为基地示范工程、两化融合工程、三产提升工程、旅游提速工程、农业增效工程、山水融城工程、创新驱动工程、上市带动工程、品质承载工程、物流促动工程；五大保障措施指的是强化组织领导、强化项目带动、强化政策支持、强化人才支撑、强化环境营造。在空间布局方面，农业产业布局上突出发展山核桃、竹业、畜禽三大骨干产业，积极培育花卉苗木、中药材、油茶、蔬菜、水产、茶叶等优势产业。工业产业围绕“一核、一轴、三园、多点”布局。“一核”指中心城区核心的产业密集区，“一轴”指329国道工业发展轴，“三园”指优化南山园区、河沥园区、汪溪园区三大工业园区产业结构，“多点”指引导宁国市域点状工业产业布局。旅游产业围绕“三心两轴三区”布局。“三心”——环青龙湾生态旅游区、中心城区区域性旅游集散与服务中心、仙霞镇东南片区旅游集散与服务中心；“两轴”——水阳江—西津河—青龙湾水库自然生态轴、水阳江—东津河历史生态轴；“三区”——中心城区山水城市旅游区、泛天目山民俗生态旅游区、环青龙湖生态旅游区。根据规划区自然资源的基本特点，划定规划区基本生态控制线。

（二）以“四换四驱”推动转型升级，促进区域产业发展更加协调

为促进区域产业发展更加协调，提高发展质量和效益，宁国市开始实施新型工业化的大产业发展战略，“主攻二产、加快三产、提升一产，一、二、三产联动发展”，以“四换四驱”为主要措施促进企业转型升级，推动生产方式绿色化，以城带乡以工补农，转变农业发展方式，拓展农业功能，从而打造三产联动的新格局和宁国市经济社会发展的“绿色版”“升级版”。

首先是以“四换四驱”推动转型升级。“四换”是指“腾笼换鸟”“机器换人”“空间换地”“网＋换新”。“腾笼换鸟”——淘汰落后产能、低端产业、低产企业，优化资源配置。“机器换人”——提升装备水平，提升产品

①参见2016年宁国市政府工作报告。

质量，减少污染排放。“空间换地”——采取理顺土地价格、提高亩均税收、鼓励建设多层厂房等办法，推进集约用地，提高投资效益。近年来，宁国市已关停并转企业40余家，盘活闲置低效用地近3 000亩，建成标准化厂房50万平方米。“网+换新”（原说法是“电商换市”）——积极利用互联网+技术，推进企业信息化和工业化融合，加快推进电子商务产业园和电子商务集聚区建设。8家企业被评为省级两化融合示范企业，淘宝网宁国馆、“1号店特产中国·宁国馆”成功上线；获批安徽省首家阿里巴巴“千县万村”建设试点，现已建成农村淘宝运营中心和27个农村淘宝站点[①]。

“四驱”是指创新驱动、上市驱动、品牌驱动和物流驱动。创新驱动——重在鼓励和引导企业依托技术创新、产品研发、产学研用结合等提升企业核心竞争力。优化工业产业结构，打造全国汽车橡胶零部件生产基地、全国电子元器件生产基地、省级耐磨铸件高新技术特色产业基地，重点发展节能建材与新能源应用、生物医药和电子信息三大新兴产业。2010年至2015年，三大产业完成总产值分别为5.7亿元、10.1亿元、12.7亿元、13.2亿元、13.2亿元、11.4亿元。上市驱动——加快企业上市步伐，在A股首发上市的企业、登陆“新三板”的企业、在“新四板”挂牌的企业数量不断增加，孵化培育若干个上市后备企业，做强资本市场“宁国板块”。2014年，宁国市国民经济证券化率达到125.9%，高于全国平均水平47.91个百分点。品牌驱动——打造和秉承“邦宁国泰、品质承载”城市质量精神，实施质量技术创新“千企培育、百企示范”计划，推进品牌兴市、质量强市战略，全面争创全国质量强市示范城市，加速“宁国制造”向“宁国创造”跨越、“宁国品牌”向“中国品牌”升级。被国家质检总局批准为首批“全国质量强市示范城市”，是25个争创城市中唯一的县级市。全市拥有中国名牌1个、中国驰名商标7件、安徽名牌50个、安徽省著名商标61件，设有2个专业标准化委员会，参与制订或修订国家标准15项、行业标准50项，确认采用国际标准产品100个，制定和发布企业标准600余项[②]。物流驱动——把现代服务业作为宁国市经济发展的重点支

①宁国：构筑五大优势实施“十大工程”[EB/OL].[2015-10-28].http://www.ngnews.cn/system/2015/10/28/010556235.shtml.

②宁国：构筑五大优势实施“十大工程”[EB/OL].[2015-10-28].http://www.ngnews.cn/system/2015/10/28/010556235.shtml.

柱产业来抓，促进物流、会展、创意产业、休闲体验、金融、商贸等服务业快速发展；在物流方面，实施物流业天网地网工程，统筹网上与网下、基地与产地、物流与仓储P2P平台，重点建设“一港一园一中心”（中财物流港、汪溪现代物流园、B型保税物流中心）[①]。物流园区引进“长三角”数十家物流企业，第三方物流总部已投入运营，成功升级第四方物流。

其次是转变农业发展方式。提高山核桃、茶叶、竹业等优势农产品深加工能力，创建特色农产品品牌，不断增加“三品一标”（无公害农产品、绿色食品、有机农产品和农产品地理标志）农产品数量；加快花卉苗木、香榧等产业发展，增加与完善河沥现代农业示范园区基础设施配套，支持皖斛堂铁皮石斛扩建、天行健乌骨羊精深加工等项目加快发展，建设绿色食品加工区，争创国家级现代农业示范园区。引导农业龙头企业采取资本合作、股权转让、兼并重组等多种方式，实现轻资产运营，推动“二次创业”。以现代生态农业产业化示范市建设为载体，改造提升传统农业，推进农业“接二连三”发展。

经过多年努力，宁国市经济结构持续得到优化。截至2015年年底，三次产业结构调整为9∶63∶28[②]。

（三）推进节能降耗与污染防治工作，提升农村环境卫生整治成果

节能减排与污染防治是推力。实施固定资产投资项目节能审查，严格控制高耗能、高污染项目，关闭不符合国家产业政策的小微企业。制定大气污染防治年度计划和主要污染物总量年度减排计划，并将防治重点任务和减排指标逐级分解到重点企业和相关部门。加强重点企业节能减排管理，完善重污染行业、重点污染源环境监督管理员制度。具体工作包括治理加油站油气回收与混凝土搅拌站、整治非煤矿山、综合整治工业挥发性有机物、治理工业二氧化硫与工业烟粉尘、淘汰燃煤生活锅炉、整治建筑施工扬尘、治理餐饮业油烟等。据统计，化学需氧量、氨氮、二氧化硫、氮氧化物四大类主要污染物排放量分别下降28.3%、12.4%、9.2%和2.5%，全面完成“十二五”年度目标任务。2015年，规模以上企业万元工业增加

①王普.宁国：“四换”“三驱”破解传统产业升级之困[N].中国县域经济报，2014-09-01(07).

②参见2016年宁国市政府工作报告。

值能耗下降5.98%，全面完成各项节能降耗目标[①]。制定实施《宁国市农作物秸秆禁烧及综合利用奖补办法》，编制《宁国市水污染防治行动计划工作方案》，开展城区饮用水水源地监测工作，实施“蓝天、碧水、青山、绿地”工程，开展水生态文明建设和环境专项整治行动。通过生态项目的有效实施和严格环境监管，宁国市空气质量良好以上天数达到99.45%，地表水、集中式饮用水水源地水质达标率常年保持100%，声环境质量达到功能区标准（见表3）。生态环境质量在全省县市名列前茅[②]。

表3　2010—2015年宁国市环境保护具体指标变动情况[③]

年份	2010	2011	2012	2013	2014	2015
饮用水水源地水质标准	Ⅱ类	Ⅱ类	Ⅱ类	Ⅱ类	Ⅱ类	Ⅱ类
空气质量标准	二级	二级	二级	二级	二级	二级
建成自然保护区(个)	1	1	1	1	1	1
年度人工造林面积(公顷)	1 197	1 894	2 449	1 856	1 103.5	1 131
年末森林面积(千公顷)	187.4	187.5	188.6	189	189.8	191.2
活立木总蓄积量(万立方米)	728.6	738.4	759.6	782	792.2	831.7
森林蓄积量(万立方米)	721.8	731.4	752.4	776	786.1	826.6
森林覆盖率	75.3%	75.3%	75.9%	76.1%	76.3%	77.5%

农村环境综合整治是抓手。结合已持续多年的美好乡村建设，遵循“尊重自然美、注重个性美、构建整体美”的基本要求，加快美好乡村原生态、特色化发展。包括综合整治农村生活污水、生活垃圾等，以及“三线四边”（铁路沿线、公路沿线、江河沿线及城市周边、边界周边、景区周边、村旁屋边），建成垃圾收集、转运设施，规范“户集、村收、乡转运、市处理”的垃圾处理模式，持续改善农村人居环境，有效推动农村环境整治进入常态化、规范化的良性轨道，全市农村垃圾收集（处理）率达到100%。

①以科学思维引领转型跨越[N].今日宁国，2016-05-25(A01).

②宁国获首届“中国生态文明奖先进集体”称号[EB/OL].[2016-06-07].http://bumen.ningguo.gov.cn/index.php?m=content&c=index&a=show&catid=74&id=15914.

③根据2010—2015年宁国市国民经济和社会发展统计公报整理。

（四）以生态理念编修县域功能区规划，引领建设生态山水城市

宁国市在安徽省率先编制县域层面生态环境功能区规划，将全市划分为多个生态环境功能小区，以功能区定位不同发展方向。在坚持顺应自然、塑造特色、尊重科学、把握规律要求的基础上，专门制定实施《宁国市城市总体规划（2012—2030年）》。该方案遵循和体现了国家新型城镇化规划的理念要求，将宁国市城市性质定位为皖浙省际副中心城市，山水交融的生态型工贸城市；将宁国市总体空间格局划分为市域、城市规划区和中心城区三个层次，确定相应地理范围；在职能结构上，规划形成1个综合型城区（市中心城区）、2个综合型城镇（中溪、宁墩）、1个工业型专业镇（梅林）、3个商贸型城镇（胡乐、仙霞、甲路）、3个旅游型特色镇（青龙、云梯、万家）、3个农贸型特色镇（霞西、南极、方塘）、83个中心村；以生态控制为基础，市域层面形成宁港集聚区、西南经济发展片区、东南经济发展片区等3个经济发展片区，和"一核、两区、两轴、多元"（见表4）的空间结构，打造有机疏散、城绿交融的生态空间格局；在城区用地布局方面，充分利用自然山水使主城区与港口副城区形成两个相对独立的发展组团，从"点状集聚"到"有机疏散、组团拓展"，形成"两城互动、三廊相通、三水绕城、多星辉映"（见表5）的城市空间结构，形成"一脉二带，七道九园"（见表6）的绿地系统格局。该规划战略定位准确、空间布局合理、功能配套完善、生态保护有力，具有很强的前瞻性和创新性，对促进宁国市城镇化发展与生态文明建设的有机结合，更好地建设生态山水城市发挥着重要作用。

表4 "一核、两区、两轴、多元"的市域空间结构①

一核	以宁国市中心城区为宁国市域发展主要增长极核，为发展提供重要的战略支点
两区	东部中宁梅乡镇产业集中区和西部青龙湾生态旅游发展区
两轴	一是西南向扬绩高速交通轴；二是东南向宁宣杭高速交通轴
多元	以青龙湾原生态旅游度假区、板桥国家森林公园、夏霖风景区、石柱山风景区、云梯畲族风情园等多个特色经济增长次元为主，完善宁国市域城镇体系空间格局

①根据《宁国市城市总体规划（2012—2030年）》整理。

表5 “两城互动、三廊相通、三水绕城、多星辉映”的城市空间结构[①]

两城互动	主城区和城市副中心
三廊相通	西头山——嵩山尖生态廊道、曾家山——老虎山生态廊道、大山——鸡山生态廊道
三水绕城	东津河、中津河、西津河
多星辉映	河沥片区、南山片区、凤形片区、汪溪片区、老城综合服务片区以及城市副中心的生态工业园区

表6 “一脉二带，七道九园”的绿地系统格局[②]

一脉	一条中心绿脉：小南河绿脉
二带	指两条水系廊道，西津河滨河绿带和东津河河道防护绿带
七道	三条穿城风道和四条绿色隧道
九园	九个城市公园，包括宁阳公园、翠竹公园、泗联河公园、南山公园、水库公园、高铁公园、铁路公园、奥林匹克公园、龙潭公园

（五）立足生态资源优势，发展休闲农业和特色乡村旅游

宁国市发展休闲农业与乡村旅游的条件得天独厚，有优越的地理风貌和自然资源——山清、水秀、地奇、林丰；有独特的区位优势——毗邻长三角、背靠黄山风景区、融入皖南国际文化旅游示范区；有深厚的文化底蕴——历史遗迹众多，始祖文化、农耕文化、民族文化等多种文化在这里交锋、交流、交融；有农业优势性主导产业做支撑——出产一批名、特、稀、优绿色生态农林产品，是“中国山核桃之乡”“中国元竹之乡”“中国竹子之乡”“中国前胡之乡”等。近年来，立足生态资源优势，按照“自然山水，宜居、度假的创业之地”的城市定位，宁国市贯彻落实“一主两翼”发展思路，坚持保护与发展并重，以“皖南国际旅游文化示范区”建设为契机，争创“中国优秀旅游城市”“国家生态旅游示范区”和“国家旅游度假区”，坚持“大市场、大旅游、大发展”定位，以高起点规划为龙头，以项目建设为载体，深入开展“旅游突破年、旅游提速年”等主题年活动，“把发展休闲农业和乡村旅游作为经济社会全面转型的主要内容、富民强市的重要途径、跨越崛起的新兴动力”，通过打造“四张牌”——山水

①根据《宁国市城市总体规划（2012—2030年）》整理。
②根据《宁国市城市总体规划（2012—2030年）》整理。

生态牌、特色产品牌、历史文化牌、田园农家牌，发展休闲养生、商务度假、民俗文化、观光体验等特色旅游，初步形成了以青龙湾“水”主题乐园、恩龙世界树木博览园、板桥野营狩猎乐园、红楼梦原型文化乐园、云梯、仙霞畲族文化风情乐园为代表的“主题乐园集群式”发展，涌现出梦缘农庄、世京果园等一批优秀农家乐，形成了“万人游宁国”经典休闲乡村旅游品牌[①]。增强财政支持旅游力度，近三年来财政累计投入旅游3.8亿元，撬动社会资本28.8亿元，带动近2.2万人就业，从业人员人均收入2.1万元。2015年，全年共接待中外游客603.8万人次，增长13.4%；实现旅游总收入35.8亿元，增长18.5%；全市共有4A级风景区2个，国家水利风景区1个，国家森林公园1个（见表7）。旅游产业正步入加速发展的快车道[②]。

表7　2010—2015年宁国市旅游发展情况[③]

年份	年度共接待游客（万人次）		旅游总收入（亿元）		4A级风景区(个)	国家水利风景区(个)	国家森林公园(个)
2010	274	34.8%	12.8	35.3%	1	1	1
2011	350.8	28%	16.1	25.1%	1	1	1
2012	402	14.7%	20.4	26.8%	1	1	1
2013	443	9.6%	24.2	15.5%	1	1	1
2014	532.6	20.1%	31.6	30.2%	2	1	1
2015	603.8	13.4%	35.8	18.5%	2	1	1

（六）扎紧制度“笼子”，探索建立长效管理体制机制

首先，领导重视，将生态文明建设列为各级各部门的“一把手”工程，加强环保责任的分解与落实。成立了以市委书记为主任的宁国市生态文明与环境保护委员会，制定委员会议事规则，制定颁发《宁国市生态文明与环境保护委员会成员单位工作职责》，委员会办公室制定项目年度计划和实施方案，按照目标责任书将目标任务分解到各部门。按照“谁主管、谁负责”的原则，各级各部门特别是党政一把手要清楚各自负责的行业和

①休闲农业与乡村旅游概况[EB/OL].[2012-02-24].http://www.ngnews.cn/system/2012/02/24/005326172.shtml.

②“5·19中国旅游日”活动启动[N].今日宁国,2016-05-20(A02).

③根据2010—2015年宁国市国民经济和社会发展统计公报整理。

辖区生态资源的家底、环境难题的症结、环境保护的路径，履行好环境保护“党政同责”“一岗双责”的责任。其次，加强监督考核，严格奖惩机制。将环境保护工作目标纳入岗位目标考核，加大对环保工作的督查、督办力度，注意考核结果的运用，对行动迟缓、工作不力的，给予通报批评，对群众反映强烈、环境质量出现恶化、发生重大环境事件的，实行“一票否决”，并对相关负责人进行行政问责，依法追究责任。再次，环境保护工作从重视末端管理转向重在源头、过程监管，严格项目管理。新建项目实施同步指导服务、同步跟踪促效、同步指导验收的“三同步”服务制度。最后，全面实施新环境保护法，健全环境监察执法机制。根据区域特点设立4个环保分局，配备专业人员和装备，加强环境监察、危废规范化管理、环境保护执法检查、环境安全隐患大排查等，推进环境监测标准化能力建设；组建市、乡、村三级环保队伍，建立和完善乡镇环境监管员、村级环境信息员制度，探索全社会参与生态文明建设新途径；严肃查处、严厉打击各类环境违法行为。2015年，宁国市环保局共出动执法人员1 084人次，检查企业510家次，下达《环境违法行为改正决定书》85份，立案查处企业14家，收缴罚款金额14.1万元，移送公安部门的案件2件，行政拘留2人，共受理信访投诉231件，已办结224件，按时办结率100%[①]。另外，加强政策资金保障，比如设立美好乡村建设“以奖代补”专项资金、农村生活垃圾处理长效机制专项补助资金；对农村环境卫生综合整治全年考核获一、二、三等奖的乡镇、街道分别给予25万元、15万元、10万元的奖励等。扎紧制度“笼子”进一步推进生态环境保护工作的规范化、常态化、制度化，逐步完善生态保护长效管理体制机制。

经过多年努力和实践，全市人民走出了一条“绿水青山”与“金山银山”协调发展之路，一张张闪耀的城市名片就是证明。总结起来，宁国市在全国层面获得的生态文明建设荣誉有：成功创建国家生态市，跻身“第五批全国生态文明建设试点城市”“全国生态保护与建设示范区”“美丽中国十大最美城镇”“中国优秀旅游城市”“全国休闲农业与乡村旅游示范市”“国家园林城市”、全国首批县级文明城市提名城市，被评为“全国科

①以生态文明建设为抓手，促环保工作再上新台阶[EB/OL].[2016-01-06].http://www.ngnews.cn/system/2016/01/06/010607848.shtml.

技进步先进县”、首批“国家知识产权强县”“全国绿色小康县”“全国绿化模范县”等。在全省层面获得的成就有：入列“安徽省水生态文明试点城市”“安徽省园林城市”“安徽省首届文明城市”“安徽农村卫生示范县（市）”“安徽省旅游经济发展十强县”等。因此，宁国市生态环境得到持续改善，环境新优势日益凸显，和谐发展中人民群众满意度和幸福感也持续提升。

四、坚持绿色发展、推进生态文明建设的经验与启示

宁国市将绿色发展理念和生态文明建设战略付诸实践，从理论、文件层面落到了实地与行动上，初步实现了经济效益、环境保护和社会公平的协调发展。这方面的经验弥足珍贵，既对宁国今后的生态文明体制改革有启示意义，也值得其他地方借鉴。

（一）明确生态文明建设重要意义，树立新的生态文明发展理念

“生态兴则文明兴，生态衰则文明衰。”生态文明建设是“五位一体”总体布局中的关键一环，关乎现代化事业成败，关乎人民福祉，关乎中华民族未来；“保护生态环境就是保护生产力，改善生态环境就是发展生产力”。因此，要把生态文明建设放在改革开放突出地位，融入经济建设、政治建设、文化建设、社会建设各方面和全过程。

理念是行动的先导。有新的生态文明理念作为指引，才能保证正确的发展方向。新理念包括：在生态环境保护上一定要算大账、算长远账、算整体账、算综合账，不能因小失大、顾此失彼、寅吃卯粮、急功近利①；树立会算账、算大账的理念；发展是第一要务，但发展必须是绿色发展、低碳发展、循环发展，树立经济发展和生态环境保护相统一的理念；“既要绿水青山，也要金山银山”，“绿水青山就是金山银山”，树立自然价值和自然资本的理念；产业结构、人口规模与发展速度必须适应当地环境容量和资源承载能力，找准经济、人口与资源的平衡点，树立空间均衡的理念；把握生态系统的系统性、整体性及其内在规律，“统筹考虑自然生态各要

①习近平谈绿色：保护生态环境就是保护生产力[EB/OL].[2016-03-03].http://www.chinanews.com/gn/2016/03-03/7782010.shtml.

素、山上山下、地上地下、陆地海洋以及流域上下游，进行整体保护、系统修复、综合治理”，树立山水林田湖是一个生命共同体的理念；等等[①]。

（二）以生态经济助推结构转型，提高新常态下的发展质量和效益

发展生态经济是推动结构转型的基础。发展生态经济，首先需要坚持“在发展中保护，在保护中发展”的理念，致力于发展循环经济、新能源经济、低碳经济、绿色消费经济等经济新业态，特别是建设指向具体的现代能源体系，为绿色发展提供着力点和动力源。其次是实施主体功能区战略，优化生产空间、生活空间、生态空间布局，发展生态农业、生态工业、生态旅游，加强生态人居和生态资源保护。国土是绿色发展和生态文明建设的物质基础和空间载体。党的十八届五中全会提出，要“加快建设主体功能区，发挥主体功能区作为国土空间开发保护基础制度的作用”，优化国土空间开发格局，构建科学合理的城市化格局、农业发展格局、生态安全格局、自然岸线格局，促进人与自然和谐共生。这是解决我国国土空间开发中存在的问题、促进城乡区域协调发展的重大战略举措[②]。按照主体功能区规划，推动中心集镇分类发展、定位发展，通过培育和壮大特色产业，形成一批规模适中、产业鲜明、各具特色的中小集镇；按照主体功能区规划，在重点功能区尤其是生态敏感区和生态脆弱区划定生态红线，采取严格的环境保护措施。按照中央城市工作会议提出的“一尊重、五统筹”要求，建设森林城市、园林城市、海绵城市等生态文明城市。“一尊重”是尊重城市发展规律。“五统筹”指统筹空间、规模、产业三大结构，提高城市工作全局性；统筹规划、建设、管理三大环节，提高城市工作的系统性；统筹改革、科技、文化三大动力，提高城市发展持续性；统筹生产、生活、生态三大布局，提高城市发展的宜居性；统筹政府、社会、市民三大主体，提高各方推动城市发展的积极性[③]。

①中共中央国务院印发《生态文明体制改革总体方案》[N].人民日报，2015-09-22(14).

②中国共产党第十八届中央委员会第五次全体会议公报[N].人民日报，2015-10-30(01).

③让城市和谐宜居更美好[N].人民日报，2015-12-23(01).

（三）坚持培育生态文化，形成崇尚生态文明的社会新风尚

绿色发展不仅指在经济领域形成新的产业结构和生产方式，还包括在社会层面养成绿色低碳、勤俭节约、健康文明的生活方式和消费模式，培育人人崇尚生态文明的社会新风尚。宁国市有一个好的办法是“寓教于创”，通过推进优美乡镇和生态村创建活动，提高全民生态文明意识。宁国市现已经建成3个国家级生态村，18个“全国环境优美乡镇”（生态乡镇），27个村安徽省生态村，并创建了29所省、市级和本级绿色学校及2个省级绿色社区、3个市级绿色社区和一批绿色家庭[①]。在创建中将生态文明理念纳入社会主义核心价值体系，借助各类媒介在社会广泛开展资源环境国情知识、生态文明法律法规和生态价值观宣传活动，在家庭、社区、机关、企业等领域广泛开展“俭以养德”主题教育实践活动，在中小学教学和干部培训中全面普及生态文明教育，普遍推行绿色生活方式和消费模式，比如绿色低碳出行、减少一次性用品的使用等，增强全民环保意识、节约意识、生态意识，形成爱护生态环境的良好风气，促使生态文明成为社会主流价值观。

（四）依靠制度和法治，构建系统完整的生态文明制度体系

只有实行最严格的制度、最严密的法治，才能为生态文明建设提供可靠保障[②]。这就要求我们，严格执行新环境保护法，根据《生态文明体制改革总体方案》及其6份配套文件的要求，加强自然资源资产产权制度、国土空间开发保护制度、空间规划体系、资源总量管理和全面节约制度、资源有偿使用和生态补偿制度、环境治理体系、环境治理和生态保护市场体系、生态文明绩效评价考核和责任追究制度等八个方面的建设，并以它们为基础构建多元参与、产权清晰、系统完整、激励约束并重的生态文明制度体系，实现生态文明方面国家治理体系和治理能力现代化。当前的工作重点是：改革经济社会发展综合考核评价体系，将资源能源消耗、生态环境损害、生态效益增减等体现生态文明建设水平的指标纳入经济社会发展

①宁国获首届“中国生态文明奖先进集体”称号[EB/OL].[2016-06-07].http://bumen.ningguo.gov.cn/index.php?m=content&c=index&a=show&catid=74&id=15914.

②习近平.坚持节约资源和保护环境基本国策　努力走向社会主义生态文明新时代[N].人民日报,2013-05-25(01).

评价体系中，使之成为绿色发展和生态文明建设的重要约束和导向；要抓住领导干部这个“关键少数”，建立责任追究制度，实行自然资源资产离任审计，实行“党政同责”“一岗双责”，落实好党委政府保护生态环境的责任，对那些不顾生态环境盲目决策、造成严重后果的人，必须追究其责任，而且应该终身追究；推动环境保护立法修法，建立行政执法与刑事执法协调配合机制，依法严厉查处环境违法行为，等等。

南陵乡村经济社会新发展及其经验探讨

章征科[①]

摘　要:进入新世纪,南陵县经济社会发展进入快车道,乡村经济社会发展成就显著。农业经济持续发展,农民生活有效改善;特色经营,品牌效应彰显;乡村文化特色鲜明,精神文明建设成效显著;环保意识日益提升,美丽乡村建设稳步推进;坚持和谐共享,民生保障成效显著;创新社会管理,乡村治理水平提升;强化整体发展,乡村社会影响力提升。南陵乡村经济社会发展取得的丰富的经验,一是实施项目引导与自主创新相结合;二是注重资本下乡的利益关系处理,强调政府与企业社会责任;三是注重三产融合发展,实现乡村可持续发展;四是注重人文资源与自然资源的结合,打造魅力乡村。

关键词:南陵乡村;新理念;美丽乡村;项目

农业、农村、农民“三农问题”事关党和国家事业发展全局，党的十七届三中全会指出“三农问题”的总体态势存在着“三个仍然”：即农业基础仍然薄弱，最需要加强；农村发展仍然滞后，最需要扶持；农民增收仍然困难，最需要加快。南陵是芜湖市属县、安徽省重要的农业大县，历来是江南有名的鱼米之乡。但相当长时期内，南陵县经济社会发展比较滞后，自身工业经济比较薄弱，科技影响力较低。改革开放后，这一现状有所改善。进入新世纪，南陵县经济社会发展进入快车道，乡村经济社会发展成就显著，“三个仍然”状况有了明显的改变。勤劳的南陵人民在县委县政府领导下，以新理念促进新发展，揭开“社会主义新农村”崭新的一页。

---

①章征科,安徽师范大学政治学院教授,博士。

一、南陵乡村经济社会发展的有利条件和合理举措

任何经济社会发展都需要有自己的机遇与条件。南陵县在新世纪乡村经济社会发展中有哪些机遇和有利条件呢？大体说来，既有宏观方面的机遇，也有微观方面的条件，主要体现在以下方面：

第一，合适的机遇。进入新世纪，国家为解决“三农问题”出台了许多有利于农村发展的政策，废除农村税，实施城乡协调发展战略，以工补农，以城带乡，加大财政投入和新技术的推广。调整经济结构，产业升级进入新时机。国家实施“中部崛起”战略和承接东部产业转移战略，安徽省芜湖市处于承接东部地区产业转移的重要地带，安徽省、芜湖市为促进乡村经济社会发展采取了一些针对性措施，所以南陵县农村发展迎来了一个新的机遇。中国经济进入新常态后，在全县范围内开展了“新常态、新机遇、新作为、新发展”大讨论，继续推进思想解放，以全面深化改革促进发展。坚持项目带动，鼓励大众创业、万众创新，大力实施创业富民工程。中共南陵县委县政府认真学习中央省市关于乡村经济社会发展的相关理论和政策，结合实际，遵照上级政府指示，加大城乡环境综合治理力度，统筹文明创建、“三线三边”①治理、县域规划建设管理“三治三增三提升”②等工作，全面改善农村生产、生活、生态环境，建设美丽乡村。

第二，良好的条件。对于南陵县而言，大力发展农村经济，有众多有利条件。一是资源比较丰富。南陵县土地肥沃，物产丰饶；人口众多，人力资源丰富；文化底蕴深厚，旅游资源丰富；矿产资源也比较丰富。二是交通网络便利。境内交通比较好，公路205国道、318国道和216、320省道改造提升完成，铜南宣高速公路建成通车，青弋江水路畅通，2015年合福高铁开通运营。加上整修省道及新建和改造乡村公路（“十二五”规划时期，完成农村公路升级改造438千米），基本建成了现代交通路网。三是区位条件较好。南陵县是芜湖的属县，受芜湖的城市辐射影响大。地处东

①“三线”是指铁路沿线、公路沿线、江河沿线，“三边”是指城市周边、省际周边、景区周边。

②“三治”即“治脏、治违、治乱”，“三增”即“增强功能、增加绿量、增进文明”，“三提升”即提升规划水平、提升建设水平、提升管理水平。

西产业转移承接带上，在“中部崛起战略”实施过程中，南陵县区位优势进一步显现。四是发展潜力巨大。南陵县被称为芜湖的后花园，省市政府都关注南陵县发展，希望南陵县把握时机，加速发展。县委书记程刚在陪同上海景域集团董事长洪清华一行在南陵县考察时指出：近年来，南陵县经济社会各项事业呈现出健康发展的良好态势，当前正处在科学发展、跨越赶超的重要时期，后发优势明显，发展潜力巨大[①]。同时，南陵农民勤劳、朴实，有艰苦创业和敢闯敢干的精神及勇于创新的品质，对乡村经济社会发展来说不可或缺，因为他们是农村发展的主体力量。

第三，合理的举措。首先，强化基层领导能力。乡村的发展离不开有力的领导力量。乡村社会发展遭遇的重要困境之一就是乡村党组织涣散无力，领导能力缺乏。为此，南陵县注重强化乡村党的领导班子建设。南陵县下辖21个乡镇，有159个行政村。2002年，全县已有79个村的党支部书记（或第一书记）由国家干部担任。其中，特地选派了22名优秀年轻干部到22个贫困村任职，由芜湖市下派3人，南陵县下派13人，乡镇下派6人组成[②]。2015年，利用“两委”换届选举，鼓励大学生村干部参选，共有45名大学生村干部进入“两委”班子，7人当选为村党组织书记（第一书记）。坚持好中选优，选拔8名优秀机关干部到村任职，优化村级班子结构[③]。好的领导班子成为乡村发展的火车头。其次，注重培育新农民。新农民是农村发展的主力和带头人。南陵县乡镇政府立足发展的需要，大力培育农民生产技能，促进农民工返乡创业、就业。农机专业合作社利用年初农闲时节，采取多种样式和渠道的分期、专业化培训，培育一些懂技术和优良的经营管理人才。大浦新农村建设过程中，依托省内外一些高等院校和科研院所，开展农民培训和农村科技人才培训，培养了一批适应现代化农业生产和新农村建设需要的有文化、懂技术、会经营的新型农民。最后，着力经济社会的整体发展。一是注重推进农业现代化水平，加大涉农基础设施建设，加快农村土地流转，探索新的发展模式，推动乡村旅游业

①上海景域集团董事长洪清华一行赴南陵考察[EB/OL].[2015-11-23].http://www.nlx.gov.cn/content/32_117809.html.

②南陵：“村支书公职化”是耶非耶[N].南方周末，2002-05-14.

③南陵县：“四个着眼”提升党建水平 助力全县经济社会发展[EB/OL].[2015-03-16].http://nl.ahxf.gov.cn/jcdj/djdt/628647.shtml.

发展，积极搭建相关电子商务平台。围绕“一村一品”模式，引导村民组建农协、合作社、家庭农场等，嫁接社会资本，推广农业合作经营模式，一批示范村实现专业化生产、规模化经营、市场化运作[①]。在大力发展经济的同时，注重绿色发展，建立了“县、镇、村、片”四级联动城乡环境管护机制。二是着力推动农村文化建设，丰富农民文化生活。不断完善农村公共文化服务网络，满足农民文化生活需要。建立遍及全县乡镇村的文化设施，“十二五”期间，全县8个镇建立了11处农村少年宫。每个行政村的文化室有图书、电脑等供村民学习娱乐使用。以乡村文化广场和乡村大舞台为载体，开展丰富多彩的文化活动。同时，大力挖掘乡村历史人文，发展新乡土乡贤文化，促进和谐乡村建设。三是推进多层次社会保障体系建设，促进共享发展。推行农村合作医疗保险，实施全民参保登记计划，基本实现社保全覆盖，切实发挥社会保障体系兜底线、保基本、化风险的作用，实现保障待遇正常增长、城乡低保逐年提升，不断提升农村民众幸福指数。

二、南陵乡村经济社会发展的成就

有研究者在比较南陵县“十一五”和“十二五”经济运行状况时指出：从经济发展变化的脉络上看，南陵县经济发展在“速度、质量、效益”方面正呈现出积极的进展[②]。乡村经济社会发展取得了巨大成就。

第一，农业经济持续发展，农民生活改善。2010年，南陵县全年实现农林牧副渔业总产值（现价）328 572万元，增长18.2%；全年农村居民人均纯收入7 861元，比上年增长15.4%；农村居民家庭食品消费支出占家庭消费总支出的比重（恩格尔系数）为41.4%；农村居民最低生活保障人数21 533人，增长4.1%。2011年，第一产业增加值227 131万元，增长5.1%；农村居民人均纯收入9 211元，比上年增长17.2%；人均生活费支出5 644元，比上年增长17.8%；人均住房面积39.7平方米；农村居民的恩格尔系数为40%，较上年下降1个百分点。2012年，全年实现农林牧渔业总

①江晟.真彪悍　芜湖南陵这么美！这么有潜力！[N].大江晚报，2015-12-18.
②蔡加贵.“新常态”下南陵经济发展的思考[J].中国市场，2015(39)：14-15.

产值44.35亿元，增长10.9%；农村居民人均纯收入10 588元，比上年增长15%；人均生活费支出6 242元，比上年增长10.6%；人均住房面积40.6平方米；农村居民的恩格尔系数为40.1%。2013年，全年实现农林牧渔业总产值478 545万元，增长7.9%；农村居民人均纯收入12 002元，比上年增长13.4%；人均生活费支出6 771元，比上年增长8.5%；人均住房面积40.6平方米；农村居民的恩格尔系数为40.5%。2014年，全年实现农林牧渔业总产值504 865万元，增长5.5%；农村常住居民人均可支配收入15 786元，比上年增长12.5%，比城镇居民高2.6个百分点，城乡居民收入差距继续缩小；人均生活费支出7 503元，比上年增长10.8%；人均住房面积40.6平方米；农村居民的恩格尔系数为38%①。

第二，特色经营，品牌效应彰显。进入新世纪新阶段以后，南陵县乡村发展品牌效应日益显现。南陵县现代农业模式、"一村一品"模式、农业合作经营模式取得良好成绩，涌现出一批实现专业化生产、规模化经营、市场化运作的农村示范村。大浦新农村建设试验区创立了"政府引导、企业运作、村企共建、政策创新、产业推动"现代农业模式，并形成了全国影响。丫山凤丹被评为国家原产地保护产品，双河村发展吊瓜种植获批省级"一村一品"专业示范村。张桥龟鳖养殖、板石岭竹器加工、烟墩葛饮品等一批合作社成长，形成乡村特色农产品、手工艺品品牌。2014年，品牌建设成效明显，通过全国首家黄缘闭壳龟原种场认定，"弋江籽"紫云英被认定为中国驰名商标，"南陵圩猪"获国家农产品地理标志登记保护产品，葛林基地南高品系蓝莓成为我省首个农产品气候品质"身份证"拥有者②。2015年，品牌建设再获佳绩，新增无公害农产品10个，有机农产品5个，"南陵大米"商标被认定为中国驰名商标，南陵蓝莓获评全省首个优等农产品。志愿服务品牌也取得良好成效。全县范围现已有6个志愿服务集体入选"感动江淮"志愿服务优秀典型，培育和打造了家发镇"映山红""18位爱心农机手"、三里镇"三叶草"、何湾镇"爱心港湾"等农村志愿服务品牌③。

①参见2010—2014年南陵县国民经济和社会发展统计公报。

②南陵县经济社会发展实现新跨越[EB/OL].[2015-02-28]. http://www.ah.gov.cn/UserData/DocHtml/1/2015/2/28/2798017254896.html.

③江晟.真彪悍　芜湖南陵这么美！这么有潜力![N].大江晚报,2015-12-18.

第三，乡村文化特色鲜明，精神文明建设成效显著。文化是发展之魂，南陵县乡村发展在突出中国特色社会主义文化教育，践行社会主义核心价值观的同时，还形成了以下文化特色：

文化传承成绩显著。南陵县将历史文化挖掘作为提升“美好乡村”内涵品位的点睛之作[①]。注重“村由来、村民俗”等传承文化，将体现乡村历史人文的作品汇编成《我们村的故事》，并组织县美协会员在各村广场宣传栏和文化墙上绘制成图，激发群众对家乡的认同和热爱。现已对家发镇板石岭村的族碑进行整理展示；对何湾镇龙山村张氏宗祠进行抢救性保护维修，整理出张氏宗谱中的宗族家规条箴，以启迪和教育村民；始建于光绪年间的徐家大屋，为徐氏家族的故居，具有独特的沿江地方建筑之特征，是安徽沿江地区至今保存完整的清代建筑之一，也是南陵县城区唯一保存较好的清代古民居，已被列为省级文物保护单位[②]。正是立足传承，2015年八都何村入选安徽传统村落名录。

村庄特色文化主题鲜明。南陵县依托自己的村庄传统与物资条件，将民众日常生活与乡村开发结合起来，体现自己的特色文化。目前，已形成八都何村的孝义文化、黄墓中心村的义理文化、板石岭村的竹桂文化、中联村的莲藕文化、桃园村的桃文化等特色文化。安徽鲁班建设投资集团注重文化管理，把这一思想运用于大浦新农村建设中，形成了“文化大浦”氛围。

文明家庭建设广泛开展。开展“十星级文明户”“农村清洁示范户”“好婆媳”“好夫妻”“好儿女”“最美家庭”等评选表彰和学习宣传活动，选出群众身边热心公益、勤俭持家、邻里和睦、孝亲敬老、夫妻恩爱、教子有方等先进典型。启动优秀家规家训收集整理工作，引导城乡家庭晒家训、亮家风，加工提炼现代好家训好家规432条，并编印成册加以推广[③]。

“新乡贤”文化蔚然成风。胡太平等一批成长于乡土、奉献于乡里，威望高、口碑好的“新乡贤”成长起来。南陵县倡导孝老爱亲、忠诚果敢的风尚，结合“践行核心价值、打造好人南陵”主题，完善“身边好人”

①江晟.真彪悍　芜湖南陵这么美！这么有潜力！[N].大江晚报，2015-12-18.

②殷银山.南陵县着力弘扬乡贤文化　涵养文明乡风[EB/OL].[2016-04-13].http://ah.wenming.cn/wmcz/201604/t20160413_3282957.shtml.

③南陵为农村精神文明建设增“质”铸“魂”[J].精神文明建设工作简报，2015(11).

评选机制，全县产生12名“中国好人”、6名“安徽好人”、36名“芜湖好人”、140名“南陵好人”、91名县级以上道德模范（包括提名的），“红色经典宣传员”何志城荣获“全国道德模范提名奖”和“省道德模范”称号①。同时，广大党员带头成立党员志愿服务队伍，开展志愿服务，乡村学雷锋志愿者队伍活动常态化。

第四，环保意识提升，美丽乡村建设稳步推进。美丽乡村建设，是党的十八大提出的全面建成小康社会的目标要求，反映了广大乡村人民群众的热切期盼。南陵县委县政府结合自身实际积极推动美丽乡村建设，取得了明显成效。漳河、奎湖生态综合治理工程有序推进，奎湖获批省级湿地公园。大气污染防治工作全面实施，秸秆禁烧工作逐步实现规范化、制度化。非煤矿山整治规范深入推进，完成矿山复绿工程。“三线三边”环境整治深入实施，农村清洁工程基本实现全覆盖。2015年，南陵县投入5 957万元，新建12个美丽乡村建设点。籍山镇、工山镇获评国家级生态镇，家发镇联三村获评国家级生态村，三里镇获评全国文明镇。在全部规划的54个中心村中，已建成24个，其余预计2018年全面建成。安徽省住建厅公示了2015年“安徽美丽宜居村庄”名单，芜湖有5个村成为“安徽美丽宜居村庄”，其中南陵县就有2个，即烟墩镇霭里村、南陵县家发镇板石岭村，其他3个是繁昌县孙村镇中分村、芜湖县陶辛镇后沙村、无为县红庙镇涧边村。

第五，坚持和谐共享，民生保障成效显著。为使农民分享经济社会发展的成果，南陵县坚持共享理念，加大公共服务提供力度，不断提升基本保障水平，推进和谐社会建设。2015年，全年共投入8.1亿元，实施30项民生工程。高度关注事关群众切身利益的住房、教育、医疗、养老等事业发展，推进志愿者服务。8.7万名60周岁以上城乡居民按月领取养老金。扎实推进城乡居民合作医疗，住院补偿比达55%，门诊报销受益165万人次。新农合与城镇居民医保并轨运行，在全省率先实现支付方式改革全覆盖。城乡低保标准由480元提高到533元。发放困难群众救助金1 500万元、残疾人补贴700万元。贯彻落实“老字号”群体补助政策，启动老村医退出和在岗村医参加养老保险政策；调整退养民师待遇，每人每月增资

①江晟.真彪悍　芜湖南陵这么美！这么有潜力！[N].大江晚报，2015-12-18.

205元。城乡居民养老保险人均月基础养老金标准由65元提升至85元。2015年，牯牛山老年公寓350张床位投入使用，许镇金阁敬老院主体工程完工，新建何湾镇青山社区日间照料中心①。积极倡导农村广大志愿者就近就便开展送温暖、献爱心活动，帮助孤寡老人、空巢老人、残疾人、留守儿童、留守妇女等重点群体解决生活困难。

另外，一些行政村根据自己的实际尽可能地为村民服务。如烟墩镇海井村挨家挨户装上了自来水，整治河道，极大解决了老百姓生产生活用水吃水问题，并完成改水改厕工程，荣获全市优秀改水改厕工程先进单位称号。同时，该村党总支还从日常经费中拿出资金先后建立图书室、妇女儿童活动室和体育广场等活动场所，购买了相应的图书和运动器材，丰富了群众业余文体生活，使村民过上“城市一般生活”②。

第六，创新社会管理，乡村治理水平有效提升。在推行基层群众自治过程中，各乡镇加强法制宣传，开展平安建设和群防群治工作，强化安全意识，开展专项治理。南陵县做了很多尝试，取得了很好的成效。如改革农村“三资”（农村集体经济中的资金、资产、资源）和财务管理制度，实现收支公开化、管理规范化、监督多元化。积极倡导结合各村实际修订完善村规民约，维护社会公序良俗，一方面汲取村规族训等传统文化的合理成分，另一方面将社会主义核心价值观要求融入其中。组织发动村民组建村民理事会、道德评议会、禁毒禁赌会、红白理事会，监督村规民约的执行，参与民间事务的调解、监督与服务③。

2012年，南陵县获批全国农田水利建设投资和建管体制改革唯一试点县，通过“一年试点、两年推广、三年覆盖”，探索出农村公共建设“三会四自一平台”治理模式④。“三会四自一平台”治理模式实现了村级公共事务议、决、行、监的职能分离，达到“项目决策民主、建设管理规范、投资效益显著、运行管护可靠”的总目标，提升了基层治理水平和基层民主

①参见2016年南陵县政府工作报告。

②丁义财.烟墩镇海井村：抓项目　促发展　惠民生[EB/OL].[2013-08-05].http://www.nlx.gov.cn/topic/topic_view.php?id=24240.

③南陵为农村精神文明建设增“质”铸“魂”[J].精神文明建设工作简报，2015(11).

④“三会四自一平台”：“三会”即实行“议事会”议事、“理事会”干事、“监事会”察事，“四自”即所有人员与事项实行“自选、自建、自管、自用”，“一平台”即建立“主体+多元”的资源整合平台。

质量，探索出了农村基层善治的有效路径，形成了政府、社会、群众良性互动的生动格局。2015年11月2日，中共中央办公厅、国务院办公厅颁发的《关于深化农村改革综合性实施方案》吸收了这一成果。“三会四自一平台”治理模式获中国政府创新最佳实践称号。

此外，南陵县还注重培育其他主体介入乡村社会治理过程。如南陵县法院建立“法官便民联系点”，使“司法为民、司法亲民、司法便民”的措施和做法基本辐射到全县每个镇村，对维护乡村社会秩序与社会和谐做出重要贡献。

第七，强化整体发展，乡村社会影响力明显提升。南陵乡村经济社会发展所取得的成就得到外界越来越多的认可，影响力越来越大。南陵县先后进入国家现代农业示范区、省级现代农业示范区行列。南陵县大浦试验区建设取得重大进展，成为全省现代农业发展的一面旗帜。试验区以“城乡一体化、农业现代化、土地集约化、发展持续化，增加农民收入、优化农村生态环境”为发展目标，在实践中逐步探索出一条“政府引导、企业运作、村企共建、政策创新、产业带动”的新农村建设新模式①，成就了安徽省“农业看大浦”这一口号。各级党政领导和社会名流也给予高度评价，国家媒体也与大浦试验区开展合作。2013年6月，大浦乡村世界承办中央电视台《暑期七天乐》“首届全明星非职业歌手大奖赛颁奖晚会”；2014年4月，中央电视台第七套农业节目《乡村大世界》清明节特别节目也走进大浦试验区。此外，籍山镇、工山镇获评国家级生态镇，家发镇联三村获评国家级生态村，三里镇获评全国文明镇。2015年，重点景区发展良好，大浦新农村旅游、丫山花海石林入选安徽民营文化企业百强，丫山风景区被评为国家牡丹公园、中国体育旅游精品景区，烟墩镇霭里村获得中国乡村旅游模范村称号，“太平工作法”入选全省党建工作典型案例②。新型农村合作医疗也走在全省前列。2015年，城镇居民医保并轨运行，在全省率先实现支付方式改革全覆盖，被卫生部确定为全国两个“新农合供方支付方式改革项目县”之一。

2015年，全国县域经济发展潜力400样本县（市）中，南陵县排名第

①俞才贞.总结大浦新模式　探索新农村试验区建设[N].芜湖日报，2012-12-06(RB11).

②南陵县：“四个着眼”提升党建水平 助力全县经济社会发展[EB/OL].[2015-03-16].http://nl.ahxf.gov.cn/jcdj/djdt/628647.shtml.

28位，农村发展的成就和发展势头对南陵县发展潜力的显现起了较为重要的作用。

三、南陵乡村经济社会发展的经验

南陵作为以前相对落后的地域，今天其乡村经济社会发展所取得的成就，所积累的其宝贵经验，值得我们总结和思考。

一是实施项目引导与自主创新相结合。以项目为抓手，主要解决乡村发展的要素投入问题，因为项目会带动资金、技术、人才投入。

推进土地整治项目。推动农村土地整治和安置房建设。全县不少乡镇为发展规模化农业，推进土地整治和流转。烟墩镇海井村党总支积极响应镇党委、政府号召，加大土地整治推进力度；弋江镇在蒲东、蒲西、新陶等行政村推进土地整治和流转，将农民集中安置，提升农村城镇化水平，并实现了烟叶、水稻等作物的规模化种植。

落实便民项目。为方便群众，提高百姓生活质量，南陵县一些乡镇积极在农村发展公益事业，推进公共服务。吃水用水一直是山区老百姓生活中最关心的难题。烟墩镇海井村党总支积极向上级反映，争取项目，在走访组户、征询民意和镇村两级联动关心下，较早解决了全村吃水难问题，摆脱了世辈靠一口井生活的日子①。在全县整修乡镇公路，将公共交通向行政村延伸，极大方便了民众出行。

开发旅游项目。南陵县自然风光秀丽，人文资源丰富，适宜发展旅游事业。在乡村发展过程中，南陵县注重开发旅游资源。为提升乡村旅游品牌影响力，南陵县还注重项目规划推介和引资。如2014年10月20、21日，浙江远见旅游设计有限公司项目技术总监邹永保一行来到南陵县三里镇对乡村旅游项目进行深入调研，并对三里镇山泉村皖南新四军纪念碑、吕山村土塘自然村等地进行实地探访和资料收集。通过对三里镇历史和人文环境以及地理位置、交通优势等情况的深入了解和仔细分析，充分挖掘

①丁义财．烟墩镇海井村：抓项目 促发展 惠民生［EB/OL］．［2013-08-05］．http://www.nlx.gov.cn/topic/topic_view.php?id=24240.

三里镇的旅游文化资源，规划发展三里镇乡村旅游事业①。

建设现代农业项目。大浦试验区以财政农发土地治理项目为平台，先后整合了国土资源、水务、农业、住房与城乡建设、环境保护、交通运输等部门的支农资金，整合资金按照各项目设计的建设内容进行分配，企业利用自筹资金提高标准进行建设，强力推进试验区各项基础设施建设，强化农业装备水平，促进农业产业整体升级②。建立现代农业生产和农业循环经济体系，实现集种植、养殖、加工、旅游观光等于一体的规模化经营。

争取科技创新项目。2013年，南陵县共申报20个科技创新项目，累计获得无偿资金近400万元，被省厅批准为农村信息化示范县。现代轻型稻作、紫云英栽培与综合利用及葛业种植3个项目进入农业科技大院③。2014年1月，中国科学技术协会正式同意设立“安徽大浦现代农业研究院”为海智计划示范项目，此项目为中国科学技术协会海智计划唯一一个以农业为建设内容的示范项目。2015年，“大浦绿色农产品电子商务平台研发与应用”获批省科技计划项目。

二是注重资本下乡的利益关系处理，强调政府与企业的社会责任。强调政府与企业的社会责任主要是解决乡村发展的多元主体构建及其责任问题。

有研究者在调查中发现：促进农民增收最缺乏的是资金，改变农村面貌最缺乏的也是资金，发展现代农业最缺乏的还是资金④。将社会资本引入乡村，大浦新农村建设是一个典型，是企业在新农村建设中起主体作用的成功例证。安徽鲁班建设投资集团董事局主席汪锡文认为：企业追求经济效益无可厚非，但一味地追求经济效益，忽略应承担的社会责任，就不是一个有良知的企业，也不是一个负责任的企业。能把履行社会责任和创造

①南陵县三里镇信息站.南陵县三里镇乡村旅游经济发展项目进一步推进[EB/OL].[2014-10-24].http://news.wugu.com.cn/article/20141024/358636.html.

②俞才贞.南陵大浦试验区：探索新农村建设新模式[EB/OL].[2012-11-23].http://www.nlx.gov.cn/topic/topic_view.php?id=18357.

③刘斌.科技创新成为南陵经济发展的新引擎[EB/OL].[2013-01-05]. http://www.nlx.gov.cn/content/38_83888.html.

④吴强.工商资本参与新农村建设实践的思考——以芜湖南陵大浦为例[J].芜湖职业技术学院学报,2014,16(1):47-50.

经济效益完美地结合在一起，是鲁班集团追求的目标[①]。具体做法有：

①发放城镇低保生活费。鲁班集团拿出4 000多万元资金，为男满55周岁、女满50周岁的被征地农民交社保，同时，他们还按规定享受每月220元的最低生活保障金；为试验区失地农民购买新农合医疗保险，让他们享受新农合所提供的医疗保障[②]。从根本上为失地农民工解决生活保障问题，对家庭困难的农户给予相应的救助。②解决农民就业。到2012年，试验区已经提供各种就业岗位1 200余个，人均月工资1 500元。③加强农民培训及农村科技人才培训。到2012年受训农民3 800多人次，发放培训资料5 000余份。④帮助农民增收。通过试验区项目的实施，农民收入有较大幅度的提高。据统计，试验区内农民人均年纯收入达10 270元[③]。大浦的民生措施已深得人心，当地农民的生产方式、生活环境发生了翻天覆地的变化。很多农民从试验区建设初期的抵触排斥，逐渐转变为积极参与共建美好乡村[④]。

三是注重三产融合发展，实现乡村可持续发展。三产融合发展主要是解决乡村发展的产业支撑，因为单一产业很难使乡村富裕，更不可能全面建成农村小康社会。中央农村工作会议和中央一号文件都提出，要把产业链、价值链等现代产业组织方式引入农业，促进一、二、三产业融合互动。南陵县在经济发展过程中注重推动一、二、三产业融合。三产融合发展，将传统农业、现代化工厂化农业生产、手工制作、观光旅游、文化休闲、餐饮住宿等融为一体。与之前的农业产业化、贸工农一体化有所不同，三产融合更多的是强调让农民分享到二、三产业增值带来的收益，实现社会效益和经济效益双丰收。三产融合促进了现代农业发展，改变了农村产业结构，促进了旅游业的发展。

在三产融合发展中注重把农民增收致富作为落脚点。抓新农村建设和

①鲁班集团：当代“鲁班”巧手转出“新天地”[EB/OL].[2013-11-26]. http://www.ahgcc.cn/contents/71/26076.html.

②贺心群.企业资金参与新农村建设　大浦实验区变成4A景区[EB/OL].[2013-05-23].http://jdwt.dahe.cn/2013/05-23/102185713.html.

③俞才贞.南陵大浦试验区：探索新农村建设新模式[EB/OL].[2012-11-23].http://www.nlx.gov.cn/topic/topic_view.php?id=18357.

④吴强.工商资本参与新农村建设实践的思考——以芜湖南陵大浦为例[J].芜湖职业技术学院学报,2014,16(1):47-50.

城乡一体化工作，就是要改善农村、发展农村，实现生产发展、生活富裕，带领广大农村群众脱贫致富奔小康。推进新农村建设和城乡一体化，必须牢固树立“民生决定目的”的理念，把增加农民收入、提高农民生活水平、增强幸福感作为核心和目的。

四是注重人文资源与自然资源的结合，打造魅力乡村。将人文资源与自然资源相结合，主要体现乡村特色，既可发挥资源优势在经济社会发展中的作用，又可避免千村一面，增强农民社会归属感、家乡认同感。

南陵县有丰富的人文资源和自然资源，所以在发展乡村经济时，很注意将两者结合起来。“十二五”期间，南陵县自启动“美好乡村”建设后，便将培育和塑造地域乡土文化作为重要内容，一方面注重从面上改善农村生活环境、发展乡村产业、提升群众生活质量，另一方面侧重挖掘文化特色，融入地域元素，彰显出乡村独特魅力，赋予“美好乡村”更为丰富的内涵①。同时，加强自然资源与环境保护，强化社会主义生态文明建设。

在注重人文资源与自然资源结合的过程中，还注重深化与知名学者、相关研究机构、高等院校合作，增强文创空间谋划，用特色文化对焦社会主义核心价值观和优秀传统文化，确定各村核心主题文化，并将主题文化与规划建设深度融合。南陵县在美好乡村建设过程中，依据各地实际，形成“农耕体验型”“生态康体型”“山区度假型”“田园观光型”等不同特色。如对大浦试验区的定位为“山水大浦、绿色大浦、生态大浦、人文大浦”。

乡村文化某种程度上是中国人的根，博大精深，影响深远，深入人们的血脉中。在当前新农村建设中，它对于培育良好文明乡风具有不可替代的作用。为此，南陵县深入挖掘整理祠堂文化中“家谱”“家训”“族规”的文化资源，抢救传承“非遗”文化，通过加大对古民居、古祠堂、古族谱、古家训碑等的保护和修缮，提炼出符合社会主义核心价值观的民间文化②。对乡村农事、村铭、村志、族谱等乡村历史人文资源深入挖掘梳理，既突出乡村的人文情怀，又注重文化资源的转化利用。

①江晟.真彪悍　芜湖南陵这么美！这么有潜力！[N].大江晚报，2015-12-18.

②殷银山.南陵县着力弘扬乡贤文化　涵养文明乡风[EB/OL].[2016-04-13].http://ah.wenming.cn/wmcz/201604/t20160413_3282957.shtml.

秀水青山、田园风光、民居古祠、村志族谱既是承续乡村生命的载体，又是发展休闲旅游的良好资源。必须把绿水青山和乡村特色文化结合好，才能打造魅力乡村景观。

总之，要注意保护好、利用好这些稀缺资源；要注重深入挖掘乡村特色文化，留得住乡愁，形成民众安顿灵魂的精神家园。

四、结　语

南陵乡村经济社会发展取得突出的成就，是以新理念引领社会发展的结果。但是经济社会发展过程中还存在一些突出的问题，一是农村分散化经营与产业规模化发展趋势矛盾的问题，二是资源流失与资源整合不足的问题，三是资本下乡与农民利益冲突的问题，四是农民整体素质不高与乡村发展目标矛盾明显的问题。

2015年2月，中共中央国务院印发的《关于加大改革创新力度加快农业现代化建设的若干意见》强调：中国要美，农村必须美。党的十八届五中全会提出创新、协调、绿色、开放、共享五大发展理念，繁荣农村必须坚持不懈推进社会主义新农村建设。当前，南陵县委县政府结合国家形势与自身实际确立的乡村工作方向是：创建省级现代生态农业产业化示范县；加速新型经营主体培育，加快农民专业化和职业化进程；美丽乡村实现全覆盖。通过发展现代农业，培育新型农民，发挥农民建设社会主义新农村的主体作用，农村社会文明程度才能得到提升，农村发展中存在的问题才有可能化解，广大农村、农业与农民才有更美好的未来。

协调发展理念引领下的庐江县新型城镇化建设

——实践探索、成功经验与发展前景

徐步华[①]

摘　要：全面建成小康社会离不开“创新、协调、绿色、开放、共享”五大发展理念的引领。协调是持续健康发展的内在要求，也是中国特色新型城镇化建设的必由之路。庐江县新型城镇化建设在“协调发展”理念的引领下，坚持区域协同发展、城乡一体发展、经济建设与社会建设同步发展、物质文明和精神文明协调发展、新型城镇化与生态文明建设和谐发展，在实践和理论层面都取得了有益的成果。

关键词：新型城镇化；协调发展；发展理念；庐江县

发展理念管全局、管根本、管方向、管长远，是战略性、纲领性、引领性的东西，直接关乎发展成效乃至成败[②]。“创新、协调、绿色、开放、共享”五大发展理念把协调发展放在我国发展全局的重要位置，坚持统筹兼顾、综合平衡，正确处理发展中的重大关系，补齐短板、缩小差距，努力推动形成各区域、各领域欣欣向荣、全面发展的景象。协调发展理念是对马克思主义关于协调发展理论的创造性运用，是我们党对经济社会发展规律认识的深化和升华，为理顺发展关系、拓展发展空间、提升发展效能提供了根本遵循。当今中国，处理复杂经济社会关系如同弹钢琴，统筹兼

---

①徐步华，安徽师范大学法学院公共管理系副教授，博士，安徽师范大学法治中国建设研究院研究员。

②刘云山．深入学习贯彻党的十八届五中全会精神　牢固树立和自觉践行五大发展理念[EB/OL].[2015-11-16]. http://theory.people.com.cn/n/2015/1116/c40531-27818667.html.

顾各方面发展如同指挥乐队，只有协调好，才能奏响全面建成小康社会交响曲、民族伟大复兴进行曲。历史必将证明，把握好“五位一体”总体布局，贯彻落实“四个全面”战略布局，做到协调发展，我国发展之路就会越走越宽广①。当前，我国已进入全面建成小康社会的决胜阶段。全面小康，重在“全面”，也难在“全面”。实现“全面”的目标，“整体”是立足之基，“协调”是必由之路②。

协调是持续健康发展的内在要求，也是中国特色新型城镇化建设的必由之路。习近平同志强调“城镇化是现代化的必由之路”，以“创新、协调、绿色、开放、共享”的发展理念引领我国新型城镇化建设，促进中国特色新型城镇化持续健康发展。“新型城镇化”是指坚持以“人”为城市主体，以新型工业化为动力，以统筹兼顾为原则，推动城市现代化、城市集群化、城市生态化、农村城镇化。新型城镇化的“新”就是要以提升城市的文化、公共服务等内涵为中心，力图改变以往片面重视城市规模和空间扩张的城市建设模式。2016年是“十三五”开局之年，新型城镇化建设一定要站在新起点，取得新进展。本文结合基层新型城镇化建设的实际，探讨安徽省合肥市庐江县新型城镇化过程中践行五大发展理念，尤其是协调发展理念的具体实践、成功经验和未来的发展方向。

一、庐江县贯彻协调发展理念，推进新型城镇化建设的实践探索

庐江县的城镇化建设步伐从2009年开始加速，尤其是在2011年安徽省的行政区域规划调整中划归合肥市管辖后，庐江县的新型城镇化建设步入快车道。“等高对接合肥都市区，突出内涵式发展理念”③，“推进新型城镇化，开创城乡统筹新局面”④，着力增强发展的整体性、协调性，是庐江县新型城镇化建设重中之重的现实课题。可以说，协调发展是引领庐江县新型城镇化升级发展的关键所在。在贯彻协调发展理念方面，近年来庐江

①任理轩. 坚持协调发展——“五大发展理念”解读之二[N]. 人民日报，2015-12-21(07).

②王三运. 贯彻新理念 推动新发展[N]，人民日报，2016-05-30(07).

③参见2016年庐江县政府工作报告。

④参见2015年庐江县政府工作报告。

县进行了鲜活的实践和有益的探索，主要体现在以下几个方面。

（一）对接合肥发展布局，谋划区域协同发展

协调要求区域平衡，实现区域整体平衡发展。行政区划调整后，庐江县按照“人心合、思路合、规划合、体制机制合”的要求，第一时间汇入合肥大发展潮流中。根据2013年6月20日发布的《合肥“1331”[①]市域空间发展战略规划》，“大合肥”被定位为“大湖名城、创新高地”，依托“城湖联动、转型创新”的发展战略，将合肥打造成“泛长三角”西翼中心城市，具有国际竞争力的现代产业基地，具有国际影响力的创新智慧城市，国际知名的大湖生态宜居城市和休闲旅游目的地。未来，合肥将实现从一般省会城市走向功能更加多元完善的中心城市、从传统科教城市走向以创新驱动为核心的智慧城市的“转型创新”升级。

庐江县将新型城镇化建设融入整个合肥市发展的大局中，等高对接合肥城市新定位和县级市的标准，按照合肥“1331”空间战略布局，着力谋划区域协调发展。庐江城区位于合肥市域南部的中心位置，有利于发挥城市的辐射影响；庐江历史悠久、文化积淀深厚，是传统的区域中心；与合肥城区关系密切，在省会经济圈中的作用日益突出，有条件成为地区商贸、物流等公共服务重要节点；位于合肥——皖江经济带联系方向上，有利于承接产业转移。因此，“1331”规划提出综合拓展庐江城区的战略规划，并将庐江定位为合肥南部重要副中心城市、新兴现代产业基地、区域商贸中心。与这一功能定位相适应，庐江县协调推进新型城镇化建设的具体发展策略如下：一是综合拓展城市职能，成为合肥市域的南部中心，发挥山水环境和人文资源优势，建设皖中地区旅游城市和山水宜居城市；二是利用“长三角”地区产业转移的契机，承接部分先进制造业的转移，加快构建现代产业体系；三是发挥区位交通优势，结合农产品物流与加工传统，承担合肥城区向外转移的商贸物流职能，发展为区域商贸物流等公共服务重要节点。

①“1331”中第一个“1”是对原“141”格局的概括，包括1个老城区、1个“滨湖新区”和4个城市组团；而第一个“3”延伸出“巢湖、庐江和长丰”3个城市副中心；第二个“3”则为“合巢产业新城、庐南产业新城和空港产业新城”3个产业新城；最后一个“1”为环巢湖示范区。

(二)推进县域规划融合,完善主体功能布局

围绕合肥“1331”空间战略布局，庐江县积极推进县域重点功能区和示范区发展战略规划、区域性规划、县域生态体系及空间绿道网络等规划编制；加快庐江中心城区、汤池温泉旅游度假区、环巢湖开发、合芜蚌现代农业自主创新示范区及庐南循环经济产业新城规划建设，编制完善了镇、中心村建设规划等等，基本做到规划全覆盖。庐江县以国民经济和社会发展规划为依据，加强城乡规划、土地利用总体规划、生态环境保护规划的衔接，从规划内容、信息平台、协调机制和行政管理等方面理顺“四规”关系，统筹推进“四规合一”工作。通过“四规合一”，有效统筹城乡空间资源配置，优化城市空间功能布局，保护耕地资源以促进节约集约用地，保障经济、社会、环境协调发展。下一步，在“四规合一”的基础上，将逐步实现综合交通体系、城乡基本公共服务设施、市政基础设施、园林绿化、水利建设等“多规融合”。

在县域规划融合基础上，庐江县按照合肥南部副中心的标准，对城市进行重新定位，完善主体功能布局。具体举措有：着力实施“大庐城”发展战略，以县城向中等城市跨越为目标，大力提升中心城区集聚力和辐射力，带动县域整体发展，推进城乡一体化进程。推进城市扩张，构建一体二翼、城区东扩、产业西移的总体格局，加快城东新区南扩北拓、环移湖开发建设，精心打造“三山、三湖、四园、五河”，实现产城融合，建设宜居城市。坚持组团联动、特色互补、梯度推进，大力提升美化庐城，着力发展汤池、龙桥、泥河、同大4个新城，加快培育白山—同春、盛桥2个新市镇，逐步形成庐汇中心城区、汤池温泉旅游度假区、庐南循环经济示范区、环巢湖都市农业生态旅游区“一城三区”的总体格局。

(三)统筹城乡一体化,加快城乡联动发展

庐江县的新型城镇化建设力图避免城乡割裂式发展的误区。一方面，加快建设中心城区，加强建筑风貌、山水特色和主要街道的城市设计，全面提升新城镇建设品质，围绕提升品质、完善功能、生态宜居，加快建设步伐，提升综合承载能力。按照全线贯通外环、逐步畅通内环、织密城区路网的总体思路，提高城区快速通达能力。另一方面，着力推动城乡协调

发展，健全城乡发展一体化体制机制，健全农村基础设施投入长效机制，推动城镇公共服务向农村延伸，提高社会主义新农村建设水平。公共财政向农村、向贫困地区更多倾斜，公共资源的配置也更多向基层倾斜。加强基础设施建设，提升县域通达能力。强化外联内通，大力实施农村公路畅通工程，结合公交线路布设改造，打造县内“半小时交通网”，积极争创全省公交示范城市。

庐江县坚持规划同绘、设施同建、产业同兴、环境同治，分类推进新市镇、中心镇建设，加快城乡联动发展、一体化发展。积极争取新型城镇化试点项目，拓宽投入渠道，大力推进汤池新市镇建设，统筹龙桥产业新城建设，加快实施泥河产城共融试点，全力打造同大、白山、盛桥沿湖三镇各具特色的城镇风貌。庐江县选定2014年被评为全国重点镇的泥河镇推进泥河产城共融试点，高起点、高标准规划泥河产城一体化，泥河产城共融最终要达到全县规划引领示范、产业调整示范、投融资改革示范三个方面的示范目标。与此同时，加强对集镇建设的指导和管理，提升集镇建设水平。因地制宜建设改造罗埠新村，创新“两分两统两置换”服务群众工作机制，推进“农民向中心村集中、土地向规模经营集中、产业向园区集中”的美好乡村建设新模式，大力推进新型城镇化，积极推进农民向中心村集中，实现农民向城市居民、农民向产业工人的转变，着力把罗埠新村建设成为“庐城人民的财园、庐江人民的花园、合肥人民的游园”。

（四）促进经济社会协调发展，推动两个文明建设

经济建设与社会建设齐头并进。按照新兴中心城市南部副中心和现代产业基地的标准，庐江县坚持把新型城镇化建设作为拉动经济增长的重要举措，以“产城融合”为突破口，重点瞄准庐江县经济开发区建设，加快工业强县、产业兴城、园城互动、共融发展步伐，促进新型工业化、信息化、城镇化、农业现代化同步发展。在狠抓经济建设的同时，庐江县稳步推进社会建设，加强公共服务设施建设，规划建设狮子山科技公园，整治环碧公园，全面建成文化艺术规划中心、体育中心、名人馆，完成地质博物馆布展，完善教育和卫生设施，科学布局停车场（位）和城市公厕，着力提高住宅小区品质，提升城市品位。民生优先，推进基本公共服务均等

化。“十二五”期间，累计投入54.2亿元，实施了59项民生工程，惠及100多万城乡居民。积极推动就业创业，城乡居民收入不断增加，在岗职工平均工资增长1.79倍，农民人均可支配收入增长2.53倍。社会保险实现全覆盖，保障水平不断提高，减少贫困人口10万人。实施农村安全饮用水工程，解决了27.4万人饮水问题。同步实施教育布局调整与城区教育资源倍增计划，提前两年完成义务教育发展基本均衡县创建工作。基层综合医改工作全面推进，文化事业繁荣发展，公租房建设和棚户区改造取得新进展，城乡公交一体化全面完成，人口计生、科普等工作水平进一步提高，老年人、残疾人等各项事业不断进步。

两个文明一起抓，创建全省文明县城。在增强硬实力的同时，庐江县注重提升软实力，不断增强发展整体性。加快公共文化事业建设，推进休闲、娱乐、文化活动场所建设，塔山广场、观音桥广场、莲花泊公园、周瑜文化广场等场所是市民公共活动休闲学习的“文化超市”，也是城市文化展示的窗口和城市环境改善的亮丽名片。提高城市管理水平，建立规划建设管理联动机制和联席会议制度，推进市政工程市场化管养，实现城市管理数字化全覆盖。加强市容市貌综合治理，突出抓好庐城“四门”整治，实施城市管理示范街创建工程，强化环卫保洁，规范户外广告和摊点设置管理。坚决查处各类违法建设，做到“零增长”和“零容忍”。拉高标杆，强行入轨，大力提高住宅小区物业管理水平。全力规范交通秩序，坚决打击电动三轮车和“黑出租”非法营运。动员全社会力量积极参与，启动新一轮省级文明县城创建，积极争创全国文明县城。深化城市管理执法体制改革，以创建全省文明县城为引领，扎实推进县城规划建设管理“六项行动”，实施城区路面停车泊位市场化管理。坚持路面治理和源头治理相结合，全方位开展综合执法行动，形成车辆超限超载治理长效机制。保持违章建筑高压严打态势，实现城区环卫保洁市场化全覆盖，切实提升城市形象，为实现“四城同创”奠定坚实基础。

（五）践行绿色城镇化理念，建设宜居城市和美好乡村

追求经济发展、环境保护和人民生活质量改善的“三赢”，是庐江县协调推进新型城镇化建设的必然选择。以打造合肥南部最美县城为目标，

庐江县坚持在发展中保护、在保护中发展，深入开展“绿色庐江”建设[①]，努力构建绿富美生态文明新格局，加快推动绿色发展方式。大力发展循环经济和节能环保产业，全面推行清洁生产，严格落实减排目标责任制，构建循环经济产业链，推动绿色发展方式和生活方式的全面形成。加大环境保护和治理力度，加快实施全县小流域“山水林田路园村”综合整治，强化庐南矿区生态保护和修复，构筑坚实生态安全屏障。深入开展大气污染防治行动、水环境治理行动和绿色森林增长行动[②]。

实施美丽乡镇建设。以“生态宜居村庄美、兴业致富生活美、文明和谐乡风美”为目标，加快美好乡村建设步伐，不断提高广大人民群众的幸福指数。第一，以提升集镇形象功能为核心，以产城共融为方向，着力补齐乡镇建设管理“短板”。以中心村为乡村基本服务单元，带动周边基层村成立农村社区，进行市政基础设施和公共服务设施配套，提高农民生活质量。第二，以美好乡村建设为抓手，以点带面，有序推进城乡一体化建设。统筹涉农项目资金支持美好乡村建设，建立社会资本投向农村的引导机制和农村规划管理新机制。稳步推进镇政府驻地所在行政村中心村建设，加快示范村和沿湖三镇美丽乡村示范带建设，探索以罗埠新村为代表的整村推进美好乡村新模式。第三，产业发展上，优先发展现代农业以及农家乐等农业生态旅游业，提高农民收入，把农业、务工、旅游以及服务业等作为农民收入的增长点。加快旅游业发展，全力做好汤池温泉旅游开发，编制冶父山大旅游发展规划；围绕巢湖南岸旅游开发，加大旅游项目引进，实施环湖开发战略；大力发展以农家乐、林家乐、渔家乐为重点的乡村旅游，重点抓好汤池百花村、果树村、万山十八里长冲、台创园等乡村旅游项目点建设。第四，完善美丽乡村长效管护机制，严格落实村镇违法建设问责办法，强化规划控制，保持和发扬农村建设的传统特色、风貌景观，着力提升镇村文明程度。庐城罗埠新村、冶父山铺岗新村、万山三峰中心村、矾山夏院居民点等一批美好乡村成为全市亮点，汤池镇百花村荣获“全省美丽宜居村庄”称号，汤池果树村跻身全国“美丽乡村”创建

①早在2012年县政府工作报告中，庐江县就首次提出“美丽庐江”的建设目标。

②立足新起点　勇担新使命　奋力开创庐江发展新局面[N]. 合肥日报，2016-06-28(A04).

示范村。

二、庐江县贯彻协调发展理念，推进新型城镇化建设的成功经验

在协调发展理念的引领下，庐江县新型城镇化建设稳步推进、跨越发展，取得了显著的成效和宝贵的经验。

（一）显著成效

新常态带来新挑战，新常态蕴含新机遇。国家实施长江经济带战略、合肥建设长三角世界级城市群副中心带来重大历史机遇。庐江县经过多年的发展积淀，特别是行政区划调整以来，始终坚持基础设施建设优先，谋划实施了一大批具有牵动性的重大项目，深入推进了一系列改革，干部群众的思想观念有了深刻变化，再加上得天独厚的资源优势、广阔的空间优势、丰厚的人才人力资源优势，这些都为新常态下实现新作为奠定了坚实的基础①。庐江县人民在县委和县政府的领导下，始终保持开拓进取的昂扬锐气，坚定信心，攻坚克难，主动适应新常态，把握新机遇，推动新发展，实现弯道超越，在“新跨越、大变化、进百强”的征程上迈出新步伐。

近年来，特别是“十二五”以来，庐江县发展成果斐然，主要经济指标总量均实现翻番②。“十二五”时期，庐江县地区生产总值由103.9亿元增长到221.1亿元，全省排名由第22位提升到第15位；财政收入由10.03亿元增长到24.97亿元，全省排名由第20位提升到第15位；社会消费品零售总额由42.1亿元增长到82.1亿元，排名居全省前10位；累计完成固定资产投资970亿元，是“十一五”的3.6倍。庐江县新型城镇化发展水平不断提升，先后荣获全省科学发展先进县、皖江示范区建设先进县、全省民营经济发展先进县称号，首次进入中部百强县和全省县域经济综合竞争力十强。

（二）主要经验

在贯彻协调发展理念，推进新型城镇化建设过程中，庐江县形成了较

①周跃东，章礼军.适应新常态　实现新作为——开创庐江发展新的“黄金十年”[N].合肥日报，2015-01-22(A07).

②立足新起点　勇担新使命　奋力开创庐江发展新局面[N].合肥日报，2016-06-28(A04).

为成熟的经验成果[1]，这主要体现在对以下关系的妥善处理上：

一是发展中稳与进的关系。稳中求进，稳是基础，进是动力。中央提出，不简单以GDP增长论英雄，但“调速”不是“失速”，换挡不能滑出底线。调速是释放资源、环境承载力，而不是释放工作压力，不能成为顺势而下、碌碌无为的借口。在保持质量和效益的前提下，要坚决守住底线，保持一个合理的经济增长率，并力争发展得更快更好些，促进经济总量、发展质量、人均均量三量齐升。

二是加快发展与深化改革的关系。发展是解决庐江所有问题的关键，全面深化改革是加快发展的“金钥匙”。2016年是全面深化改革第一年，要以问题为导向，以改革为动力，多动脑筋，搞好顶层设计，扫清影响庐江大发展的各种体制性障碍，打破“路径依赖”“体制惯性”，以改革来释放发展的最大红利和动力，以思想的新解放，赢得竞争的新优势，抢占发展的新机遇。

三是经济发展与社会建设的关系。社会建设是现代化建设总体布局的重要内容，也是经济发展的必然和依托，但是经济建设仍然是全党工作的中心，这个战略目标没有转移。没有发展的保障，社会建设将难以维持。庐江的经济发展才刚刚起步，创业的任务还远没有完成，在一个相当长的时期，必须围绕经济建设这个中心，扭住不放。

四是经济发展与改善民生的关系。改善民生是我们一切工作的出发点和落脚点，必须按照守住底线、突出重点、完善制度、引导舆论的要求，带着责任、怀着感情做好各项民生工作。限于财力，抓民生工作既要尽力而为，又要量力而行，多做雪中送炭的重点民生工作，强调改善民生，并非大包大揽。要处理好基本和非基本的关系，政府主要是保基本，非基本更加注重发挥市场和社会的作用，满足群众多样化的需求。

五是经济发展与生态文明的关系。庐江山川秀美，既不能借口保护环境而碌碌无为，又不能以牺牲环境为代价，追求眼前利益。那将无异于饮鸩止渴，愧对后人。要建立完善经济发展和生态保护协调发展机制，实行最严格的环境监管执法制度，建立最高标准的环境保护体系，并善于利用庐江山

①王民生在县委十一届十一次全体（扩大）会议上的讲话[EB/OL].[2014-01-05].http://www.lj.gov.cn/contents/64675.html.

水资源，在保护中促开发、在开发中强保护，把生态效益转化为经济效益。

六是发展与条件的关系。发展固然需要客观条件，但想发展、敢发展和会发展的人，总是能够发现和捕捉机遇，也总能创造条件。庐江县在创建经济开发区城西新区、城东新区和台创园之初，就是顶着巨大压力、创造条件干成的。未来，更需要保持这种旺盛斗志和进取意识，“有条件要上，没有条件创造条件也要上”。

(三)显著特点

从具体的施政理念和政策实践来看，庐江县新型城镇化“协调发展”有以下几个比较鲜明的特点。

一是坚持区域协同发展。协调要求区域平衡，实现区域整体平衡发展。一方面，合肥市从区域协调发展的高度给予庐江县前所未有的政策和项目扶持，“十二五”期间，仅在对外交通、城市道路、环巢湖生态示范区项目等方面就获得支持资金累计有100多亿元，带动庐江县城乡建设深入发展。另一方面，庐江县主动融入合肥都市圈和“长三角”发展，借助合肥“四港三区一中心”建设平台，更好地承接合肥对外开放高地的辐射和延伸，打造合肥开放平台的一个重要支点。加强与合肥中心城区衔接，推动在规划、交通、产业等方面无缝对接。围绕合肥市打造电子信息、新能源、装备制造等八大千亿级产业，大力发展机械制造及汽配、新能源、新材料等配套产业。加快庐江县经济开发区扩区、庐南循环经济示范区建设。同时，加强与“长三角”地区合作交流，主动参与合肥市与上海市的双城合作，积极寻求发展空间。

二是坚持城乡一体发展。协调要求城乡共享发展成果。作为全省新型城镇化23个试点县之一，庐江县坚持共享发展理念和城乡一体化发展战略，把让城乡人民更多分享发展成果作为改革的出发点和落脚点，注重协调发展，促进和谐发展，努力增强城乡一体化发展能力和水平。以建设“合肥南部副中心”为目标，以新型主导产业为支撑，以统筹城乡发展为途径，以体制机制创新为保障，推动经济发展，改善民生福祉，促进社会和谐，走出一条城乡同繁荣共发展的新路。

三是坚持经济建设与社会建设同步发展。协调要求各领域的整体平衡。以“民生优先惠百姓，打造更具获得感的幸福庐江”为目标，庐江县新型城镇化建设坚持以人为本，推进改革发展成果更多更公平地惠及广大人民。庐江县县长王连贵在庐江县第十六届人民代表大会第四次会议上强调，坚持把保障和改善民生摆在突出位置，加大投入，狠抓落实，实现经济增长与民生改善相协调、相促进，要始终把改善和保障民生作为新型城镇化发展的重中之重，积极推进基本公共服务均等化。

四是坚持物质文明和精神文明协调发展。协调讲求“身”“心”的系统平衡。按照两个文明协调发展理念，庐江县扎实推进精神文明建设，大力弘扬新时期“庐江精神”，着力建设“书香潜川”，开展“十大孝星”“感动庐江十大人物”“庐江好人”等评选表彰活动，举办“巾帼志愿宣讲”“道德讲堂”等宣讲活动。“人文庐江”深入实施，送戏（电影）下乡持续开展，万山镇三峰中心村完成省农民文化乐园建设，金牛镇和龙桥镇黄屯老街入选全省千年古镇，白山镇齐嘴村入选全省千年古村落，庐江文化艺术团荣获全国服务农民、服务基层文化建设先进集体称号。庐江县2011年被评为第二届全省文明县城，2014年被评为第三届全省文明县城，第四届全省文明城市的创建工作也正式拉开序幕。文明城市被称为最有价值的综合性城市品牌，是一个城市的最高荣誉，也是新型城镇化协调统筹发展的最好诠释。

五是坚持新型城镇化与生态文明建设和谐发展。协调要求可持续和绿色化发展。加快推进生态文明建设，强调大力推进绿色城镇化成为全县干部群众的共识，庐江县把加强环境保护与经济社会发展有机结合起来，主动将生态文明建设融入新型城镇化发展的全过程，力求打造功能定位明晰、产业布局合理、体现区位优势特色、与资源环境承载能力相适应的城镇化格局[①]。庐江县绿色城镇化建设硕果累累，先后摘得全国生态建设示范基地县、安徽省科学发展先进县、皖江示范区建设先进县、全省文明县城、全省“十佳”环境优美县、全省园林县城等诸多荣誉称号[②]。庐江县以生态文明的自觉实践，努力打造“秀甲皖中、人民康居、富丽、精美、和

①马凯.坚定不移推进生态文明建设[J].求是,2013(9):3-9.

②周跃东,章礼军,钱良好.碧波荡漾润潜川——庐江县加强环巢湖生态保护修复水利建设工作纪实[N].合肥晚报,2014-12-30(15).

谐的”新兴中心城市南部副中心。

三、庐江县贯彻协调发展理念，推进新型城镇化建设的发展前景

当下正值“十二五”开局之际，庐江县党委和政府在认真总结、反思“十二五”期间新型城镇化建设的问题与挑战的同时，奋力绘就“十三五”发展的新篇章，谋划未来五年新型城镇化发展的指导思想、总体目标和行动方案。

（一）问题与挑战

正如庐江县《2016年政府工作报告》中所指出的，在肯定庐江县新型城镇化建设所取得的辉煌成就的同时，我们也应当清醒地认识到一些不容忽视的问题和挑战。主要表现在：一是发展不快、发展不优、发展不平衡的问题依然突出，GDP增速仍然低于全市平均水平。二是调结构、转方式、促升级压力大，主导产业不强，产业层次较低，企业创新能力不足的矛盾比较突出。三是发展环境亟须改善，土地、资金、环保等要素制约加剧，生态建设、安全生产、信访稳定压力依然不小。四是政府机关服务效能与群众期盼还有差距，不作为、慢作为、乱作为现象还时有发生①。对此，庐江县政府应高度重视，群策群力，谋划合理有效的政策方案，用发展解决发展中的问题，以不辜负全县人民的期望和重托，将新型城镇化协调发展推进到新的高度。

（二）发展方向

鉴于存在的上述问题和挑战，在庐江县《2016年政府工作报告》中，初步拟定了“十三五”期间新型城镇化建设深入发展的指导思想、预期目标和行动方案。

第一，明确指导思想。以邓小平理论、“三个代表”重要思想、科学发展观、习近平总书记系列重要讲话精神为指导，以全面建成小康社会目标为总揽，以科学发展为主题，以转变经济发展方式为主线，以“新跨越、进十强、争百强”为目标，大力实施“两新突破、大美庐城、旅游开

①参见2016年庐江县政府工作报告。

发”三大战略，加快建设“一个副中心、三个基（高）地、一个枢纽”，全力打造开放、绿色、人文、平安、廉洁、幸福“六个庐江”。

第二，拟定预期目标。到2020年末，实现地区生产总值400亿元，力争440亿元；实现规模工业增加值140亿元，力争160亿元；固定资产投资5年累计达2 400亿元，力争2 700亿元；实现财政收入45亿元，社会消费品零售总额152亿元；城乡居民人均可支配收入分别达39 200元和26 000元；城镇登记失业率控制在4.3%以内；城镇化率达到60%以上。社会事业全面进步，生态环境明显改善，人民生活显著提高。

第三，确定行动方案。为实现上述目标，庐江县提出推进新型城镇化发展的四个着力点：一是着力推进合肥南部副中心建设。按照现代化新兴中等城市标准，高标准、高起点规划建设管理；与合肥中心城区等高对接，承接其部分功能，推进市县空间融合，推动“县改市”，加快建成合肥南部副中心。二是着力推进现代产业基地建设。依托庐江经济开发区、庐南循环经济示范区（庐南重化工基地）和万山、同大、泥河等镇工业集聚区，大力发展战略性新兴产业和新型矿业，加快发展主导产业，提升发展传统产业，建设现代制造业基地。培育“互联网+”新业态，加快发展现代服务业。三是着力推进旅游度假基地建设。推动旅游与生态、农业、文化、新型城镇化深度融合，加快培育旅游新业态。重点建设汤池温泉旅游度假区、“两山一湖”、台创园和环巢湖等旅游景区，创建5A景区，跻身全省旅游十强县。四是着力推进农业创新高地建设。以庐江国家现代农业示范区、合芜蚌现代农业自主创新示范区为基础，以台创园核心示范区为引领，以创建全国第三个农业高新技术开发区为目标，重点在农业科技研究、技术示范推广、产业化经营、农产品质量安全、品牌建设等方面创新，为全省乃至全国农业发展和改革提供可复制、可推广的经验。

（三）未来展望

在协调发展理念的指引下，“十三五”期间，庐江县将大力推动新型城镇化发展，等高对接合肥都市区，以建设秀甲皖中、康居和谐、富丽精美中等城市为目标，强力推进“一个副中心、三个基地”和合肥南部交通枢纽建设，努力实现综合实力进入全省十强、力争进入全国百强的目标，全面建成小康社会。这一目标的实现是可期待的，这主要基于以下几点理由。

第一，坚强的组织领导。庐江县新型城镇化建设的跨越式发展，得益于中央和省的决策部署，市委市政府和县委的坚强领导，以及县乡政府治理能力的逐步提升。以提升治理能力为重点，庐江县加快推进政府自身建设，牢固树立“讲大局、抓重点、解难题、守规矩、求实效”的理念，坚持科学决策，加快转变政府职能，推进“效能革命”，大幅精简行政审批事项，全面推行权力、责任、涉企收费“三项清单”制度，不断推进政府治理体系和治理能力现代化。

第二，正确的发展理念。协调发展理念指引下的新型城镇化建设，强调城乡一体化发展，实现城乡要素平等交换、合理配置和基本公共服务均等化；强调发展经济的同时要投入更多的精力和资源做好教育、就业、社会保障、医疗和公共卫生、环境保护等工作，解决人民最关心、最直接、最现实的利益问题，让全体人民共享发展成果。新型城镇化的协调发展理念符合以人为本的执政理念。

第三，合理的发展战略。“十三五”期间，庐江县将大力实施三大发展战略①：一是继续坚持“工业立县”的经济发展战略，以工业化带动城镇化，着力打造基础设施日臻完善的工业承接平台和产城一体化的工业新城。二是推进支柱产业或特色产业发展战略，以市场需求为导向，选准适合自身实际的发展突破口，大力培育和发展小城镇有特色、有规模的主导产业。三是坚持农业产业化经营、乡镇企业发展、小城镇建设三位一体的发展战略，大力发展农产品加工、服务业，走以农兴镇、以镇促农的路子，以农业产业化带动新型城镇化。

第四，良好的发展机遇。“十二五”时期，庐江县城镇化的最主要动力是大规模承接产业转移，依靠工业规模扩张来推动城市规模扩张，以工业化带动城镇化。随着国家战略规划的调整，“中部崛起”战略、“皖江城市带”承接产业转移规划的相继提出，“泛长三角”的经济辐射和带动作用日益凸显，为庐江县的发展带来了大好机遇，为庐江县新型城镇化建设带来了重大发展机遇，提供了强大的动力引擎。

①李金霞.合肥市庐江县新型城镇化建设中的问题与对策[J].文化产业,2014(8).

四、结　语

协调发展增强发展整体性，是全面建成小康社会的决胜之举①。协调与整体关系密切。协调的范围是整体，协调的方式是发挥整体效能，协调的目的是增强发展的整体性。作为发展理念，协调有其明确内涵和要求，主要是着力解决我国长期存在的发展不平衡问题，促进经济社会持续健康发展，实现整体功能最大化。协调发展是关系我国发展全局的一场深刻变革，要按照中国特色社会主义事业总体布局和“四个全面”战略布局，在坚持以经济建设为中心的同时，全面推进经济建设、政治建设、文化建设、社会建设、生态文明建设，促进现代化建设各个方面、各个环节相协调，促进生产关系与生产力、上层建筑与经济基础相协调，做到两点论和重点论相统一。这是坚持唯物辩证法的基本要求，是经济社会持续健康发展的内在要求，也是做好经济社会工作的重要原则。

“十三五”期间，庐江县只要坚持走“协调发展”的新型城镇化之路，坚持经济效益、社会效益、环境效益协调统一，坚持绿色城镇化理念，加强生态文明建设，偕同推进城市品质提升与美好乡村建设，坚持城乡统筹、城乡一体、产城互动、节约集约、生态宜居、和谐发展，新型城镇化发展的道路就必将越来越平坦、越来越开阔。

①任理轩．坚持协调发展——“五大发展理念”解读之二[N]．人民日报，2015-12-21(07)．

肥东县改革创新推进新型城镇化建设探析

程海梅①

摘　要:积极推进新型城镇化建设,是落实国家新型城镇化建设规划的内在要求,也是城乡区域融合发展和全面建成小康社会的有效途径。肥东县以改革创新推进新型城镇化作为自身发展的重点,不断创新思路、创新规划、创新定位,建立了新型城镇化体制机制,在城镇化系统构建、产城融合、基础设施建设、绿色发展和民生工程方面取得显著成效。为进一步推进新型城镇化进程,需要在户籍制度改革、城镇化资金保障机制、城镇治理结构和方式等方面进一步改革创新,不断提升城镇化水平。

关键词:新型城镇化;改革创新;城镇化建设

新型城镇化是以城乡统筹、城乡一体、产业互动、节约集约、生态宜居、和谐发展为基本特征的城镇化，是大中小城市、小城镇、新型农村社区协调发展、互促共进的城镇化。近年来，党和国家高度重视推进新型城镇化建设。新型城镇化是现代化的必由之路，关系着全面建成小康社会和实现中华民族伟大复兴的中国梦。《中华人民共和国国民经济和社会发展第十三个五年规划纲要》提出，要推动城乡协调发展，推动新型城镇化和新农村建设协调发展，提升县域经济支撑辐射能力，发展特色县域经济，加快建设美丽宜居乡村，促进城乡公共资源均衡配置。肥东县抓住机遇，立足自身发展实际，将改革创新推动新型城镇化作为自身发展的重点，并取得显著成效，被列为安徽省新型城镇化建设试点县，肥东经济开发区被命名为“安徽省产城一体试点园区”。

---

①程海梅,安徽省示范高中农兴中学政治教研组教师,硕士。

一、改革创新推进新型城镇化建设的时代任务

(一)落实国家新型城镇化建设规划的内在要求

作为指导全国城镇化健康发展的宏观性、战略性、基础性规划，《国家新型城镇化规划（2014—2020年）》是根据中国共产党第十八次全国代表大会报告、《中共中央关于全面深化改革若干重大问题的决定》、中央城镇化工作会议精神、《中华人民共和国国民经济和社会发展第十二个五年规划纲要》《全国主体功能区规划》编制而成的。规划中明确指出，城镇化是伴随工业化发展，非农产业在城镇集聚、农村人口向城镇集中的自然历史过程，是人类社会发展的客观趋势，是国家现代化的重要标志。按照建设中国特色社会主义“五位一体”总体布局，顺应发展规律，因势利导，趋利避害，积极稳妥扎实有序推进城镇化，对全面建成小康社会、加快推进社会主义现代化建设进程、实现中华民族伟大复兴的中国梦，具有重大现实意义和深远历史意义。我国已进入全面建成小康社会的决定性阶段，正处于经济转型升级、加快推进社会主义现代化的重要时期，也处于城镇化深入发展的关键时期，必须深刻认识城镇化对经济社会发展的重大意义，牢牢把握城镇化蕴含的巨大机遇，准确研判城镇化发展的新趋势新特点，妥善应对城镇化面临的风险挑战①。肥东县结合自身发展实际，在推进新型城镇化建设进程中，勇于创新和实践，取得积极成效，为今后进一步推进新型城镇化打下坚实基础。

(二)实践创新发展理念的题中之意

党的十八届五中全会强调，实现“十三五”时期发展目标，破解发展难题，厚植发展优势，必须牢固树立并切实贯彻创新、协调、绿色、开放、共享的发展理念，这是关系我国发展全局的一场深刻变革，攸关“十三五”乃至更长时期我国的发展思路、发展方式和发展着力点，是我们党对发展规律的再深化和新飞跃，丰富发展了中国特色社会主义理论宝库，成为全面建成小康社会的行动指南，实现“两个一百年”奋斗目标的思想

①国家新型城镇化规划(2014—2020年)[EB/OL].[2014-03-16].http://www.gov.cn/zhengce/2014-03/16/content_2640075.htm.

指引。在五大发展理念中，创新发展是方向、是钥匙，居于首要位置，是引领发展的第一动力。坚持创新发展，必须把创新摆在国家发展全局的核心位置，不断推进理论创新、制度创新、科技创新、文化创新等各方面创新，让创新贯穿于党和国家的一切工作，让创新在全社会蔚然成风。创新不仅是对科技工作者的明确要求，更是对全党全社会提出的紧迫任务。结合当前城镇化建设发展实际，我国城镇化是在人口多、资源相对短缺、生态环境比较脆弱、城乡区域发展不平衡的背景下推进的，在其快速发展过程中，普遍存在一些具有共性、需要着力解决的突出矛盾和问题。如“大量农业转移人口难以融入城市社会，市民化进程滞后”；“土地城镇化”快于人口城镇化，建设用地粗放低效；城镇空间分布和规模结构不合理，与资源环境承载能力不匹配；城市管理服务水平不高，“城市病”问题日益突出；自然历史文化遗产保护不力，城乡建设缺乏特色；等等①。肥东县在推进自身城镇化建设中，同样会遇到阻碍城镇化进程的问题，要破解这些难题，就需要解放思想，注重创新，结合城镇化发展规律，创新方式方法，走具有自身特色的新型城镇化道路，这不仅关系当地城镇化建设的有效推进，更是实践创新发展理念的题中之意。

（三）肥东自身科学发展的有效途径

肥东是合肥市辖县，安徽省人口大县，总面积2 181.6平方千米，人口105.3万，辖18个乡镇、331个村（居、社区），是区域大县、经济强县。“十二五”期间，肥东县主动适应经济发展新常态，坚持解放思想、改革创新，坚持走新型工业化和新型城镇化道路，整个县域发展充满生机与活力，经济、政治、社会、文化、生态等方面建设实现了历史性突破，产生了积极的影响。但在发展过程中仍然存在一些深层次的矛盾和问题，特别是作为农业大县，其保障和改善民生任务繁重，就业总量压力依然存在，城乡发展不平衡、不协调的矛盾比较突出。要有效解决发展中的突出问题，实现经济社会全面协调可持续的科学发展，需要着力“统筹城乡发展，优化城镇布局，提高综合承载能力，有序推进农业转移人口市民化，用改革的办法解决城镇化难点问题，发挥好新型城镇化对率先全面建成小

①国家新型城镇化规划（2014—2020年）[R/OL].[2014-03-16].http://www.gov.cn/zhengce/2014-03/16/content_2640075.htm.

康社会的支撑作用”[①]。“十三五”时期是关系肥东县能否实现率先全面建成小康社会目标的决胜阶段，应该抓住有利于自身的发展环境，突出重点，深入推进新型城镇化和美好乡村建设，实现城乡区域融合发展、共同繁荣，这是肥东县实现科学发展的有效途径。

二、多思路多方位创新推进新型城镇化建设

肥东县紧紧抓住安徽省作为首批国家新型城镇化综合试点省份以及合肥深入实施“1331”[②]城市空间发展战略的发展机遇，强化市县融合，多方面创新推进新型城镇化建设，努力构建城乡统筹发展新范例。

（一）创新思路，凸显发展战略，推进新型城镇化建设

根据《国家新型城镇化规划（2014—2020年）》和中央城镇化工作会议精神，国家发展改革委等11部委《关于开展国家新型城镇化综合试点工作的通知》的要求，以及《安徽省人民政府关于印发国家新型城镇化试点省安徽总体方案的通知》的要求，近年来，肥东县将创新推进新型城镇化建设上升到县域发展的战略高度。一方面，将新型城镇化建设与肥东县城总体规划相融合，紧紧围绕全面落实合肥市“1331”城市空间发展战略和“加快建设区域强县，着力打造现代化合肥东部新城”目标，按照资源环境承载能力及集聚经济和人口的潜力，统筹规划，合理布局，以人的城镇化为核心，以提升质量为关键，围绕“人、地、钱、规划、建设、管理”，推进农业转移人口市民化，促进城乡统筹发展和产城融合发展，努力走出一条“高质量、可持续、广包容的城镇化道路”[③]。另一方面，以推进城镇化建设为突破口，同步推进新型工业化、城镇化、信息化和农业现代化，统筹城乡协调发展，着力改善和保障民生，全面落实依法治县，统筹做好改革发展稳定各项工作，加快建设区域强县，着力打造大富美强的现代化合

①肥东县人民政府关于印发肥东县国民经济和社会发展第十三个五年规划纲要的通知[EB/OL].[2016-06-02].http://www.feidong.gov.cn/display.asp?id=74026.

②“1331”中第一个“1”是对原“141”格局的概括，包括1个老城区、1个“滨湖新区”和4个城市组团；第一个“3”延伸出“巢湖、庐江和长丰”3个城市副中心；第二个“3”则为“合巢产业新城、庐南产业新城和空港产业新城”3个产业新城；最后一个“1”为环巢湖示范区。

③安徽省人民政府关于印发国家新型城镇化试点省安徽总体方案的通知[EB/OL].[2015-04-22].http://www.ah.gov.cn/UserData/DocHtml/1/2015/4/22/6619611457251.html.

肥东部新城[①]。肥东县“十三五”规划明确提出加快推进新型城镇化，到2020年常住人口城镇化率超过60%。统筹新型城镇化和美好乡村建设，深入推进“三区协同、三镇融合”，推进开发园区产城一体，实现城乡区域融合发展、共同繁荣，建设全市城乡统筹发展新典范[②]。

(二)创新规划，突出中心布局，全面推进新型城镇化

肥东县创新城镇规划体制机制，推进经济社会发展规划、城乡规划、土地利用规划等“三规合一”，优化城镇布局，突出中心布局，提高综合承载能力，全面推进新型城镇化，有序推进农业转移人口市民化，发挥好新型城镇化对率先全面建成小康社会的支撑作用。首先，优化县域空间布局，突出城镇化中心布局，形成了“一城两区，南北联动”的县域空间发展布局，等高对接合肥市主城区，推动南北联动发展和一体化进程。“一城”即合肥东部新城，“两区”即南部环巢湖生态文明示范区和北部江淮分水岭现代农业示范区。合肥东部新城是肥东县城镇化体系的核心，高起点建好“一城”，实现产业布局优化、公共服务完善、交通设施完备、文化品位提升、生态环境良好，有效承接合肥主城区功能疏解，成为合肥国际化大都市的重要组成部分。南部环巢湖生态文明示范区包括沿岱山湖、龙虎山、太子山、浮槎山、龙泉山、白马山、四顶山等沿山沿湖一线的东部乡镇，以“青山绿地、蓝天碧水”为导向，保护重要生态功能区，科学划定生态保护区域，确保重要生态系统以及主要物种得到有效保护，提高生态产品供给能力。将对由白龙镇、元疃镇、杨店乡、响导乡、八斗镇、张集乡、陈集镇、古城镇、马湖乡、梁园镇、众兴乡、牌坊乡部分区域组成的北部江淮分水岭现代农业示范区切实增加有效投入，提高乡村道路建设标准，打通断头路，做好区域内乡村道路互联互通，完善中心镇公共服务配套能力，快速融入主城发展，促进农村人口转移集聚，提升服务能力，提高生活质量[③]。同时，按照控制数量、提高质量、节约用地、体现特色的要

---

①肥东县人民政府关于印发肥东县国民经济和社会发展第十三个五年规划纲要的通知[EB/OL].[2016-06-02].http://www.feidong.gov.cn/display.asp?id=74026.

②肥东县人民政府关于印发肥东县国民经济和社会发展第十三个五年规划纲要的通知[EB/OL].[2016-06-02].http://www.feidong.gov.cn/display.asp?id=74026.

③肥东县人民政府关于印发肥东县国民经济和社会发展第十三个五年规划纲要的通知[EB/OL].[2016-06-02].http://www.feidong.gov.cn/display.asp?id=74026.

求，加快建设一批美好集镇，推动集镇发展与承接合肥中心城区功能疏解相结合、与特色产业发展相结合、与服务“三农”相结合，全面推进新型城镇化建设。

（三）创新定位，抓住核心，彰显特色新型城镇化建设

肥东县在推进城镇化建设中，创新定位，抓住核心。一方面，坚持培育发展充满活力、特色化、专业化的县域经济，深入推进调结构、转方式、促升级行动计划，坚持做大总量与优化结构相结合，全面推进供给侧改革，加快培育发展战略性新兴产业，改造提升传统产业，大力发展现代服务业，建设结构优化、技术先进、清洁安全、附加值高的现代产业基地，争当全市新型工业化发展主战场，提升承接城市功能转移和辐射带动乡村发展的能力。另一方面，更加注重以人为本，在推进城镇化建设中避免“千镇一面”，因地制宜发展特色鲜明、产城融合、充满魅力的小城镇。坚持非均衡、错位发展，建设三类型特色小城镇：一类为旅贸型集镇，重点发展旅游、商贸业与生态农业，打造宜游宜居的新市镇；二类为工贸型集镇，重点发展农副产品加工业和城市配套服务产业；三类为农贸型集镇，重点发展现代农业及涉农服务的商贸业[①]。同时，按照“生产发展、生活宽裕、乡风文明、村容整洁、管理民主”的要求，大力培育中心村、整治自然村、提升特色村，提升美好乡村建设风貌品位。为了巩固美好乡村建设成果，努力建立健全长效管护机制，深化生态宜居村庄美、兴业富民生活美、文明和谐乡风美的美好乡村建设，不断推进特色新型城镇化建设。

三、改革创新推进新型城镇化建设取得的积极成效

经过一系列创新改革推进新型城镇化建设措施，截至2015年，肥东县城镇化建设取得明显成效，常住人口城镇化率达到51%，初步建立起新型城镇化体制机制，全县城镇化水平和质量有较大幅度提高。

（一）新型城镇化系统与发展格局逐渐完善

肥东县在推进城镇化建设中，注重城镇化的整体布局和系统构建。以

①肥东县发改委．肥东县大力推进新型城镇化建设[EB/OL].[2015-12-22].http://www.feidong.gov.cn/display.asp?id=66343.

落实合肥市“1331”城市空间发展战略统领城乡发展建设，形成了以“三区三镇”为核心、建制镇为支撑、美好乡村为基点的新型城镇化体系。把最具城市化基础和条件的店埠、撮镇、桥头集、肥东经济开发区、合肥循环经济示范园、安徽合肥商贸物流开发区作为整体，按照“三镇融合、三区协同、产城一体”的要求进行整体规划，与合肥市中心城区及巢北经济开发区协同发展。“三区三镇”范围内城镇建成区面积已达到60平方千米，常住人口近45万人①，以“三区三镇”为中心布局的城镇化发展迅速，辐射带动整个肥东县城镇化水平的提升。店埠镇距合肥仅12千米，地理位置优越，经济实力雄厚，工业基础坚实，已形成机械制造、冶金、起重、轻纺、食品加工、建筑建材等十大骨干行业，其中起重行业名列全国第三，全省第一。撮镇作为合肥市总体规划中城镇体系中的重要卫星镇和安徽省中心建制镇，发展迅速，先后跻身全省集体建设用地使用权流转试点镇、全省重点中心镇、全省新农村百镇千村试点镇、全国重点镇和第一批全国发展改革试点镇行列，2006年被中央确定为1 000个重点镇之一。桥头集镇作为自然景观和人文景观众多的特色镇，拥有发达的交通运输网络，农业和旅游业发展突出，先后被列为国家级花卉示范基地、国家级万亩优质油菜示范基地、农业产业开发“金桥工程”安徽省项目基地。肥东经济开发区成功扩区并入选安徽省产城一体试点园区，与合肥循环经济示范园一并被评为全省新型工业化产业示范基地，安徽合肥商贸物流开发区成为全省最大的商贸物流基地和唯一快递产业园②。以“三区三镇”为中心布局的东部新城核心区架构基本建成，有力助推整个肥东的城镇化进程。

与此同时，牢固树立“镇当城建”理念，不断加强小城镇和美好乡村建设，发挥美好乡村建设的示范引领作用，城镇化体系日渐成熟。19个中心村纳入安徽省第二批美好乡村建设范围，其中14个中心村基本完成建设任务，长临河镇西湖村、包公岘山村、陈集中心村等一批具有鲜明特色的美好乡村颇具规模，元疃塘西村和长临罗家疃中心村规划文本被安徽省住建厅作为“典范文本”推广。在全省率先推行为民服务村企一体化，建成

①肥东县大力推进新型城镇化建设[EB/OL].[2015-12-22].http://www.feidong.gov.cn/display.asp?id=66343.

②肥东县人民政府关于印发政府工作报告的通知[EB/OL].[2016-01-13].http://www.feidong.gov.cn/display.asp?id=66963.

服务站点96个。改造农村危房1 200户，实施了5个批次“增减挂”、8个市级土地整理项目，新增耕地4 258亩，争取各类建设用地指标4 600亩，马湖王沟、杨店跃进两个整村推进项目完成新村建设任务[①]。同时，改善中北部集镇基础设施条件，在农村统筹推进“环境整治、人口集聚、产业支撑、文化养育、服务提升”五大工程。

（二）产城融合发展与城镇化承载力获得提升

肥东县在推进新型城镇化中，坚持新型工业化与城镇化的有效协调。一方面，始终贯彻“工业立县、产城一体、开放合作、绿色发展”四大战略，综合实力显著增强。“十二五”期间，实现地区生产总值481.7亿元，年均增长13.5%（可比价）；财政收入达到35.4亿元，年均增长18.7%；全社会固定资产投资520.3亿元，年均增长20.3%；社会消费品零售总额达到84.8亿元，年均增长19.6%（见表1）。主要经济指标增速位居安徽省前列，综合实力始终保持在全省第一方阵，连续5年跻身全国科学发展综合实力百强县行列[②]。同时，加快产业结构调整步伐。三次产业结构由2010年的19.8∶59.3∶20.9调整为2015年的13.1∶66∶20.9。突出工业的主导地位，规模以上工业企业数达到364户，实现增加值228.6亿元，形成机械制造、家用电器、绿色化工、食品加工、钢材深加工等优势主导产业。战略性新兴产业产值达到107亿元。创新能力不断增强，省市“两化融合”示范企业增至23家，高新技术企业发展到39家，被评为“全国科技进步先进县”。金融、物流、旅游等现代服务业快速发展，新产业、新业态、新模式不断涌现，引进了普洛斯物流园、合肥浙商城、星光国际广场等一批重点服务业项目[③]；重点建设了包公故里文化生态园、岱山湖、龙泉山等旅游景点；积极开发了融六家畈特色风情古镇、长临古街、白马山生态旅游度假区为一体的环巢湖旅游开发带。现代农业发展壮大，市级以上农业产业化龙头企业168家，规模以上农产品加工产值达269亿元。

①参见2015年肥东县政府工作报告。

②肥东县人民政府关于印发肥东县国民经济和社会发展第十三个五年规划纲要的通知[EB/OL].[2016-06-02].http://www.feidong.gov.cn/display.asp?id=74026.

③肥东县人民政府关于印发肥东县国民经济和社会发展第十三个五年规划纲要的通知[EB/OL].[2016-06-02].http://www.feidong.gov.cn/display.asp?id=74026.

表1 肥东县"十二五"经济和社会发展主要指标完成情况[①]

主要指标	2010年	"十二五"规划目标	2015年	"十二五"年均增长
地区生产总值(亿元)	220.4	494	481.7	13.5%
其中:第一产业(亿元)	43.6	62	63.1	/
第二产业(亿元)	130.8	309	318.1	/
第三产业(亿元)	46	123	100.5	/
三次产业比	19.8:59.3:20.9	12.5:62.5:25	13.1:66:20.9	/
人均生产总值(元)	20 461	45 826	45 727	17.4%
财政收入(亿元)	15	40	35.4	18.7%
全社会固定资产投资(亿元)	206	491	520.3	20.4%
规模以上工业总产值(亿元)	296	1017	965.6	26.7%
规模以上工业增加值(亿元)	85.8	241	228.6	21.7%(19.2%)
社会消费品零售总额(亿元)	34.8	85	84.8	19.6%

另一方面，肥东经济开发区和合肥循环经济示范园扩区升级的步伐加快，肥东经济开发区成功扩区并入选安徽省产城一体试点园区。肥东经济开发区规划面积14.26平方千米（至2020年），建成区面积已达12.2平方千米，现有常住人口5.3万人，从业人员4.2万人，形成了食品及农副产品加工、机械装备制造、家电制造等三大主导产业。合肥循环经济示范园新材料、新能源产业快速发展，被列为"安徽省新型工业化产业示范基地"[②]。经济的发展为持续推进城镇化提供了动力，也是城镇化取得成效的有力见证。

(三)城乡统筹与可持续发展能力得到提高

在推进新型城镇化建设中，县委县政府重视并加大对小城镇基础设施建设的财政投入，取得了显著成效，为统筹城镇化发展夯实了基础。自2013年起，县财政专项安排小城镇建设资金9 100万元，推进城市基础设

①肥东县国民经济和社会发展第十三个五年规划纲要[EB/OL].[2016-06-02].http://www.feidong.gov.cn/display.asp?id=74026.

②肥东县发改委:肥东县大力推进新型城镇化建设[EB/OL].[2015-12-22].http://www.feidong.gov.cn/display.asp?id=66343.

施向乡镇辐射[①]。首先，高标准升级城镇交通路网，打通阻碍交通的结点，推进城乡综合交通体系建设。建成包公大道、环巢湖旅游大道、合店路、店忠路（店埠至撮镇段）、合马路等县城外部路网工程。临泉路东段、繁华大道东延、新安江路东段等一批城市主干道顺利完工并通车。完成岱山湖路、古河路、虎山路、梁园北路等路网工程。新建和改造了桥头集路等26条约65千米的县城道路，实现了县城所有道路升级改造。新建改建县乡公路384千米，建成村村通延伸工程350千米，改造危桥148座。其次，重视城镇水网建设，城镇供水能力得到有力提升，农田水利改造工程顺利完成。建成日供水10万吨的县水厂并成功运营，同时投资1.74亿元新建供水管线150千米。古城区域1万吨供水工程厂区土建及主管网基本完成。在撮镇、桥头集镇、长临河镇等区域铺设供水管网60千米。除险加固小型水库87座，开挖整修塘坝9 974口，清淤整治河道1 204千米，完成店埠河马桥段治理、众兴泵站技改一期、撮镇泵站技改一期等一批水利工程。实施了小型水利改造提升、引巢济滁、滁河干渠水环境治理工程；解决了2.2万人饮水安全问题。与此同时，肥东县注重基础设施建设的全面性和现代性，多方面提升城镇统筹发展的能力。改造农村危房1 200户。在全省率先开展“天然气镇镇通”工程，铺设燃气管道485千米，燃气用户增加到15万户。城乡信息化建设迅速发展，互联网宽带用户超8万户。实施农村电网升级改造，解决了3万户低电压问题。城市地下管网普查、整治和新建的力度不断加大。完成了店埠至撮镇及县城周边客运公交化改造工作。先后建成青少年公园、东城公园、店埠河公园三期等公园、游园7座。肥东县在基础设施方面所取得的成效将继续推动着城镇化建设的持续快速发展。

（四）绿色循环低碳发展全面融入城镇化进程

新型城镇化建设要求摒弃不合理的粗犷发展理念，坚持生态文明，绿色低碳，坚持节约集约利用土地、水、能源等资源，强化环境保护和生态修复，减少对自然的干扰和损害，推动形成绿色低碳的生产生活方式和城

①肥东县大力推进新型城镇化建设[EB/OL].[2015-12-22].http://www.feidong.gov.cn/display.asp?id=66343.

市建设运营模式①。在推进新型城镇化建设中，肥东县坚持绿色发展理念，以弘扬生态文明价值观为引领，资源利用效率和环境质量显著提高，宜居城乡建设成效明显。一方面，狠抓治水治气治污，环境整治成效明显，能源消费总量增幅、单位生产总值能耗降幅、主要污染物排放量均保持在市控指标以内。截至2015年，顺利完成“十二五”主要污染物减排任务，淘汰水泥、造纸等行业落后产能95万吨。严格落实“河长制”，划定11处乡镇集中式饮用水源地，关闭70家规模化畜禽养殖场。县污水处理厂三期工程试水运营，污水处理能力达10万吨/日，8个乡镇污水处理厂及管网同步建成。积极开展大气污染防治，加大扬尘、汽车尾气、工业废气治理力度，实现全县域秸秆禁烧。依法关闭60家矿山开采企业、42座小轮窑。对25条河流48个断面水质进行监测，责令59家污染企业停止生产，关闭27个“黑作坊”，淘汰36家燃煤锅炉、2 935辆黄标车及老旧车。环巢湖生态示范区建设工程完成投资12亿元，一期项目竣工验收，二期项目全部开工。植树造林24.7万亩，森林覆盖率达28%（见表2），5个乡镇被授予安徽省森林城镇，36个村被授予安徽省森林村庄，高标准实施20千米环巢湖大道绿化工程②。

表2　肥东县“十二五”经济和社会可持续发展主要指标完成情况③

主要指标	2010年	“十二五”规划目标	2015年	“十二五”年均增长
全县森林覆盖率	18%	20%以上	28%	/
工业固体废物综合利用率	100%	100%	100%	/
城市污水处理厂集中处理率	80%以上	>90%	>90%	/

另一方面，肥东县紧紧围绕建设“两型社会”，加强资源集约节约利用，积极发展绿色经济、循环经济、低碳经济。在全县全面推广应用节能、节材、清洁生产等技术。合肥联合发电公司发电机组脱硫脱硝设施建

①国家新型城镇化规划（2014—2020年）[EB/OL]. [2014-03-16].http://www.gov.cn/zhengce/2014-03/16/content_2640075.htm.

②肥东县人民政府关于印发政府工作报告的通知[EB/OL].[2016-01-13].http://www.feidong.gov.cn/display.asp?id=66963.

③肥东县国民经济和社会发展第十三个五年规划纲要[EB/OL].[2016-06-02].http://www.feidong.gov.cn/display.asp?id=74026.

成验收。积极建设光伏发电项目，大力实施“光伏下乡”“光伏扶贫”工程。截至2014年年底，800辆私家车完成“油改气”，新增LNG货运汽车35辆，开工建设光伏发电项目5个，推广太阳能光伏路灯1 800盏。同时，强化土地节约集约利用，严格供地准入和用地批后监管，加大对闲置土地处置力度，推进低效用地再利用，健全节约集约用地考评体系，截至2014年年底，清理处置闲置土地460亩。提高全县工业用地出让最低价标准，实行建设项目开竣工履约保证金制度。巩固矿山关闭和轮窑淘汰工作成果，截至2014年年底，关闭4座24门以上轮窑企业。在环境保护和治理方面取得的成绩为更深入推进新型城镇化注入了不竭的动力。

（五）共享新型城镇化建设成果的基础更实

李克强总理指出，推进城镇化，核心是人的城镇化，关键是提高城镇化质量，目的是造福百姓和富裕农民。肥东县在推进自身城镇化建设中，始终坚持“以人为本”，以人的城镇化为核心，把城镇化的落脚点放在“人”上，通过多举措推行多项民生工程，使人民共享城镇化建设成果。截至2015年年底，累计实施70项民生工程，财政共投入60亿元，城乡低保、五保供养、医疗救助等标准大幅提高，城市低保标准提高到440元/月，农村低保标准提高到2 200元/年，为16.9万名60周岁以上的城乡居民发放养老金1.72亿元。为30 158名80周岁以上老人发放高龄津贴1 809万元，五项保险基金征缴额达4.8亿元，城乡居民医疗保险参合率稳定在98%以上[①]。2016年，肥东县决定将农村低保年保障标准由2015年的2 200元提高到3 600元，分散五保年供养标准由2015年的2700元提高到4 000元[②]，并出台了《肥东县重度残疾人护理补贴实施办法》，将重度残疾人护理补贴作为一项新增的民生项目列入2016年度民生工程。重视教育的均衡发展，公共文化服务网络建设取得瞩目成绩。肥东一中新校区主体工程完工、肥东六中扩建工程建成启用。新建县实验小学分校、虎山路小学等5所学校，新建和改扩建幼儿园42所，建成教师周转房1 553套、标准化运动场

①肥东县人民政府关于印发政府工作报告的通知[EB/OL].[2016-01-13].http://www.feidong.gov.cn/display.asp?id=66963.

②肥东县2016年农村低保和五保又提标[EB/OL].[2016-03-10].http://www.feidong.gov.cn/display.asp?id=69500.

50个，全面完成义务教育学校标准化建设，顺利通过义务教育发展基本均衡县国家认定。县职教中心被评为国家级重点中等职业学校。县文广大厦投入使用，建成省市级农民文化乐园21个、农民健身场所221个、省级标准化职工书屋15个，乡镇综合文化站、村农家书屋、文化信息资源共享服务点实现全覆盖，县乡村三级公共文化场馆均免费开放[①]。为了进一步完善公共服务体系，提升文化品位，“十三五”开局之年，政府开始规划建设国内先进、省内一流的地标性建筑——“两馆一中心”，即图书档案馆、大剧院文化馆、政务服务中心。与此同时，社会治理不断深化，法制宣传教育不断深入开展，平安肥东、法治肥东建设扎实推进。“天网”工程顺利建成，社会治安防控体系初步建立。总之，这些建设成果保证了人民群众生活水平的切实提高，使共享新型城镇化建设成果的基础更为扎实。

四、进一步改革创新推进新型城镇化建设的建议思考

自《国家新型城镇化规划（2014—2020年）》实施以来，全国新型城镇化建设各项工作取得了积极进展。由于新型城镇化系统推进时间尚短，相关体制机制还不完善，特别是相关配套还不到位，新型城镇化中仍然存在农业转移人口市民化进展缓慢、城镇化质量不高、对扩大内需的主动力作用没有得到充分发挥等共性问题，结合肥东县经济社会发展现状和城镇化建设的实际，就进一步改革创新推进新型城镇化提出以下几点建议。

（一）扎实有序推进户籍制度改革，逐步实现农业转移人口市民化

《国家新型城镇化规划（2014—2020年）》中明确提出，以人的城镇化为核心，合理引导人口流动，有序推进农业转移人口市民化，稳步推进城镇基本公共服务常住人口全覆盖，不断提高人口素质，促进人的全面发展和社会公平正义，使全体居民共享现代化建设成果[②]。这是新型城镇化需

①肥东县人民政府关于印发政府工作报告的通知[EB/OL].[2016-01-13].http://www.feidong.gov.cn/display.asp?id=66963.

②国家新型城镇化规划（2014—2020年）[EB/OL].[2014-03-16].http://www.gov.cn/zhengce/2014-03/16/content_2640075.htm.

要坚持的基本原则之一。

要推进人口市民化，首先，也是最重要的一个方面是加快落实户籍制度改革政策。围绕加快提高户籍人口城镇化率，深化户籍制度改革，促进有能力在城镇稳定就业和生活的农业转移人口举家进城落户，并与城镇居民享有同等权利、履行同等义务，肥东县应积极响应《安徽省人民政府关于进一步推进户籍制度改革的意见》，进一步调整户口迁移政策，创新和规范人口管理，建立城乡统一的户口登记制度，合理引导农业人口有序向城镇转移，特别是要扎实推进进城务工人员积极融入城镇，稳步推进在医疗保险、低保救助、住房保障、子女上学等基本公共服务方面对其全覆盖。

其次，要推进人口市民化，还要努力推行居住证制度。可以根据《居住证暂行条例》，制定实施符合自身实际的具体管理办法，推进居住证制度覆盖全部未落户城镇常住人口，保障居住证持有人在居住地享有国家规定的基本公共服务。

最后，推进人口市民化，要以推进城镇基本公共服务常住人口全覆盖为支撑。在已经推行的民生工程基础上，针对农业转移人口的特点和需求，促进其更好更快地融入城镇，应突出以下几项重点工程：一是重点保障农民工子女上学问题，坚持随迁子女以流入地公办学校为主接受义务教育，以公办幼儿园和普惠性民办幼儿园为主接受学前教育。实施义务教育“两免一补”和生均公用经费基准定额资金随学生流动可携带政策。二是组织实施农民工职业技能提升计划，帮助其就业和创业。三是允许在农村参加的养老保险和医疗保险规范接入城镇社保体系，积极响应国家号召，加快建立基本医疗保险异地就医医疗费用结算制度。四是要切实有效实现农业转移人口市民化，应建立农业转移人口市民化激励机制。切实维护进城落户农民在农村的合法权益。政府可以实施财政转移支付同农业转移人口市民化挂钩政策，实施城镇建设用地增加规模与吸纳农业转移人口落户数量挂钩政策，预算内投资安排向吸纳农业转移人口落户数量较多的城镇倾斜。

（二）创新投融资渠道，不断完善城镇化资金保障机制

城镇化建设对城市公共财政支出提出了更高需求，供电、供水、供

气、桥梁、道路、通讯等城市公用设施建设，教育、文化、社会保障等社会民生方面的支出，都离不开政府的主体投入，因此，创新投融资渠道，创新金融服务，放开市场准入，逐步建立多元化、可持续的城镇化资金保障机制，直接关系着城镇化建设能否顺利进行。肥东县目前城镇融资渠道相对单一，长远来看难以支撑建设需求。

创新投融资渠道，多渠道筹措城镇化建设资金。一是要加大政府投入力度，特别是上级财政资金投入，优化投资结构，安排专项资金重点支持城镇化基础设施建设和农业转移人口市民化相关配套设施建设。二是改革和完善财政管理体制和财政转移支付制度。按照财权与事权相匹配的原则，进一步理顺重点镇的财力分配关系，适度提高镇级财政超收分成比例。按照事权与支出责任相适应的原则，合理确定各政府在教育、基本医疗、社会保障等公共服务方面的事权，建立健全城镇基本公共服务支出分担机制。三是深化政府和社会资本合作。进一步放宽准入条件，健全价格调整机制和政府补贴、监管机制，广泛吸引社会资本参与城市基础设施和市政公用设施建设和运营。积极推进民营企业参与城镇基础设施、公共事业和社会事业建设，在投资审批、土地、财税扶持方面给予公平待遇，通过公开招标、让民间资本直接参与、特许经营等方式构建公共部门与私人合作模式，建立和完善公共投资带动民间投资的新机制①。四是强化金融支持，协调各类金融机构加大对城镇化建设的支持力度。积极争取专项建设基金，扩大支持新型城镇化建设的覆盖面，安排专门资金定向支持城市基础设施和公共服务设施建设、特色小城镇功能提升等。利用好开发银行、农业发展银行等面向新型城镇化提供的金融服务和产品，并可尝试鼓励公共基金、保险资金等参与具有稳定收益的城市基础设施项目建设和运营。五是建立规范透明的城市建设投融资机制，允许有条件的重点镇探索设立城镇建设融资平台，鼓励重点镇整合打包优质资产，注入县级融资平台，拓宽融资渠道。

（三）创新城镇治理结构和方式，提升新型城镇治理水平

新型城镇化对城镇治理水平提出了新的更高要求，但在城镇化建设的

①加快肥东新型城镇化建设的思考与建议[EB/OL].[2016-04-11].http://renda.hefei.gov.cn/8521/8525/201604/t20160411_1970306.html.

过程中，城镇环境污染、交通拥堵、出行难、停车难等“城市病”依然突出，城镇管理功能薄弱，这需要地方政府不断完善城镇治理结构，创新城镇治理方式，提升城镇治理水平。肥东县在城镇管理中的功能管理相对滞后，县城和农村小城镇的功能管理水平较低，表现为：城区停车场和街道停车位偏少，车辆乱停乱靠现象较严重，交通拥堵时有发生；有的店面占道经营，游动摊贩乱摆乱卖；城区管线入地开挖无序，街道公共设施损坏严重等；农村建制镇和一般乡的小集镇，除学校、医院相对健全外，公厕、垃圾中转、车站、集贸市场、排给水管理、街道人行道建设和公共绿地建设等城镇化功能基础设施建设不配套。肥东县要切实理顺城镇管理体制，将城镇建设管理、市政设施管理、城市道路管理、城镇环境污染管理、城镇公共客运管理、城镇市容管理、商业步行街经营管理等统一划归城市行政管理执法局管理，建立以政府主导、部门负责、统一管理的城镇管理模式[①]，依法强化城镇秩序管理，将城镇规划、市政建设、城镇交通、环境保护、商贸经营、集贸摊点和市容卫生等城镇秩序管理纳入法制化轨道，形成规范有序、文明和谐的城镇管理秩序。同时，城镇管理中要注重以人为本，强化社区自治和服务功能，健全社区党组织领导的基层群众自治制度，推进社区居民依法民主管理社区公共事务和公益事业，发挥业主委员会、物业管理机构、驻区单位的积极作用，引导各类社会组织、志愿者参与社区服务和管理。

①加快肥东新型城镇化建设的思考与建议[EB/OL].[2016-04-11].http://renda.hefei.gov.cn/8521/8525/201604/t20160411_1970306.html.

坚持绿色发展开创生态建设新局面

——全椒县生态县建设调研报告①

李宗楼②

摘　要:绿色发展理念是马克思主义生态文明理论同我国经济社会发展实际相结合的创新理念。全椒县坚持绿色发展理念引领,科学谋划生态建设布局;优化结构,统筹协调,注重生态经济建设;标本兼治,多措并举,开展环境污染治理;绿色惠民,共建共享,打造宜居生态环境;建章立制,明确责任,完善机制,严格监管,全力推进生态建设,成效显著。

关键词:理念;绿色发展;生态建设;生态文明;环境保护

在党的十八届五中全会上，习近平总书记提出创新、协调、绿色、开放、共享五大发展理念，将绿色发展作为关系我国发展全局的一个重要理念，作为“十三五”乃至更长时期我国经济社会发展的一个基本理念，体现了我们党对经济社会发展规律认识的深化和对我国经济社会发展阶段性特征的科学把握，是马克思主义生态文明理论同我国经济社会发展实际相结合的创新理念，将指引我们更好实现人民富裕、国家富强、中国美丽、人与自然和谐，实现中华民族永续发展。

《中共中央关于制定国民经济和社会发展第十三个五年规划的建议》

---

① 2015年11月,作者赴全椒县开展生态县建设调研,受到全椒县人民政府王莉副县长的积极支持和协助,全椒县环境保护局金力祥局长、宋兴宝副局长等领导予以热情接待和安排,介绍生态县建设进程和成效,并提供相关资料,为顺利调研提供极大便利。在此向他们表示诚挚感谢。

②李宗楼,安徽师范大学法学院公共管理系教授,安徽师范大学法治中国建设研究院研究员。

指出，绿色是永续发展的必要条件和人民对美好生活追求的重要体现。必须坚持节约资源和保护环境的基本国策，坚持可持续发展，坚定走生产发展、生活富裕、生态良好的文明发展道路，加快建设资源节约型、环境友好型社会，形成人与自然和谐发展现代化建设新格局，推进美丽中国建设。这是我国“十三五”乃至更长时期经济社会发展中对绿色发展的总体部署，也是实施并完成“十三五”规划纲要目标任务、促进绿色发展的指导原则和行动指南。

近年来，全椒县坚定贯彻中央关于绿色发展与生态文明建设的战略部署和系列要求，围绕县域经济社会发展大局，以保障群众环境权益为目标，以“生态全椒”建设为抓手，以提供优质服务为宗旨，以解决损害群众健康的突出环境问题为主线，以省级生态县的基本条件和建设指标为要求，着力开展生态环境整治与建设。经过扎实有效的工作，绿色生态县建设工作取得显著成效。经济较快增长，人民生活水平逐渐提高，生态环境不断改善，7个镇和12个村先后被命名为省级生态镇、生态村，2014年，全椒县被命名为省级生态县。在第四届环境保护年会暨“中国环境治理高峰论坛”上，全椒县荣获“2015年度中国最佳绿色发展县”称号。该县在生态县创建工作中的成功做法和经验，对县域更好坚持生态优先、绿色发展，开创“十三五”生态文明建设新局面将有积极意义。

一、理念引领，统一认识，谋划生态建设布局

理念作为思想理论的“头”，是规律性认识的凝练与升华。绿色发展理念是马克思主义生态文明理论同我国经济社会发展实际相结合的创新理念，深刻体现了新阶段我国经济社会发展规律，是推进生态文明建设的先导。正确运用这一理念引领生态文明建设，可以不断提高人们对生态文明建设重要性的认识，科学谋划发展布局，进而不断推进生态文明建设进程。

（一）用绿色发展理念，统一生态建设认识

全椒县历史悠久，气候宜人，文化底蕴深厚，农业资源丰富，环境基础较好。全椒县面积1 568平方千米，人口48万，有10个建制镇，多年来经济社会保持平稳较快发展态势，但经济总量在全省县（市）排名靠后。

作为经济欠发达地区，要加快发展步伐迅速扩充经济总量，增强县域经济综合实力，构筑保护生态资源绿色屏障，必须坚持科学发展，培育生态理念，统一全社会的认识，才能实现环境保护与经济发展的“双赢”。

以习近平同志为核心的党中央立足推进我国社会主义现代化建设的时代使命，洞悉从工业文明到生态文明跃迁的发展大势和客观规律，就促进人与自然和谐发展提出一系列新思想、新观点、新论断，凝聚形成绿色发展理念，强调保护生态环境就是保护生产力，改善生态环境就是发展生产力，“绿水青山就是金山银山”，提出坚持把节约优先、保护优先、自然恢复作为基本方针，把绿色发展、循环发展、低碳发展作为基本途径①。这些新理念新思想正是科学谋划生态文明发展布局的指导思想，是推进生态县建设的行动指南。

全椒县在生态县创建实践中，首先，从培育绿色生态理念着手，以习近平总书记关于绿色发展系列论述为指引，普及生态知识，培育生态文化，弘扬人与自然和谐共处的价值观，提高全社会的环境意识和生态文明意识，尤其注重提升县级领导班子和乡镇、科局级领导干部生态文明建设的认识水平，为全民高度认识生态文明重要性做出表率。其次，广泛开展生态文明创建活动，增强对绿色发展理念的理解与指导，包括在生态乡镇、生态村、绿色学校和绿色社区等进行的系列创建工作，广大社会成员不断深化对生态文明的认识，形成良好的创建氛围，提高全民生态文明建设的自觉性。同时，将生态理念引入决策环节，让决策的部门和成员在对绿色发展做出相关决策时，坚持绿色发展理念指导决策，使绿色发展与生态文明建设扎根于人们脑海里和实际行动中。

(二)科学编制建设规划,合理安排发展进程

制定符合实际的生态建设规划，合理推进生态发展进程，成为一个地区较长时期生态文明建设乃至经济社会稳健发展的关键，具有长远性、全局性、指导性。从该县建设规划编制状况和实施情况看，生态建设规划在指导生态县建设实践中发挥了重要作用。

一是规划依据和程序，凸显规划的权威性。该县在编制生态县建设规

①任理轩.坚持绿色发展——“五大发展理念”解读之三[N].人民日报,2015-12-22(07).

划时，依据《中华人民共和国环境保护法》《中华人民共和国环境影响评价法》《中华人民共和国循环经济促进法》《安徽省环境保护条例》等法律法规，参照国家环保总局《生态县、生态市、生态省建设指标（修订稿）》，以及《全椒县国民经济和社会发展第十二个五年规划纲要》《全椒县“十二五”环境保护规划》《全椒县“十二五”农业和农村经济发展规划》等重要文件，由县政府主导，县环保局、发改委、农委、林业局、水利局、国土资源局、旅游局等单位共同参与，开展深入调研和反复讨论，广泛征求社会各方意见，完成初稿（2012年12月）后提交县长办公会讨论评议。再根据形势发展进行修改完善，交由省、市、县20位专家组成的评审委员会进行评审。2013年12月，全椒县人大常委会审议批准了《安徽省全椒生态县建设总体规划（2012—2020）》。可以说，该县编制的生态县建设规划在县委直接领导下，既重视法律依据与县情，又发挥县政府组织的主导性，同时还充分吸取社会各方意见，凸显规划编制的权威性，以更好地发挥规划实施的效力。

二是确立战略定位与目标，突出主要内容规划。确立生态县建设的战略定位，既能保证生态文明建设的正确方向，也有利于区域内生态文明建设的顺利推进。全椒县在制定生态县建设规划时，依据我国关于生态文明建设的总体要求和该县生态环境实际状况，确立生态县建设的战略定位，即以党的十八大为指导，贯彻落实绿色发展理念，利用自然资源丰富、生态环境良好的优势，瞄准国内、国际两个市场，把保护和改善生态环境放在首位，依靠科技进步和科技创新，保护绿色环境、发展绿色经济、弘扬绿色文化、打造绿色品牌，实现“工业经济、旅游经济、重点基础设施建设突破”，进而实现富民强县的目标。

在确立战略定位的基础上，明确生态县建设的总体目标：即全面实施可持续发展战略，充分发挥自身的资源、环境优势，加快县域经济转型升级，促进经济结构优化，推进全县经济增长方式和公众消费方式的根本性转变，建立以高效生态农业、生态林业、生态旅游业、生态工业、生态型现代服务业为支撑，以绿色环保产品、清洁生产、资源节约高效为重点，以低碳循环为特色的经济发展方式，进一步提高生态环境质量和生态系统服务功能，营造人与自然和谐相处的城乡人居环境，弘扬现代生态文化，促进社会生态文明建设，使社会各项事业得到快速发展，人民生活得到显著提高，实现县域经济社会的持续、稳定和协调发展。到2020年，把全椒建设成经济繁荣、环境优美、社会和谐、人民幸福、宜游宜居的新全椒，实现生态系统良性循环、人与自然和谐相处、县域综合竞争力不断提升。为此，重点实施生态产业发展规划、生态环境保护规划、生态人居环境建设规划、生态文化建设规划、可持续发展能力保障体系建设规划等五大领域规划，全面推进生态县建设各项工作①。

三是合理确定创建阶段与任务，确保规划目标实现。为保障生态县建设总体目标的实现，规划将总体目标分为三个阶段：生态县建设启动期与达标期（2012—2015）；生态县建设全面推进与国家级生态县达标期（2016—2018）；生态县建设巩固期（2019—2020）。同时，紧密结合县情和生态县建设指标，将“经济发展、生态环境保护和社会进步”列为三大重点建设内容。其中，经济发展包括生态农业、生态林业、生态工业、生态旅游业建设，生态环境保护包括土地资源可持续利用、水资源可持续利用、可再生能源开发利用、生态环境保护、生物多样性保护与自然保护区建设，社会进步包括生态人居建设、人口可持续发展、生态文化发展、生态教育建设②。这种划分与安排，符合该县实际状况，也符合生态文明建设内容既相互联系、相互贯通、相互促进又不能相互替代的特点，有利于推进生态县建设，确保建设总目标的实现。

（三）注重规划实施评估，不断完善建设布局

规划实施评估是编制规划与执行过程中的重要环节，是检验规划结果的必要途径，是对规划实施结果与规划不足进行修改调整的前提和依据。只有通过对规划实施评估、验证和不断完善规划，才能促进和完善生态文明建设布局，推进生态文明建设目标的全面完成。正因为如此，对规划实施进行评估成为生态县建设过程中的重要环节。

全椒县编制的生态县建设总体规划获批后，围绕生态县建设目标和主要建设内容，做好规划的实施工作，在不同领域取得新的进展和显著成效的基础上，为更好发挥规划的引领作用，保障规划目标的实现，围绕“建

①参见《安徽省全椒生态县建设总体规划（2012—2020）》。
②参见《全椒县生态县建设规划实施情况评估报告》。

设环境友好、资源节约型”社会的要求，对规划的目标执行和完成情况开展评估，认真分析规划实施中出现的新情况、新问题，总结和发现规划的优点和不足，调整总体规划实施的保障措施，探索规划实施的机制与策略，提高规划实施的科学性，避免违反法定程序随意干预或变更规划的可能。

全椒县根据所掌握的评估资料和总体规划实际运行状况，从以下几个方面实施评估工作：一是用定性分析和定量分析相结合的方法，建立总体规划实施的评估框架。评估规划在宏观决策层面和空间发展过程中的作用，主要是总体规划对政府决策的影响作用。二是以原规划目标为依据，与具体发展目标的实施情况做对比分析，确定规划目标的实施状况与程度。三是比较生态环境的变化，评价生态发展的规律。四是评估规划实施中公众对生态建设的满意程度。通过分析规划实施中出现的偏差和影响规划实施绩效的原因，揭示生态规划实施过程中各种内在机制的作用。

同时，结合发展所面临的新情况，分析与论证规划修改建议，确立与完善生态建设布局。即突出区域特色，发挥区位优势，发展生态工业，建成一批低污染、低能耗的高新技术产业；积极推进生态农业、生态林业、生态旅游等生态经济发展，以农业龙头企业建设为抓手，培育市级以上龙头企业20家；组织实施十大城建、八大交通、八大绿化工程，新续建62个项目，完成投资34亿元，并通过发展生态经济，促进产业结构调整和发展方式转变，实现生态立县的战略目标①。

二、优化结构，统筹协调，凸显生态经济建设

建设生态县的核心目标就是要正确处理人与自然的关系，增强可持续发展能力。从根本上说，就是要走绿色发展之路，大力发展生态经济，把绿色发展作为调整经济结构、转变发展方式的重要途径，通过统筹协调、城乡共治，筑牢生态经济之基、夯实生态经济之体、壮大生态经济之力，在促进人与自然和谐共生上取得新成效。

①参见《安徽省全椒生态县建设总体规划(2012—2020)》。

(一)调整产业布局,着力发展生态工业

发展生态经济，必须调整产业结构布局，构建科技含量高、资源消耗低、环境污染少的绿色产业体系，包括环保产业、清洁生产产业、绿色服务业等，致力于提供少污染甚至无污染、有益于人类健康的清洁产品和服务。发展生态工业，就是要避免使用有害原料，减少生产过程中的材料和能源浪费，提高资源利用率，确保生态系统和经济系统良性循环，实现经济效益、生态效益、社会效益有机统一。

全椒县原是农业县，产业结构比较单一，生态经济比重较小，不能适应生态建设和发展的要求，并在一定程度上影响经济社会稳健发展和人民群众生活质量的改善与提升。近年来，全椒县为发展生态经济，提高资源利用率，采取有效措施对原产业布局进行调整：一是优化工业发展布局。根据国家和省主体功能区划，依托312国道、206省道以及毗邻南京的区位优势，综合考虑县域环境资源承载能力和发展潜力，统筹规划发展机械加工、农副产品及食品加工、服装玩具制造、电气机械及器材制造、建材制造等五大主导产业，形成全柴动力、江凯汽车变速、欧波管业、强龙服饰、大平油脂、达诺乳业等一批龙头企业。二是大力实施清洁生产。积极引导工业企业改进设计，使用清洁能源，提高能源资源利用效率，减少生产过程中的污染物的产生和排放。2014年4月，全椒海螺水泥厂通过清洁化生产审核验收，起到很好的示范作用。三是严格环境准入。严把建设项目准入关，坚持“保护中发展，发展中保护”，严禁引入小造纸、小化工、小印染、小制革、小酿造等不符合国家产业政策的企业，仅2014年全县就否决了15个总投资达20亿元的高污染、高能耗项目，有效保护青山绿水。

(二)加快农业开发,发展与壮大生态农业

生态农业，是指在良好的生态条件下所从事的高产农业、高质农业、高效农业。实质上是运用现代科学技术成果和现代管理手段，将传统农业的精华与现代科学技术相结合，形成生态上与经济上的良性循环以及经济、生态、社会三大效益的统一，实现农业生产与自然之间的协调，实现农业增效、农民增收和农村发展，促进农业农村经济全面发展。

早在1999年就通过生态农业县国家验收，2000年被评为全国生态农业

先进县称号的全椒县，近年来为加快农业生态开发，壮大生态农业，坚持不懈地进行探索与推进。一是发展优质高效农业。加快发展绿色生态农业，积极培育经济作物。全县各乡镇建立基本农田保护区，7家企业的共13个产品获得国家绿色食品品牌认证，包括“儒林”牌系列大米、“管坝”牌管坝牛肉等，绿色食品年产量4.56万吨，产值2.6亿元，监测面积20.44万亩；有24家企业的87个产品获得国家无公害农产品品牌认证，无公害农产品年产量6.7万吨，产值4.2亿元，监测面积6.6万亩。还在各镇创建了20万亩全国绿色食品原料（油菜）标准化基地。仅2013年绿色食品、无公害农产品种植面积就达63.94万亩，农产品种植总面积125.38万亩，主要农产品中有机绿色无公害产品种植面积的比重为51%。二是推动农业产业化发展。着力培育发展以龙头企业、农民合作社、家庭农场、种粮大户为主的新型农业经营主体，综合开发农业资源。通过农业综合开发项目的实施，对有发展前途的农业产业化龙头企业和农业专业合作社择优扶大扶强，促进全县主导产业优化升级。现在每年销售收入在100万元以上的农产品及其加工企业有90多家，销售收入45亿元，带动合作农户近20万户，先后有温氏、雨润、大平油脂3个国家级龙头企业入驻该县，培育市级以上农业产业化龙头企业20家。三是加大科技推广应用。实施秸秆综合利用技术，大力推广机收切碎秸秆直接还田。据统计，全县每年推广秸秆还田技术累计新增产值3 016万元，总节支1 500万元，总增收4 516万元，秸秆综合利用率达90.57%。控制“白色污染”，加大平衡施肥、使用高效低毒低残留农药、病虫草害综合绿色防控治等农业实用技术推广力度，实施测土配方施肥和有机质提升行动，一批农业实用技术得到广泛应用，带动了农民增收致富[①]。

（三）大力推进生态林业，保护和发挥林业生态效益

生态林业是指遵循生态经济学和生态规律发展林业，充分利用当地自然资源促进林业发展，为人类生存和发展创造良好的环境。推进生态林业发展对调节生态环境的整体功能，保护资源永续利用的动态平衡，形成商品生产能力，提高经济效益，维护生态功能与经济效益都具有重要意义。

①参见《全椒县生态县建设规划实施情况评估报告》。

在生态林业发展过程中，全椒县主要以荒山、荒坡、荒地、荒滩“四荒”和村边、田边、路边、河边“四边”为重点，以“千万亩森林增长工程”为抓手，开展森林长廊、城镇绿化、农田林网建设、森林村庄绿化、水利及道路绿化、成片造林、特色造林等七大工程建设，新增造林3万多亩。据林业部门统计，截至2014年，全椒林地面积已达59.7万亩，四旁植树折合面积30万亩，林木绿化率达38.1%。不仅如此，坚持限额采伐制度，对具有重要生态功能的林区，划定禁伐区、限伐区。加强对神山国家森林公园、南屏山省级森林公园的管理，最大限度保护和发挥森林的生态效益，保护各类水源涵养林、水土保持林和特种用途的生态效益林，也使林业资源得到进一步保护和壮大。“十二五”期间，累计新增造林13.6万亩，建成合宁高速、宁西铁路、京沪高铁生态绿廊101.3千米，森林覆盖率达36.38%，成功创建省级森林城镇3个、森林村庄33个[①]。先后多次被国家林业局、安徽省人民政府授予“全国造林绿化百佳县”“全国生态示范县”“安徽省造林绿化先进集体”等荣誉称号。

(四)发展绿色生态旅游，开发生态旅游经济

生态旅游是以保护生态环境为前提，以统筹人与自然和谐发展为准则，并依托良好的自然生态环境和独特的人文生态系统，采取生态友好方式的一种愉悦旅游。在整体上，生态旅游的健康发展有利于促进当地旅游经济的持续增长，为地方经济注入新的发展资金，可以对自然环境的保护和管理给予资金的支持，提高旅游经营管理者、旅游者和当地居民对环境保护的意识，也有利于增加居民就业机会。可以说，生态旅游的发展将有效地促进生态旅游地社会、经济、文化的全面进步和协调发展。

全椒县历史文化旅游资源丰富，文化底蕴深厚，旅游资源广布全境，类型多样。县城西北主要是森林湖泊生态旅游资源，南部主要是历史文化遗址旅游资源，东部则侧重文化休闲旅游资源。其中，各类景区景点20余个，包括神山国家级森林公园1座，国家AAA级旅游景区吴敬梓纪念馆等2个，AA级旅游景区2个。为充分利用县内特色旅游资源，全椒县及时组织编制《全椒县旅游发展总体规划》，并出台《关于进一步加快旅游发展的

①参见2016年全椒县政府工作报告。

决定》，大力发展观光型、生态型、体验型、文化型旅游新产业。建立了丰乐山庄省级休闲农业与乡村旅游示范点，连续多年举办“桃花节”“采桃节”，建设“美好乡村一环线”，全力推进龙山文化养生旅游度假区和牧龙山生态旅游度假区项目建设，弘扬“正月十六走太平”的全椒县特有的传统民俗，也是历史上最早、传承时间最长的健身走活动，每年吸引县内外游客四五十万人①。不仅如此，在发展生态旅游过程中，全椒县还培育农家乐和旅游商品，满足日益发展的生态旅游需要，促进旅游经济的发展。全椒县旅游业虽然起步较晚，旅游基础设施还有待完善，但在贯彻与践行绿色发展理念的实践中，生态旅游正呈现加快发展的良好态势。

总之，通过不断努力，积极发展生态工业、生态农业、生态林业、生态旅游，生态产业体系初步形成，加快了经济增长方式转变，加速了产业结构调整，生态经济得以稳步提升。

三、标本兼治，多措并举，提升环污治理成效

改革开放以来，一些地方在经济社会快速发展过程中，注重经济发展总量的增长，忽略了环境的保护与治理，过度开发和索取资源，环境不断恶化，水土流失严重，森林面积大幅度减少，水体污染、大气污染明显加重，大面积雾霾天气增多，农村过渡使用化肥农药，农村环境污染有蔓延的趋势。对此，习近平总书记严肃指出，要清醒认识保护生态环境、治理环境污染的紧迫性和艰巨性，清醒认识加强生态文明建设的重要性和必要性，真正下决心把环境污染治理好、把生态环境建设好，为人民创造良好生产生活环境。要像保护眼睛一样保护生态环境，像对待生命一样对待生态环境。

为积极落实环境保护基本国策和实施可持续发展战略，全椒县加大环境保护和治理，以解决损害群众健康的突出环境问题为重点，坚持预防为主、综合治理，尤其是加大对受环境影响较大的水、大气、土壤等关键要素的污染防治，推进林水同治、城乡同治，让老百姓更早、更多、更好地呼吸到新鲜的空气、喝上干净的水、吃上放心的食物，在美

①参见全椒县申报省级生态县申报表。

好的环境中生活。

(一)实行饮用水水源保护,确保饮用水质量

民以食为天，食以水为先，水以净为本。这是中国古训对饮用水清洁关乎生命健康的至理名言，也是当今社会经济发展过程中必须重视的民生问题。近年来，随着环境污染问题日益严峻，生活饮用水出现的问题已给人们生活带来极大的影响。因此，加强饮用水水源保护，保障饮用水质量安全，成为生态环境保护和水环境整治工作的重中之重。

第一，以集中式饮用水水源地为重点保护对象，积极开展饮用水水源调查，全面掌握饮用水源分布现状，依法划定饮用水源保护区范围，全椒县制定《全椒县饮用水源突出环境事件应急预案》[①]，明确生活饮用水水源保护措施和各部门工作职责。第二，开展生活饮用水水源保护区环境污染整治，县政府发布饮用水水源保护公告，禁止在饮用水水源保护区内新建、扩建、改建与供水设施和保护水源无关的建设项目，禁止在保护区范围内倾倒垃圾、油类及其他有毒有害物品。第三，加强沿河生态工程建设，实施污染物集中治理等。第四，对主要河流及城市水域功能区进行布点监控，在较大水库区建立水质自动监测站，对所有饮用水水源地水质开展定期监测。第五，关停水源地周边养殖场，严控新建畜禽养殖场，对现有的养殖场安装无害化处理设施等。正是采取多种有力举措，实行最严厉的水资源保护，统筹水资源配置，加大水资源管理体系建设，才使各类饮用水水源水质均达到《地表水环境质量标准》，确保了全县民众饮用水水源地水质安全，集中饮用水源水水质卫生合格率达100%[②]。

同时，高度重视农村饮用水工程建设工作，把解决农村群众饮水难问题列入县政府民生工程之一。成立农村饮水安全工程管理中心，并将该工程的实施作为服务“三农”工作的重中之重来抓，确保规划到位、资金到位、标准到位。编制《全椒县农村饮水安全工程“十二五”规划》，进一步完善城乡饮用水规划体系。2010年以来，全县安全饮用水改造工程投入专项建设资金，累计完成35万农村人口的安全饮用水改造任务。

①参见《全椒县生态县建设规划实施情况评估报告》。
②参见《全椒县生态县建设规划实施情况评估报告》。

(二)加强大气污染治理,提升治理达标率

大气污染对人类的生活影响极大，甚至危及人类的生命安全，但同时人类的活动又是导致大气污染的主要因素，而且我国的大气污染现在已经有从城市向农村地区扩展的趋势，大气环境保护形势十分严峻。因此，减少大气污染成为污染防控的重点，要坚持标本兼治和专项治理并重、常态治理和应急减排协调、本地治污和区域协调相互促进，多策并举，多地联动，才能取得防治大气污染的明显成效。

依法依规采取积极措施对大气污染进行治理的主要措施：一是全面开展燃煤锅炉整治，淘汰落后产能。2014年年底前，完成城市建成区及县城餐饮服务业等生活小锅炉专项整治。推动全椒海螺水泥有限责任公司脱硝设施稳定运行，污染物达标排放；对颗粒物排放不能稳定达标的矿山、混凝土搅拌站要求建设和改造除尘设施，达不到除尘要求的一律停产整治或坚决关闭；持续推行清洁生产。推进化工、石化、有色金属冶炼、水泥等重点行业强制性清洁生产审核，实施清洁生产技术改造。二是加强餐饮油烟治理。制定餐饮服务业布局规划，合理布设餐饮经营点。严格新建餐饮服务经营项目环保要求，未经审批的非商用建筑内禁止建设排放油烟的餐饮经营项目。推广使用净化型家用抽油烟机，餐饮服务经营场所和单位食堂必须安装油烟净化装置并建立运行维护制度。三是加大机动车污染防治力度。建立县级机动车排气污染监管中心，对排气不达标车辆，不得发放环保合格标志，不予核发车辆检验合格标志。转入的机动车执行新车标准。新注册登记的车用压燃式发动机与汽车执行国IV标准。大力发展公共交通，加强城市步行和自行车交通系统建设。加速淘汰黄标车，实施“黄标车”区域限行措施。加大公交车、出租车尾气监管工作，坚决杜绝冒黑烟现象。严把流通准入审查关，提升燃油供应品质。四是强化城市扬尘治理。严格实施治理建筑扬尘的实施细则，落实业主单位的管理责任，开展建筑工地、道路、港口码头、物料堆场扬尘综合整治，减少雾霾天气，让群众呼吸到新鲜空气①。

①参见全椒县申报省级生态县申报表。

（三）加大节能减排力度，提高节能减排成效

节能减排是从能源生产到消费的各个环节，降低消耗、减少损失和污染物排放、制止浪费，有效、合理地利用能源，实现低碳发展，这是建设资源节约型、环境友好型社会的必然选择，是推进经济结构调整和促进经济提质增效的必由之路，是生态文明建设的重要内容，也是提升环保治污成效的重要任务。

国务院在2014—2015年节能减排低碳发展行动方案中，明确提出国家对节能减排的要求，即单位GDP能耗、化学需氧量、二氧化硫、氨氮、氮氧化物排放量要逐年下降①。为贯彻落实省市总量减排工作部署，全椒县不断加大节能减排工作力度，加大主要污染物总量减排监测体系建设，将总量减排与产业结构调整、发展循环经济、推进清洁生产、争取项目奖金和年终考核有机结合起来，重点推动氮氧化物和农业源畜禽养殖污染减排，实行部门联动，打好减排“组合拳”，淘汰燃煤锅炉59台、黄标车和老旧车417辆。化学需氧量减排主要从加快污水处理厂及管网建设，关停落后产能和重污染企业，督促企业完善污水处理设施等入手，重视产业结构升级，严格实施污染物排放总量控制和“三同时”制度，对高能耗和“五小”企业进行整治和关闭。2011年以来，每年都完成了减排任务，主要污染物排放强度逐年降低，且不超过国家总量控制指标，规范畜禽养殖，规模化畜禽养殖场粪便综合利用率达92%，COD排放强度为2.93千克/万元GDP。二氧化硫（SO_2）排放强度为3.97千克/万元GDP。2013年，全椒县环保局获全市环境保护工作目标考核第二名，在滁州市委组织的环保工作大考核中，位列第一②。

四、绿色惠民，共建共享，打造宜居生态环境

绿色发展理念以绿色惠民为基本价值取向，不仅彰显了党和政府对新时期惠民之道的深刻认识，也是坚持绿色发展之根本。良好生态环境是最

①国务院办公厅.关于印发2014—2015年节能减排低碳发展行动方案的通知[EB/OL].[2014-5-26].http://www.gov.cn/zhengce/content/2014-05/26/content_8824.htm.

②参见《全椒县生态县建设规划实施情况评估报告》。

公平的公共产品，是最普惠的民生福祉。生态环境一头连着人民群众生活质量，一头连着社会和谐稳定；保护生态环境就是保障民生，改善生态环境就是改善民生。随着经济社会发展和人民生活水平的提高，人们对生态环境的要求越来越高，生态环境质量在幸福指数中的地位不断凸显。因此，改善城乡居民的生产生活条件，为人民提供更多优质生态产品，让绿色走进千家万户、走进市民日常生活，打造宜居生态环境，实现城乡和谐、区域和谐，成为生态文明建设与绿色发展的重要任务和必然要求。

（一）改善县城生态环境，提升绿色服务能力

县城作为县级行政机关所在地，是全县政治、经济、文化中心，在经济社会发展中处于重要的地位。随着经济快速发展和社会不断进步，人们对生活质量和居住环境的要求越来越高。生态环境保护与改善，不仅引领区域经济社会发展进程，而且直接影响区域内人们的生活质量。同时，近年来农村人口不断向县城集聚，生态文明建设的重要性日益凸显。加强县城生态体系建设，改善县城生态环境，对于提升城市品位、优化投资环境、加快城镇化建设步伐都具有十分重要的意义。

正是站在这个高度，全椒县充分认识生态县城建设的重要性，积极谋划和全力打造生态文明县城。全椒县围绕建设功能完善、高效便捷、生活宜居、生态型园林城市目标，在县城生态环境、生活服务、城市管理等方面，因地制宜，整体规划，分批推进，重点突破，先后完成城北新城路网建设、古襄河清淤和驳岸工程、南屏山笔峰塔和盆景园等景区建设项目，城南教育园建成使用，公共服务集中区、太平文化街区建设成效突显，新建多个居民生活小区，后街内巷铺设了水泥路面，道路四通八达，中小学、医院、商场布局合理，社会化服务程度显著提高。不仅如此，在重视基础设施建设的同时，还注重城市管理优化与提升，整治城市“八乱”，脏乱差现象得到有效治理，48条县城主次干道实行市场化保洁。编制完成7个片区规划和17个专项规划，将工业项目的规划、用地方案列入规划委员会、土地管理委员会审批。相继实施多个市政工程、道路绿化工程项目，加大县城绿化投入，新增绿化1 336 000 m^2，人均绿地面积达12.19 m^2[①]。

①参见《全椒县生态县建设规划实施情况评估报告》。

(二)以项目工程为契机，推进环保基础设施建设

全椒县地处江淮丘陵东南，属北亚热带向暖温带过渡性气候，农林业等各种资源丰富，是国家产粮大县，改革开放以来为国家农业发展和粮食生产作出了重要贡献。在现代市场经济发展过程中，在不过分耗竭资源、不积累环境问题的前提下，不断提高农业综合生产能力，促进农业增效、农民增收。持续保持经济活力，快速增强经济实力，需要加大城镇绿色投入，重视并加大环保基础设施建设，完善城乡环保基础设施，只有这样才能更好地利用并保护好生态环境，打造山清、水秀、街绿、城美的生态宜居环境。

建立污水垃圾处理设施，提高污水垃圾处理能力，是全椒县环保基础设施建设的重要项目。随着县城人口不断增加，生产生活产生的污水、固体废物和垃圾也大量增多，需要建立较为先进设施并及时处理。为此，全椒县划出专款建立的规模为2.5万吨/日的污水处理厂于2010年正式运行，污水处理采用先进工艺，出水水质设计达到一级B标准。2013年度，县城污水排放量为873万吨，污水处理量为849万吨。乡镇共建成8处生活污水集中处理设施（7座太阳能微动力、1座人工湿地），乡镇污水排放量为1 712吨，污水处理量为1 184吨，全县城镇生活污水集中处理率为69.14%。同时，在各乡镇建立垃圾中转站，按照“村收集、镇运转、县处理”的原则，建立环卫保洁市场化机制，聘用保洁人员，实现卫生保洁常态化、长效化，生活垃圾无害化处理率达86.2%。强化固体废物处置利用，消除危险废物污染隐患。坚持“减量化、资源化、无害化”原则，推进固体废物源头减量，规范危险废物收集处置，工业固废处置利用率达100%[①]。

高度重视农民饮用水工程建设，也是环保基础设施建设的重要任务。全椒县常住人口48万，大约3 / 4人口分布在10个镇的广阔区域，由于受条件限制等原因，多数镇村民饮用水存在安全隐患。为保障农村居民生活条件的改善和饮用水安全，县委县政府成立县农村饮水安全工程管理中心，将该工程的实施作为服务“三农”工作的重中之重来抓，编制农村饮水安全工作“十二五”规划，进一步细化完善城乡饮用水规划体系，确保

①参见《全椒县生态县建设规划实施情况评估报告》。

规划到位、资金到位、标准到位。几年来，累计完成了35.2万元农村人口安全饮用水改造任务，村镇居民饮用水卫生合格率达100%。

(三)以美好乡村建设为抓手,改善农村人居环境

改革开放以来，大部分农村地区基本生活设施建设和农村环境治理取得较大改观。但作为一个农业大县，农村人口比重较大，经济基础相对薄弱，农村人居环境方面存在的问题较多。为进一步改善农村人居环境，贯彻落实国务院关于到2020年，农村住房、饮水和出行等基本生活条件得到明显改善，人居环境基本实现干净、整洁、便捷，建成一批各具特色的美丽宜居村庄的目标要求①，全椒县以美好乡村建设为抓手，围绕改善农村人居环境总体要求，采取积极举措，加快人居环境建设进程。

改善农村人居环境，首先，规划建设力求高起点。即坚持全域理念，把城乡环境作为一个整体，统筹规划，先后完成黄栗树、河东等6个示范点及配套设施建设，实施3个街道和23个自然村环境整治，完成沿线14个零散村庄危房改造和迁建工程。其次，环境改造与发展力求高标准。在确立重点改造与建设项目的基础上，项目建设要求符合新农村建设标准。一环线引进5家园林公司发展苗木产业近万亩，周湖、张户坝高标准农田示范片基本建成，55千米乡村旅游精品带初见成效，黄栗树山庄项目成功签约与启动，丰乐、金水湾休闲农庄完成改造提升，农家乐发展到19家，社会反响好。最后，文明管理力求高水平。通过加强村民理事会建设，建立村规民约机制，开展美好家庭户、新风文明户评比活动，提升村民自治能力。按照“村收集、镇运转、县处理”的原则，建立环卫保洁市场化机制，聘用保洁人员，实现卫生保洁常态化、长效化。按照省市统一部署，启动“三线三边”环境综合整治，取得良好成效②。

五、建章立制,严格监管,提供生态制度保障

生态建设主要是对受人为活动干扰和破坏的生态系统进行生态恢复和

①国务院办公厅印发关于改善农村人居环境的指导意见[EB/OL].[2014-05-29].http://www.gov.cn/zhengce/content/2014-05/29/content_8835.htm.

②参见《全椒县生态县建设规划实施情况评估报告》。

重建，是自然和人工的结合，是实现环境、经济、社会效益的统一。也就是说，以改善生态环境、提高人民生活质量，实现可持续发展为目标的生态建设，任务十分艰巨，仅凭环保热情或资金投入难以实现。要让生态建设真正成为我们生活的主旋律，成为经济社会发展的良性循环，除了建章立制之外，似乎别无他途。《中共中央关于全面深化改革若干重大问题的决定》明确指出，要建立和完善严格监管所有污染排放的环境保护管理制度，独立进行环境监管和行政执法①，保护环境和保障生态文明建设。

（一）建章立制：生态保护与建设的制度基础

建章立制简要地说，就是建立章程，订立制度。这是现代社会管理的基本原则，也是社会成功管理的重要法则。现代社会任何事务的管理，都离不开建章立制，按照制度化、规范化要求管理，强化并不断完善制度建设，才能获得管理的成功。

生态环境保护和生态建设同样需要建章立制，需要建立健全保护生态环境的约束规则。“没有规矩，不成方圆。”生态环境的“规矩”，一方面，需要从国家、地方多方面进行关注，增强人们的环境保护意识，把生态县建设工作纳入法治轨道；另一方面，呵护生态县建设更应该是每个人的事情。在建章立制的“规矩”中，每个人都应严格遵守既定的规则，落实其中的规范，主动将自己的生活方式绿色化、低碳化、环保化。全椒县在生态县建设实践中，注重基础性规章制度的建设和执行，采取切实可行的办法保障生态优先、绿色发展任务的顺利完成。

一是在贯彻执行国家环境保护法等系列法律法规基础上，制定生态建设总体规划和相关政策，指导与规范生态保护和生态建设。2012年，县委县政府印发《全椒县创建国家环境保护模范城市暨省级生态县实施方案》《全椒县农村饮水安全工程“十二五”规划》；2013年，县人大常委会批准通过《安徽省全椒生态县建设总体规划（2012—2020）》等文件。这些方案、规划等既规定了创建省级生态县的步骤方案和目标任务，也是对全县生态文明建设的约束性规定，有规范性、指导性作用。随即出台的《全椒县旅游发展总体规划》《关于进一步加快旅游发展的决定》等文件，是对全

①中共中央关于全面深化改革若干重大问题的决定[M].北京：人民出版社，2013：54.

县生态旅游发展的规划，同样也是对生态旅游发展的约束性规范，有利于生态旅游业的健康发展。

二是依据环境保护法和相关法规，结合实际情况制订环境保护和生态建设方面的具体规定或办法，目的是便于相关规定或办法的操作。全椒县制订并报请县政府印发《关于进一步加强畜禽养殖污染防治联合监管的意见》，明确各镇和县直相关部门对畜禽养殖场建设、污染防治监管的职责分工，严格项目选址，强化联合执法，遏制未批先建现象，使禁养区、限养区划分规定落到实处。依据新修订的大气污染防治法，明确、细化相关部门在餐饮油烟、露天烧烤、禁放烟花爆竹、焚烧垃圾等方面的监管职责，报请县政府研究决定，着力解决污染防治能力弱、监管职能交叉、权责不一致问题。认真落实《全椒县环境监管网格体系建设实施方案》，结合各镇开展的综合执法试点工作，督促镇、村建立二、三级网格，落实人员，明确任务职责，开展业务培训，加强工作指导，确保全县的环境监管网格体系有效运行并发挥作用。

三是依据相关规定制定生态环境保护的实施方案、目标管理考核细则等，目的在于保障生态建设和环境保护的相关规定、办法真正实施，并能取得好的实施效果。全椒县制订的《全椒县畜禽养殖污染治理实施方案》《农村改厕项目实施方案》《农村改厕项目技术方案》《乡镇环保生态目标管理考核细则》等，都是为了更好地保障这些方面的规章落地生根，在实际运行过程中起到了很好的保障作用。

（二）严格监管：生态保护与建设的有效手段

严格监管，是环保职能部门依据法律法规，对人们的生产、生活进行环境监察、监督、管理的全过程，也是政府职能部门的责任。职能部门必须认真履行职责，才能有效加强环境保护。国务院关于加强环境监管执法的通知明确要求，县级人民政府要着力强化环境监管，将本行政区域划分为若干环境监管网格，逐一明确监管责任人，落实监管方案，环境保护部门承担日常环境监管执法责任，要加大现场检查、随机抽查力度，增强基层监管力量，提升环境监管执法能力①。该县依据这一要求，结合本地实际

①国务院办公厅.关于加强环境监管执法的通知[EB/OL].[2014-11-27].http://www.gov.cn/zhengce/content/2014-11/27/content_9273.htm.

不断加大环保执法力度，以强化监管、消除隐患、查处违法、保障权益等为切入点，以环保专项行动为抓手，扎实有效地解决突出的环境问题。

一是严格环境执法，及时妥善查处环境违法行为。畅通投诉渠道，开通24小时投诉电话，实行双休日值班制度，做到对环境违法行为的投诉举报及时受理、及时调查处理、及时反馈情况。规范执法行为，制定并执行《环境违法案件调查处理规程》，实行案件调查和审理分离制度，规范调查处理程序和时间要求，有效提高了案件办理质量。

二是认真开展环境专项行动。以环保部组织的每年一次环保执法专项行动为契机，组织开展专项检查和整治行动。每年开展化工、电镀、辐射安全、畜禽养殖、秸秆禁烧等专项行动，就排查出的环境问题先后对企业下达环境监察意见书，督促企业整改，确保环境安全。

三是督促落实主体责任制。开展落实环境保护主体责任专项行动，严格执行《安徽省主要污染物排放许可证管理暂行办法》，督促相关企业按照法律法规的规定，通过细化具体措施，建立健全明确的环境保护责任制度、常态化的环境保护定期自查制度、规范的信息公开制度、环境问题第一时间报告制度以及完善的环境安全责任制度，提高企业环保责任意识，全面落实企业环保主体责任。

四是依法严肃处理环境污染行为。正确处理保护与发展的关系，对情节严重、群众反映强烈的非法盗采、破坏农地林地、污染环境等违法行为，坚持依法依规从严处理。几年来，强化与公安部门、检察机关和审判机关的衔接配合，运用好查封扣押、按日计罚、限产停产等执法手段，查办一批典型环境违法案件，并将查处的违法企业名单通过媒体公开曝光，形成高压态势，起到了很好的警示效应。

六、明确责任，构建机制，全力推进生态建设

坚持生态优先，推进绿色发展，关键在人，关键在领导干部。领导干部不仅是县域经济社会发展的主要责任人，也是区域生态文明建设中起着关键作用的推动者，如何让领导干部能够勇于担责、切实履责，充分发挥“关键少数”的关键作用，成为生态文明建设最为关注的问题。因此，要建

立和落实领导干部环境保护和生态文明建设责任机制，用责任机制激发领导干部的推动作用。近年来，全椒县十分重视建立和完善领导干部生态县建设责任机制，突出发挥该机制在生态建设中的积极作用。

（一）建立教育引导机制，让领导干部把责任扛在肩上

要让领导干部在环境保护与生态县建设中履职尽责，首先要让领导干部有建设生态文明的意识、信念和能力。所谓生态文明意识，就是通过对生态问题的理性自觉，达到对生态与人类发展关系的深刻领悟与把握，并由此形成对待生态的普遍观念与基本理念。只有对生态问题有明确的意识，才能在处理生态问题上有合理的行为；有意识与观念的文明，才有可能形成整个生态的文明。因此，建立教育引导机制，培育和提高领导干部的生态自觉，增强生态意识，特别是增强领导干部转变经济发展方式、实现绿色发展的意识极为重要。习近平总书记指出，各级领导干部对保护生态环境务必坚定信念，坚决摒弃损害甚至破坏生态环境的发展模式和做法，决不能再以牺牲生态环境为代价换取一时一地的经济增长①。

相比其他地区，全椒县更早地遭遇了生态环境制约的瓶颈，保生态和稳增长的矛盾比较突出，生态建设的任务要真正落到实处，必须按照中央要求，教育引导领导干部从思想上重视起来，真正把责任担子挑起来。在深入贯彻中央有关生态文明建设部署和学习习近平总书记关于生态文明建设重要思想的基础上，建立了“党委领导、政府负责、人大监督、政协参与、镇村部门协作”的立体工作网和“纵向到底、横向到边、齐抓共管”的责任体系。在《关于全椒县创建省级生态县任务分解的通知》发布后，县政府与各乡镇、县直相关部门签订《生态县创建工作目标责任书》，明确创建工作具体要求，落实环保“一岗双责”，建立环保目标责任制，将目标任务细化到单位、分解到个人，各有关部门充分发挥职能，协作联动，形成创建工作合力，自觉用以指导生态文明建设的实践。同时，着力提升领导干部推进生态文明建设的能力，创新方法，拓宽渠道，举办各种培训，综合运用现场研讨等方式，让领导干部掌握新理念、新方法、新手段，真

①习近平在省部级主要领导干部学习贯彻党的十八届五中全会精神专题研讨班上的讲话[EB/OL].[2016-05-10].http://cpc.people.com.cn/n1/2016/0510/c64094-28337020-4.html.

正具备推进生态文明建设的素养知识，提高生态县建设决策水平和执行能力。

(二)建立考核评价机制,推动领导干部把责任落到实处

要使县镇两级领导干部在生态县建设中担当作为、建功立业，关键还要有个好的考核机制，既要制订科学的政绩考核评估机制，又要建立重要问题预警反馈机制，把生态环境的保护或破坏作为考核领导干部的重要标准。2013年5月，习近平总书记在中共中央政治局第六次集体学习时指出：要完善经济社会发展考核评价体系，把资源消耗、环境损害、生态效益等体现生态文明建设状况的指标纳入经济社会发展评价体系①。中共中央、国务院印发的《生态文明体制改革总体方案》明确提出，制定生态文明建设目标评价考核办法，把资源消耗、环境损害、生态效益纳入经济社会发展评价体系。根据不同区域主体功能定位，实行差异化绩效评价考核。这就是说，建立和强化对领导干部生态文明建设责任考核，形成一些操作性强的实施意见或推进办法，是推进生态建设的必然要求和重要手段。

多年来，全椒县依据中央有关生态文明建设部署以及生态文明绩效评价考核等相关规定，建立了领导干部生态环境保护工作实绩考核办法，把保护生态环境的绩效纳入领导干部考核指标体系中，实行目标管理责任制涉及生态创建工作的绩效考核。《全椒县乡镇环保生态目标管理考核细则》规定，由县领导小组办公室负责细化、分解目标创建任务，县效能办牵头负责监督检查，实行“月督查、季调度、年考评”，发现问题及时通报、及时解决。在考核过程中突出绿色导向，将生态建设作为政绩考核的“绿色标尺”，加大资源消耗、环境保护、安全生产等约束性指标的考核权重，建立多部门定期沟通机制，多渠道采集数据信息，定期研判发展建设中的“含金量”，使不易量化的“潜绩”转化为可评可比的“显绩”，作为基层组织选干部、用干部的重要依据。

(三)运用责任追究机制,把领导干部的责任督查到位

生态环境搞得好，离不开县镇领导干部；生态环境被破坏，也往往与

①习近平在中共中央政治局第六次集体学习时强调坚持节约资源和保护环境基本国策努力走向社会主义生态文明新时代[EB/OL].[2013-05-24].http://www.gov.cn/ldhd/2013-05/24/content_2410799.htm.

县镇领导干部失职、渎职有关。因此，建立一套领导干部生态环境损害责任追究机制极为重要。建立责任追究制度，主要追究领导干部的责任，对那些不顾生态环境盲目决策、造成严重后果的人，必须严肃追责[①]。2015年印发的《党政领导干部生态环境损害责任追究办法（试行）》明确规定，党政领导成员的生态环境损害责任追究，包括县、乡镇基层党政领导干部生态环境损害责任追究，也是生态环境损害最严格的追究问责。其目的在于告诫领导干部切实转变发展理念，为节能环保负责，争当污染破坏的终结者、改善生态环境的亲为者和生态文明建设的实践者。

在环境保护与生态建设过程中，全椒县认真落实中央关于领导干部生态环境损害责任追究规定，并在实际运行中注重“三个强化”。一是强化党政领导干部同责。明确县委、镇党委和县、镇政府对本地区生态环境和资源保护负总责，党委和政府主要领导成员承担主要责任，并结合实际，在追责情形中细化责任清单，把镇、村党政领导成员也纳入直接适用范围。二是强化联动问责。制订相关程序性规定，对县直各职能部门之间在环境保护和生态文明建设中如何协作联动、查处问责进行细化，试图解决责任追究启动难、实施难等问题，保障追责问责工作取得实效。三是强化终身追责。依据相关制度规定，对造成生态环境和资源严重破坏的，责任人不论是否已调离、提拔或者退休，必须严格追责。这些干部如果被提拔重用的，将对其选拔任用过程进行倒查，并根据《党政领导干部选拔任用工作责任追究办法》严肃处理[②]。虽然全椒县在生态文明建设实践中没有发生这类事件，但强化终身追责机制对生态文明建设与环境保护产生了积极影响。

七、结　语

在坚持“生态全椒”发展战略，高标准编制生态县建设规划，高起点发展生态绿色产业，高投入改善人居生活环境的基础上，经不懈努力，实现县域经济社会、人居环境和生态环境协调发展，全椒县生态文明建设取

①习近平在中共中央政治局第六次集体学习时强调坚持节约资源和保护环境基本国策努力走向社会主义生态文明新时代[EB/OL].[2013-05-24].http://www.gov.cn/ldhd/2013-05/24/content_2410799.htm.

②参见中共中央办公厅于2010年3月7日颁发实施的党内规定。

得了显著成效，受到了广大人民群众的充分肯定和社会各界的广泛赞誉。同时，生态创建工作为进一步推进生态文明建设提供经验，增强信心和力量。

生态文明建设是一项复杂而又持续的系统性工程，获得省级生态县称号仅是近期目标，是生态文明建设的新起点，需要持续倍加努力，才能取得更大发展。在新的征程上，最重要的是正确处理好经济发展同生态环境保护的关系，牢固树立保护生态环境就是保护生产力、改善生态环境就是发展生产力的理念，更加自觉地推动绿色发展、循环发展、低碳发展，决不以牺牲环境为代价去换取一时的经济增长。只有保持这种清醒的认识，才能更加自觉持续不懈地投身到环境保护和生态文明建设中去，为全面建成小康社会打下坚实基础。同时，需要进一步加强对生态文明建设的组织领导，结合生态环境实际，不断完善生态建设规划和科学决策，最大限度保护和合理利用自然资源，实现经济社会和环境协调发展，充分发挥并提升县级领导班子在生态文明建设中的领导力和执行力。在环境保护和生态建设新的起点上，必须一如既往地将绿色惠民放在首要地位，为人民提供干净的水、清新的空气、安全的食品、优美的环境，这直接关系最广大人民的根本利益，是民生福祉，也是环境保护和生态文明建设的出发点和最终目的。只有始终不渝推地进绿色惠民，才能不断增加环境保护和生态建设的动力源泉。必须加快推进绿色生产，大幅度提高经济绿色化程度，推动形成绿色生产方式，努力构建科技含量高、资源消耗低、环境污染少的产业结构，走出一条经济增长与碧水蓝天相伴的康庄大道。我们期待全椒县在新的起点上，认真总结，奋发努力，勇于探索，将环境保护和生态文明建设提升到新的水平。

“开源”和“节流”并举推进可持续发展

——长丰县节约集约利用国土资源调查①

邬旭东　傅昌训②

摘　要:国土资源是经济社会发展的物质基础,在我国现代化建设进程中具有根本性、全局性和战略性地位,国土资源节约集约利用不仅事关当前,而且影响整个国家和民族的可持续发展。本文基于长丰县国土资源现状和社会经济的调研,分析其社会发展态势以及土地利用的机遇和挑战,提出要以新发展理念为引领,进一步推进国土资源集约节约利用,促进县域经济社会的可持续发展。

关键词:节约集约;国土资源;开源节流;发展理念

长丰县位于合肥市北部，跨越江淮分水岭两侧，1965年由寿县、定远、肥东、肥西四县的边缘结合部划并而成。居合肥、淮南、蚌埠三市之间，东西最大距离为42千米，南北最大跨度为67千米，面积为1 922.24平方千米。现辖14个乡镇、1个省级开发区，总面积1 841平方千米，总人口近76万。

作为一个建县较晚、资源禀赋不优的贫困县，长丰县近些年来异军突起，在全省县域经济千帆竞发、百舸争流的竞争队伍中，走出了一条率先崛起的发展之路，进入了安徽省科学发展先进县、中部十强县行列，2015

①本文为安徽省高校人文社会科学研究重大项目“政府与市场关系重构下的当代中国民生问题研究”(编号:SK2016SD36)的研究成果之一。

②邬旭东,蚌埠学院教授,科研处副处长;傅昌训,长丰县国土资源局党组成员、副局长。

年GDP总值361亿元，位列全省第三。特别是在国土资源保护和利用上，大胆探索，取得了很好的成绩，成为全国国土资源节约集约模范县（市）、全省国土资源执法模范县、全省农村土地使用制度综合改革试点县和江淮分水岭综合治理开发重点县。

党的十八届五中全会提出了“创新、协调、绿色、开放、共享”的发展理念。这五大发展理念是“十三五”乃至更长时期我国发展思路、发展方向、发展着力点的集中体现，也是研究谋划好“十三五”国土资源改革发展的指导理念①。本文基于长丰县国土资源现状的调查研究，分析长丰县的社会经济和土地资源状况及其社会发展态势和土地利用的机遇及挑战，坚持五大发展理念为引领，进一步推进国土资源集约节约利用。

一、节约集约利用国土资源是可持续发展的必然要求

国土资源是经济社会发展的物质基础，在我国现代化建设进程中具有根本性、全局性和战略性地位。从广义角度看，国土资源是一个国家领土主权范围内所有自然资源、经济资源和社会资源的总称。狭义的国土资源是指一个主权国家管辖范围内的全部疆域的总称，包括领土、领海和领空。在中国，国土资源一般取狭义的定义，主要包括土地、矿产、海洋及测绘地理信息资源。

土地集约利用的概念最早来自对农业利用的研究，由大卫·里卡多（David Ricardo，1772—1823）等古典政治经济学家在地租理论中首次提出。土地集约利用实质上是土地投入产出的关系，即以在土地上最少的投入获得最高产出。而节约用地从根本上说，是要保护耕地，要解决当代人和子孙后代生存和发展的空间问题。集约用地强调用地方式，节约用地强调用地效果，一般而言，集约用地是节约用地的主要手段，集约用地必然导致节约用地，两者密切相关，不可截然分开。

国土资源是经济社会发展的基础支撑，其利用状况与经济发展态势紧密相连。当前，我国进入经济增长换挡期、结构调整阵痛期和前期刺激政

①宋迎新.以“五大理念”为引领 积极谋划“十三五”国土资源改革发展[J].浙江国土资源,2015(12):25-26.

策消化期“三期叠加”阶段，进一步加快转变经济发展方式，适应新常态，对推进节约集约用地提出了新要求。实践充分证明，国土资源节约集约利用不仅事关当前，而且影响整个国家和民族的可持续发展。土地节约集约利用是生态文明建设的根本之策，是新型城镇化的战略选择[①]。

（一）节约集约国土资源，是严格土地管理的重要环节

党和国家高度重视资源节约集约利用，将节约资源作为基本国策。党的十八大指出，要节约集约利用资源，推动资源利用方式根本转变。节约资源是保护生态环境的根本之策，要大力节约集约利用资源，大幅降低能源、水、土地消耗强度。李克强总理在接见首届国土资源节约集约模范集体代表时指出，发展是硬道理、节约是大战略，要把节约优先放在更加突出的位置。我们一定要把思想和行动统一到中央的决策部署上来，进一步增强责任感和紧迫感，增强共谋资源节约集约利用新举措的主动性和自觉性[②]。

（二）节约集约国土资源，是缓解土地供需矛盾的现实选择

当前，我国正处于全面建成小康社会的关键时期，同时，也是深化改革开放和加快转变经济发展方式的攻坚时期。这个时期的突出特点是各类建设用地量大，土地资源供需矛盾日益尖锐，保障经济发展与保护土地资源任务极其艰巨。土地资源总量多，人均占有量少，尤其是耕地少，耕地后备资源少（即“一多三少”）——这是我国土地的基本国情。必须转变现有的资源理念和资源管理观念，即从单纯的资源供应向提供资源保障和高效集约利用资源并举转变，全面提高资源保障能力和资源利用水平，以应对日益严峻的复杂困难局面。这也是立足我国基本国情，解决资源环境问题的根本途径。

为切实指导国土资源的节约集约利用工作，国土资源部先后出台了《国土资源部关于大力推进节约集约用地制度建设的意见》和《国土资源部关于推进土地节约集约利用的指导意见》，并把“推进资源节约集约利用”写进了《国土资源“十三五”规划纲要》，强调要树立节约集约循环

①国土资源部关于推进土地节约集约利用的指导意见[EB/OL].[2014-9-26].http://www.mlr.gov.cn/zwgk/zytz/201409/t20140926_1331065.htm.

②以节约集约利用统领土地管理工作[N].中国国土资源报，2015-08-27(001).

利用的资源观，推动资源利用方式根本转变，加强全过程节约管理，大幅提高资源利用综合效益。

（三）节约集约国土资源，是可持续发展的必然选择

长丰县作为合肥市的市辖县，人口持续增长与经济快速发展对耕地的需求日益增加，补充耕地、保持耕地资源数量和质量动态平衡的压力进一步加大；工业化和城市化的快速发展对节约集约用地提出了更高的要求；现有的城镇规划和建设体系不健全、空间布局不合理导致的人地关系越来越紧张。加上长丰县县域经济自身内部产业结构调整与优化产业升级，对全县土地利用的程度和效益提出了更高的要求，对实现土地可持续利用形成了更大的压力。

因此，长丰县国土资源管理部门在建设用地供需矛盾突出、资源服务保障任务艰巨的情况下，为保障重大民生工程、基础设施和重点项目用地，履行耕地保护责任制，确保县域经济持续发展，必须提升节约集约用地水平。

二、"开源"和"节流"并举节约集约利用国土资源

开源节流，原意是比喻在财政经济上增加收入，节省开支。国土资源的开源节流中，"开源"是指要寻找新的国土资源，重点是整治生地，激活闲地，向"旧账"要地，让"死地"活起来，将"闲地"用起来。"节流"是要严格土地用途管制，严把土地预审、规划审查和计划指标等关口，切实把耕地保护落实到实处；加大土地执法力度，促进土地节约集约制度有效落实；实施全程监管，有效杜绝批而未供、未批先建、土地闲置、少批多占等违法行为，积极促进土地节约集约制度有效落实。

国土资源开源节流是立足我国的基本国情，实现保护资源和保障发展目标的必然选择。作为合肥市的市辖县，随着合肥市的大发展，长丰县面临很好的发展机遇，但是国土资源供需矛盾也日益突出，长丰县以国土资源部和安徽省国土资源厅的有关规定为指导，积极从资源实际出发，在开源土地供应、节流开发利用等方面多措并举，在土地节约集约化水平不断提高的同时，有效缓解了用地压力。

（一）更新思想，科学规划

国土资源节约集约利用是党中央、国务院根据我国特殊资源国情、特殊发展阶段作出的重大战略部署。长丰县作为全国国土资源节约集约模范县、全省国土资源执法模范县、全省农村土地使用制度综合改革试点县、全省县域经济动态十佳县，坚持以科学发展观为指导，明确指导思想，合理设置发展目标，以提高土地资源利用效率为核心，建立健全节约集约用地的新机制。

指导思想：坚持十分珍惜和合理利用土地、切实保护耕地的基本国策和“一要吃饭，二要建设，三要保护环境”的方针，紧紧围绕中央提出的经济体制和经济增长方式两个根本转变，充分利用土地资源优势、地理位置优势、劳动力资源优势等，本着“依托城市、发展经济、服务城市、富裕农村”的原则，深化土地使用制度改革，统一规划，合理布局，综合平衡，全面发展，保证长丰县国民经济持续、快速、健康发展。

发展目标：在科学规划、充分论证、保护生态环境的基础上，在“居民向城镇和中心村集中，农业向规模经营集中，工业向园区集中”的原则指导下，运用工程和生物等措施，使本县辖区内的土地得到全方位的综合治理。大力开展土地开发、复垦、整理工作，缩并自然村，加快小城镇和中心村的规划和建设；平整土地，降低田埂数，增加有效耕地面积，提高耕地质量和土地利用率，改善农业生产条件和生态环境，建成“田成方，树成行，路相通，渠相连，旱能灌，涝能排”的生态农业园区以及较大规模的农业产业化基地；以合肥市现代化大城市建设为引擎，掀起现代化新农村建设的热潮；以合肥市实现千亿元GDP为契机，倡导用土地经营城镇和农村的理念，多渠道引进资金投入土地整治，为实现土地资源集约、合理利用及经济社会的可持续发展打基础，为合肥市提前全面进入小康社会作贡献。

（二）领导重视，齐抓共管

按照党中央、国务院的决策部署，积极构建“党委领导、政府负责、部门协同、公众参与、上下联动”的国土资源管理工作新格局。在推进节约集约用地工作过程中，长丰县成立了工作领导小组，组建以县领导为组长的土地整治领导小组，做到县政府主要负责人、部门和乡镇任务捆绑，责任到人、倒排工期、限时完成、同奖同罚。同时，县委县政府督查办实行跟踪摄像督查，每月县委常委会专题调度，晒形象、促进度。动态执法管地，将违法行为有效遏制在萌芽状态。加大耕地保护力度，实行乡镇党委、政府耕地保护和案件查处“一票否决制”。同时，将耕地保护、节约集约用地工作纳入各乡镇区党政领导干部考评体系。

(三)重点突破，示范引领

长丰县处于江淮分水岭丘陵地带，经济基础相对薄弱，农村基础设施落后，农民住房条件较差，实施土地整治整村推进优势很大。2008年，造甲乡宋岗、陈刘两个行政村，入选合肥市试点实施的“万亩土地整治和整村推进新农村建设项目”，宋岗陈刘项目区涉及自然村庄20个、1 295户，土地面积22 019.2亩，总投资1.6亿元。长丰县高度重视该项目建设。在项目的实施中，以土地整治为平台，建立宅基地退出奖励激励机制；利用土地交易市场化的运作模式，探索土地整治筹集资金新路子。项目实施后，共新增耕地面积3 167亩，其中确认土地整理净增耕地1 406亩，旧村庄复垦净增耕地1 761亩。新建农户住房212栋、864套，建筑总面积100 262平方米，户均宅基地占地面积（含公共占地面积）由原来的约1.91亩减少到0.51亩，户均住房面积由原来的108平方米增加到127平方米。宋岗陈刘项目的成功实施，在全国创造了集土地整治、农业产业化发展和新农村建设“三位一体”的“合肥模式”，成为全国学习的样板，更为长丰县土地整治工作积累了宝贵的经验。

(四)开源节流，齐头并进

节约集约用地是破解国土供需矛盾的重要途径，长丰县在注重经济发展的同时，坚持开源和节流并举，狠抓节约集约用地工作。

在“开源”方面，一是土地整治生地。抓好土地整治项目库建设，做好项目申报和项目实施工作，腾出多余的建设用地，促进土地节约集约利用。二是制度创新增地。我们将充分利用农村土地使用权制度综合改革试点县政策，创新管理措施，加大集体建设用地与国有土地“同地、同价、同权”的宣传、完善集体建设用地与国有土地统一交易市场，加大推介上市交易力度。三是盘活闲置扩地。积极开展闲置及低效利用土地清理工作，对占地面积大、效益差、不符合现行产业政策、达不到节约集约用地等要求的企业实行“腾笼换鸟”，采取收购、合并、转让等方式，对土地进行重新配置；通过旧城改造，将旧城区居民集中安置，进一步拓展用地空间，提高利用效率。

在“节流”方面，一方面，用规划引领控地。严格执行土地利用总体规划，用规划来管控项目建设，在保证耕地保有量和基本农田保护面积不减少的条件下，坚持该保护的进行保护、该开发的进行开发，引导企业向园区集中、土地向规模集中、农民向城镇集中，优化土地利用结构，努力实现土地资源利用效益的最大化。另一方面，提高准入标准节地。严格控制不符合产业政策和供地政策项目用地；按照优化用地结构和布局的要求，探索对建设项目用地进行准入预评估。提高建设用地使用控制标准，通过实行用地验收制度，确保建设用地标准落到实处。此外，还利用动态执法管地。完善建立了项目用地动态管理台账和土地管理“一张图”动态信息系统，强化建设用地开发利用的全程监管。加大对批而未供土地的清理力度，建立未供土地的源头防范机制；加大对闲置土地的处置力度，形成闲置土地发现、处置、利用的常态化管理机制。同时，加强对乡镇区党政领导干部节约集约用地工作的考核力度。

（五）阳光运行，强化监管

国土资源是重要的生产要素，也是不可再生的稀缺资源，随着我国经济社会的快速发展，国土资源的供需矛盾日益突出。在巨额利益驱动和诱惑下，国土资源领域腐败问题比较严重。

为有效防止腐败，长丰县一直坚持让土地市场的权力在阳光下运行。一是权力公开行使，由土地管理委员会（简称“土委会”）行使决策权。二是资源市场配置，“找市场不找市长”，拍卖为主，挂牌为辅。三是信息广泛公开。通过报纸网络公告、土地推介会、短信邮件直送、电话邀请等渠道公开出让信息，让每宗出让土地能被更多的企业知晓。四是操作公开透明。地价评估方面，严格执行土地评估机构招投标和摇号制度，每宗地评估都在机构库中摇号确定评估单位。保留底价方面，由市土委会主任、副主任和土委办主任秘密决策，封闭后放入两把钥匙的密码箱封存，市纪委持箱子，市国土局、招投标中心各持一把钥匙，三家同时到场才能开箱。

为保证土地市场的权力真正做到在阳光下运行，长丰县强化监管，做到全过程监管。一是构建违法用地查处机制。建立了由县国土局、法院、公安局等单位组成的全县国土资源违法案件查处联席会议制度，完善了县、乡、村三级动态巡查网络。二是实行土地利用“双向约束”制度。即通过合同约定，对用地单位设立投资强度、亩均税收、建设周期、履约保证、闲置处罚等进行约束，对政府各部门设立并联审批、限时办结等办事时限和效能方面的约束。对用地单位和政府的约束，实现了土地时间、空间、质量和社会、经济、生态的节约集约，实现了土地管理“大家用、大家管”。三是严格用地批后监管。建立了县国土、住建、发改、财政、规划以及乡镇政府联动监管已批已供项目用地制度。由乡镇国土所确定专人根据供地批准文件规定的内容，建立项目供后监管台账，把项目用地跟踪管理列入日常动态巡查，每月一汇总、一上报。县国土、发改、财政、规划等部门每月一分析，对监管过程中发现违法、违规或违约情况的，依据土地出让合同、划拨决定书约定和相关法律、法规或规范性文件规定立即予以处理。四是建立“一张图”管理系统。依托国土资源局信息中心力量，以“卫片”为底图，叠加土地利用总体规划和城乡规划路网后，标注征地、供地、供后监管、登记、执法等用地信息，形成了土地利用管理“一张图”。

（六）打造队伍，高效服务

只有一流的国土队伍，才能完成一流的国土业绩；只有一流的国土队伍，才能塑造一流的国土形象。队伍建设关系到事业的成败，长丰县国土事业能有今天的成绩和有一支强有力的干部队伍是分不开的。

长丰县国土资源局坚持以“明纪律、强作风、精业务、树形象”为主题，着重加强队伍建设。一是强化管理明纪律。始终保持工作激情，推进工作一抓到底，重点工作派单到人，跟踪督查，及时奖惩，坚持工作过程就是兑现干部履责的过程；采取任务与时间倒逼机制，督促干部职工干好每一天，营造紧张快干的工作氛围。二是加强学习。将把干部教育培训作为提高干部队伍素质的重要抓手，组建“国土知识宣讲团”，搭建“国土知识讲坛”，用简洁、通俗易懂的语言讲解和宣传国土资源法律法规和政策。三是优化服务树形象。牢固树立为民服务意识，严格落实首问责任制、限时办结制，为群众提供便捷、高效、优质的服务。

三、新常态下的节约集约国土资源的建议与思考

长丰县在节约集约国土资源上取得了一定成绩，积累了一定的宝贵经验。进入新常态以来，经济增长速度从高速转向中高速；发展方式从规模速度型转向质量效率型，经济结构调整从增量扩能为主转向调整存量、做优增量并举；发展动力从主要依靠资源和低成本劳动力等要素投入转向创新动力。国土资源节约集约也要顺应这些趋势和要求，在改革发展的战略谋划上作出及时调整。

2016年，安徽省委省政府明确提出，“节约集约利用资源，打造绿色低碳循环发展”，必须“坚持最严格的节约用地制度，实行用地规模总量控制，建立完善低效用地盘活利用激励机制，强化土地节约集约利用督查”①。依据这一规定与要求，结合长丰县的实际情况，提出以下建议与思考。

（一）自觉践行新理念，是节约集约国土资源的关键所在

理念是行动的先导。坚持以五大发展理念为引领，紧扣提高资源开发利用质量和效益这一中心，加快形成引领国土资源改革发展新常态的体制机制，找准发展着力点，确定国土资源工作的总体思路：主动适应发展新常态，努力建设“创新国土、法治国土、民生国土、动力国土、生态国土、智慧国土、活力国土、勤廉国土”，紧紧围绕“创新、绿色、协调、开放、共享”五大发展理念，坚持“保护资源、节约集约、维护权益、改革创新”的总要求，牢固树立“科学、依法、规范、公正、创新”的工作导向，做到依法依规和改革创新有机结合，保护资源和节约集约双管齐下，推动全县国土资源管理由粗放利用向节约集约转变、由全面保障向重点支

①安徽省委省政府印发《关于扎实推进绿色发展着力打造生态文明建设安徽样板实施方案》[N].安徽日报，2016-08-03(3).

持转变、由依靠增量向“三量并行”转变、由注重审批向监管服务转变、由严查重处向源头防控转变，全力推动全县国土资源工作再上新台阶。

(二)创新多种机制,推进资源保护

加强耕地保护要求，严格落实目标责任考核。紧紧围绕“一个机制、两个主体、三个结合、四个确保”的工作举措，大力推进农村土地综合整治。一个机制，即“政府主导、国土搭台、部门合作、乡镇实施、农民参与”。两个主体，即乡（镇）、开发区作为项目实施的责任主体，县国土部门为项目实施的监督主体。三个结合，即将土地整治与美好乡村建设、城乡统筹和产业结构相结合。四个到位，即确保质量、进度、资金、配套四到位。

一是健全土地执法共管机制。建立政府牵头、部门参与的联席会议制度，健全多部门协同、多方位联动的土地管理和制止违法违规用地合作机制。加强与公检法和监察部门的沟通协调，健全信息共享、案件通报和移送制度。完善执法巡查和案件查处机制。

二是健全县、乡、村三级动态巡查机制，完善“片长制”管理系统，实现违法用地直报系统，推进执法关口前移。严格落实零报告、定期报告和专项报告制度。

三是加强依法用地激励机制。将土地供地率、开工率和计划报批使用相挂钩，纳入年度目标考核。积极开展土地执法模范乡（镇）创建工作，以模范创建为平台，充分调动地方政府依法管地用地的自觉性，推动国土资源执法监管由被动执法向主动规范转变。

四是加大法制宣传引导机制。大力宣传国土资源管理法律法规，以宣传依法用地先进典型和加大土地违法违规案件曝光力度，进一步提高全社会保护资源和节约集约用地意识。

(三)盘活闲置土地,保障合理用地

把“增量保重点、存量促集约、流量优布局”作为新常态下保障用地的重要措施。采取“国土先行”，建立项目会商机制。在签订招商引资相关协议之前，其土地面积、土地供应、规划选址等问题，由县招商局会商国土局和规划局后，需经县重大项目领导组研究同意，报县土委会研究批准；任何项目在未取得合法用地手续前严禁开工建设。坚决杜绝违规占地、未批先建、未征先用等现象的发生。

实行土地“精细化”管理机制。单个项目供地均按照“整体规划、分期供地，建多少、供多少”的要求，从节约用地计划的角度出发，制定了规范的操作办法。特别是批后监管，改变原来“园区主导供地、园区主持收地”的做法，实行了“县政府直接收回，县国土部门统一管理，县土委会安排使用”的新做法。

加强投资强度、供地率、容积率等条件的约束，加强工业用地的节约集约利用率，制定出台《长丰县节约集约用地实施办法》，利用提高工业用地容积率和土地使用税等办法，用经济杠杆撬动土地节约集约。探索推进工业用地弹性出让等灵活多样的供地方式。独立选址指标用于重大工业、基础设施和民生工程项目。开展批而未供和闲置低效利用土地专项清理工作，通过建立健全建设用地动态巡查、土地闲置预警等方式盘活闲置低效用地。

探索出台《长丰县房屋征收房票安置办法》，进一步完善房屋征收补偿安置方式，满足被征收人员多元化的安置需求，促进房屋征收市场化安置，更好地改善居民住房条件，加快新型城镇化建设。

（四）建立土地档案，扩大数据覆盖

全面推进现有遥感影像、土地利用现状、土地规划等数据集成，建立“一张图”核心数据库。深化“一张图”成果运用，对土地“批供用补查”实施全过程常态化管理，严格遵循土地利用总体规划，积极争取“多规合一”试点工作，以因地制宜、先易后难、突出重点、分步实施为原则，按照“双控”和“三线”①为基本约束，统筹推进“多规合一”。建立长丰县三年土地整治滚动项目储备库、电子档案系统，将建设成果向基层国土所延伸，不断扩大数据库覆盖面和地域覆盖面。

推进土地“阳光出让”，全面建成工业用地网上交易系统。按照省、市统一部署，完成全县不动产统一登记职责整合和机构组建工作。对各类不动产登记资料移交整合，尽快设立统一的不动产登记受理窗口，同时梳理形成统一的不动产登记业务流程，全面推进不动产登记信息化建设。

① “双控”指控制建设用地总量和强度，“三线”指耕地保护红线、生态保护红线、城市开发边界。

（五）构建良好的生态环境格局，合理保护生态环境

生态环境得到改善，人的生存、生活和生产才能得到保障，各种资源才能得到有效的利用，经济、社会才能协调发展。长丰县加强水土流失和污染源的治理，建立污染防治机制和生态补偿机制，完善生态安全体系，发展投资少、效益高的废水处理技术，加大环境监察力度，从源头上防止环境污染和有效遏制生态环境恶化。积极开展生态农业建设和绿化造林，大力开展植树造林，实施天保工程，提高森林覆盖率，着力建设生态长丰。

积极创建生态城镇和村镇，按照绿化、亮化、美化的要求，着力塑造各具特色、功能齐全的生态城镇。坚持县城优先发展战略，按照“环境优美、特色鲜明、功能完善、人居适宜”的要求，做美、做大、做强县城水湖镇。各中心镇要按照“产业强镇、设施先行”的原则和“绿化、美化、亮化”的标准，创新经营城镇理念，不断提高生态城镇品位，努力建成产业支撑、功能配套、道路和市政设施完善，充分体现特色的生态城镇。大力改善农村居住环境，加快中心村规划和建设进度，加大草危房改造力度，积极推进多元化、各具特色、舒适优美、建筑新颖的人居环境。

（六）全社会积极参与，建立土地资源集约利用共同参与机制

推进国土资源节约集约利用，关键在县市，重点在县市，难点也在县市[①]。充分调动全社会特别是县市基层政府和群众节约集约利用资源的积极性，是全面落实国土资源工作新定位的必备环节。必须从县市基层和广大民众做起，推动地方政府政绩观和社会公众价值观的变革，促进新型资源观和资源管理观的树立。尤其是县市情况千差万别，只有因地制宜、主动谋划，使节约集约利用资源成为各级政府的自觉行动和社会的共识，才能真正形成节约优先、善待资源、走可持续发展之路的良好局面。

土地节约集约利用不仅仅是国土资源管理部门的事情，还需要建立由政府牵头，国土、发展改革、财政、建设、规划、交通、环保和电力等多部门共同参与的多部门协调机制。一是政府层面，要高度重视土地节约集约利用。建议建立由政府牵头，国土、发展改革、财政、建设、规划、交

①林坚.推进国土资源节约集约利用——关于国土资源节约集约模范县（市）创建活动的思考[N].人民日报，2014-11-25（16）.

通、环保和电力等多部门共同参与部门审核机制。二是各单位在新建项目的过程中，要充分考虑以往建设的进一步优化。比如在工业园区和新农村建设过程中，可以对项目涉及的已经布设的电力线路进行改线设计，重新布局土地利用，使高压走廊布局更加合理，从而促进土地节约集约程度。三是构建节约集约利用绩效考核机制。由政府牵头，各相关部门按照土地资源情况、国家产业政策、供地政策、环保政策和工业投资重点等，共同研究安排新增建设用地计划指标，逐步建立上级政府对下级政府，同级人大、政协对政府集约用地的绩效评价和考核机制，形成土地节约集约利用“齐抓共管”的新局面。四是建立集约节约用地奖惩机制。国土资源部和国土资源厅，对各省、市建立土地集约节约利用评估档案，可以将合理布局、投资强度、规模集约等指标纳入评估体系中。对土地节约集约利用率较高的地区，在下一年度的土地年度计划指标安排方面可以适当倾斜；对土地集约度不高的地区，可相应核减下一年度用地计划指标或暂停办理用地审批手续。从制度上保证各级政府集约节约利用土地的积极性。五是加大宣传和社会公众监督，要积极调动全社会共同参与土地节约集约利用。充分利用互联网、电视等媒体，积极开展宣传工作，及时向社会发布有关土地利用的管理和政策等方面的信息，公布近期土地利用的状况、土地利用计划和具体措施等信息。同时，建立监察和检查通报、鼓励社会监督等制度，让土地合理利用的理念，保护资源与环境的意识融入社会大众的生活中。

开放发展理念在县域发展中的实践
——以繁昌县为例

严　宏[①]

摘　要:现代国家的开放发展是县域发展的重要前提。新中国成立以来，繁昌县开放发展的历程可以分为1949—1978年、1978—1997年以及1997年以来三个阶段。开放发展理念对繁昌县的经济社会发展产生了巨大作用,主要体现为该县的产业结构更加趋向合理,为经济快速发展奠定基础;县领导干部坚持开放发展理念进一步增强,促进了县域的开发与创新、协调、绿色和共享共同发展,也为该县今后进一步坚持开放发展积累了经验。

关键词:开放发展;繁昌县;县域

党的十八届五中全会指出，坚持开放发展，必须顺应我国经济深度融入世界经济的趋势，奉行互利共赢的开放战略，发展更高层次的开放型经济，积极参与全球经济治理和公共产品供给，提高我国在全球经济治理中的制度性话语权，构建广泛的利益共同体[②]。这主要是从国家宏观层面针对不同国家与地区之间的交流，提出开放发展，似乎与县域没有直接关系。不过开放发展的理念对县域建设，特别是对开放型经济建设具有一定的现实意义。本文以繁昌县为例，对该县开放发展的历程及其对县域经济社会发展的贡献进行初步探讨。

---

①严宏,安徽师范大学法学院副教授、副院长,博士,安徽师范大学法治中国建设研究院研究员。

②中共十八届五中全会公报[R/OL].[2015-10-30].http://politics.people.com.cn/n/2015/1030/c1001-27755913.html.

一、现代国家的开放发展与县域的开放发展

开放发展强调的是发展的外向型。这种外向型发展模式最早起源于西欧中世纪末期，几乎与市场经济以及资本主义兴起同步。马克思曾在共产党宣言中这样描述：人们终于不得不用冷静的眼光来看他们的生活地位、他们的相互关系。不断扩大产品销路的需要，驱使资产阶级奔走于全球各地。它必须到处落户，到处开发，到处建立联系。资产阶级，由于开拓了世界市场，使一切国家的生产和消费都成为世界性的了[①]。在近代，中国在世界政治经济体系中，与西方国家的地位并不平等，正如马克思所说，它使未开化和半开化的国家从属于文明的国家，使农民的民族从属于资产阶级的民族，使东方从属于西方[②]。事实上从1840年被西方列强用坚船利炮打开封闭的大门以后，中国对外开放的步伐从未停止。但当时的开放并没有带来发展，反而使中国人民受到了更沉重的奴役，中国的民族经济也受制于西方列强资本，因为这种开放是以牺牲主权为代价的。因此，独立的主权是实现开放发展的重要前提。1949年新中国成立以来，中国共产党十分重视开放发展。1956年4月，毛泽东在《论十大关系》中明确提出了“向外国学习”的口号，认为每个国家和民族都有长处和短处，社会主义国家也并不是一点缺点都没有，因此，必须向外国学习，一切国家和民族的长处都要学。1957年2月，毛泽东在《关于正确处理人民内部矛盾的问题》中进一步强调了这一点：一切国家的好经验我们都要学，不管是社会主义国家的，还是资本主义国家的，这一点是肯定的[③]。但在当时两极格局的形势下，以美国为首的资本主义对新生的人民政权始终采取敌视态度，毛泽东对西方国家开放的愿望没有得到立即实现，只能对以苏联为首的社会主义国家阵营开放。20世纪50年代末60年代初，中苏关系破裂，中国对苏联东欧的大门也逐渐关上。同时，在“极左”思潮的影响下，中国经济建设开始主动封闭起来。后来邓小平说，建国以后，人家封锁我们，在

①马克思恩格斯文集(第二卷)[M].北京:人民出版社,2009:35.
②马克思恩格斯文集(第二卷)[M].北京:人民出版社,2009:36.
③毛泽东文集(第七卷)[M].北京:人民出版社,1999:242.

某种程度上我们也还是闭关自守，这给我们带来了一些困难[①]。党的十一届三中全会以来，党的工作重心开始转移到经济建设上来，打开国门，实行对外开放政策。这一时期邓小平的对外开放思想对我国对外开放历程起到直接指导作用，主要体现在四个方面：一是强调开放的长期性。改革开放要贯穿中国整个发展过程，不是三年、五年、十年，也不是二十年。现在生产力不发达，要对外开放，将来生产力发达了，要更加开放。二是开放的两个方面。对外开放有两个方面，一方面对内开放，另一方面对外开放。对外开放是对世界所有国家的开放，对各种类型的国家的开放。三是对外开放的形式。对外开放可以采取多种形式，包括建立经济特区、沿海城市开放城市等。四是对外开放的重要目的。要学会用经济方法管理经济，要向外国的先进管理方法学习。不仅新引进的企业要按人家的先进方法去办，原有的企业改造也要采用先进的方法。邓小平的对外开放思想立足于中国正处于还将长期处于社会主义初级阶段的基本国情，着眼于建设中国特色主义的伟大事业，最终实现中华民族的伟大复兴。他的对外开放思想以及亲自设计的对外开放政策被后来的中国共产党人继承，并对县域的开放发展起到了指导作用。

在这样的历史语境中，县域开放发展的第一个层面可以理解为，一是对外国开放，特别是沿海发达地区；二是对本县以外的国内开放。第二个层面是开放发展的互动性，即既要引进外国或外地资金、先进技术和管理经验，也可将本地的资金、技术和观念经验输入其他国家、国内外地区。第三个层面是县域开放发展可以借鉴国家的经济特区政策，以建立开发区等形式加大开放力度。第四个层面是县域的领导要具备开放发展的意识。

二、1949年以来繁昌县开放发展的历程

繁昌县的开放发展程度虽不如东部沿海地区的县（市），但是在安徽省内其地理位置比较优越，处于沿江地区，拥有长江的黄金水道，靠近明清时期中国四大米市之一——芜湖附近。这样的地理位置为繁昌县的开放发展提供了有利的条件。总结1949年以来繁昌县开放发展的历程，大致可

①邓小平文选(第三卷)[M].北京：人民出版社，1993：64.

以划分为三个阶段。

(一)1949—1978年繁昌县的开放发展

新中国成立前，在传统的农业经济中，繁昌县的开放发展主要是通过农产品如大米等向外地流通实现的，在交通不发达的情况下，其流通的范围主要集中在附近的芜湖等地。1956年三大改造完成之前，繁昌县的开放发展，唯一与新中国成立前不同的是县供销社收购各种畜禽皮张，支援国家外贸出口。1956年三大改造完成以后，与全国其他地方一样，繁昌县也建立了计划经济体制。这一时期，繁昌县先是建立了钢铁厂、水泥厂、锅厂、酒厂、农业机械厂、印刷厂等17家国有企业，后又建立了化肥厂、磷肥厂、水泥厂、制药厂，到了1976年全县共有45家国有企业。在指令性计划经济体制条件下，政企不分决定了企业无法决定生产什么、怎么生产、产品在什么地方流通。商业方面，繁昌县成立供销社和国营商店负责销售商品。虽然当时也有一些商品销往外地甚至国外，但几乎都不是市场决定的结果。因此，繁昌县的开放发展几乎处于停滞状态。

(二)1978—1997年繁昌县的开放发展

改革开放初期，繁昌县的开放发展基本还是通过商品流动实现的。主要是一些土特产品，如蜜枣远销东南亚，蒜片、同和祥耳锅、羽毛球等远销日本、美国。到了20世纪80年代中期，繁昌县干部和人民群众利用有利的地理条件就县域经济发展向苏南等地学习乡镇企业发展的经验，把乡镇企业作为发展经济的突破口。1986年，全县企业年总收入突破1 000万元的乡镇有11个，占乡镇总数的50%；100万元以上的行政村有45个，占行政村总数的20%；年产值50万元以上的骨干企业已有74个，最高的突破500万元。同时，繁昌县注重从外地吸引经济发展的人力和物力资源。针对全县各地在发展经济中的资金匮乏、人才奇缺、技术薄弱等突出问题，明确提出“四借一发财”，即借“脑袋”（人才）、借资金、借技术、借“牌子”（联营办厂）加大横向联系。1985年和1986年，全县仅乡镇就通过补偿贸易、合资经营、预付定金等形式，共从外地吸收资金4 446万元，各类技术人才300多人、新技术151项。“四借一发财”，使全县展现出一派生机，并逐步形成了自己的特色。另外，繁昌县利用其在安徽特别是皖南的地理位置，发展特色市场，如“三山镇占据芜铜公路要道口，背靠保定、小洲两个乡的蔬菜基地，专门从事经营蔬菜批发，市场达2华里，每天上市人数多达5 000余人，共销售各类蔬菜7 200万斤，远销12省、24市、47县，还有峨桥乡的茶市也在这一时期发展起来”①。

同时，随着国内市场的开放，与其他地区规模较大企业产品相比，繁昌的许多国有企业属于“五小”，无论在规模、技术，还是在资金方面都不足，因此，其产品在市场上的竞争力也开始下降，直接影响了这些企业的生存和发展，也为后来的企业改制埋下了伏笔。

（三）1997年以来繁昌县的开放发展

1997年，党的十五大对国企改革提出“抓大放小”策略，涉及县的国有或集体企业都属于“放小”，主要是采取改组、联合、兼并、股份合作制、租赁、承包经营和出售等多种形式，把一大批小企业直接推向市场。对于繁昌县来说，“放小”也是迫切的任务，因为到了1997年前后全县95%的全民所有制和集体所有制企业陷入亏损，全县债台高筑。所以从1998年开始，繁昌县委县政府认真总结经验，决定对企业进行改制，其中引入外地资本就是重要形式。从1999年开始，繁昌县连续4年招商引资位居芜湖市第一名，全县实际利用外资3 457.1万美元，年均增长47.39%；引进内资38亿元，年均增长56.84%。北京双鹤、安徽海螺、福建三农等12家上市公司落户繁昌，并成为繁昌经济新的增长点②。2000年以来，繁昌经济建设在开放发展中壮大支柱产业，如在招商引资过程中，确定招商的重点。围绕支柱产业及其配套产业的发展，有针对性地开展招商，千方百计招引国内外同类企业落户投资，突出抓好电力、水泥等支柱产业，形成规模和规模效益，同时还重点抓纺织服装、化工、机械制造业的改造，积极支持孙村镇服装工业项目集聚、组团发展。

同时，繁昌县还积极加强工业园区建设，先后建立了“芜湖三山绿色食品工业园”“孙村国际服装工业园”“荻港建材工业园（区）”“三山综

①陈德邻，项翔.因地制宜走自己的路——繁昌县经济改革述评[J].中国农村经济，1988(3):30-34.

②沈大龙.县域经济：让民众唱主角——繁昌县振兴县域经济纪事[J].2004(2):35-36.

合工业园”等工业园区，这些工业园区进一步吸引了外地知名企业进驻。在此基础上，2006年成立了省级繁昌经济开发区，开发区入园项目122个，投产企业82家。全球最大制鞋企业台湾宝成国际集团、亚洲最大的输液生产企业双鹤药业集团、中国碗粥第一品牌安徽同福食品公司、央企中国兵器工业集团、全国民营企业500强浙江中强建工集团、省级农业产业化龙头企业安徽溜溜果园集团等一批知名企业先后落户繁昌县。另外，原有的“孙村国际服装工业园”“荻港建材工业园（区）”整合为芜湖市孙村经济开发区，近年来，通过招商引资，开发区已形成了轻纺服装、装备制造、新材料和旅游等诸多支柱产业。2011年，又成立了芜湖循环经济产业园，以汽车零部件、工程机械、机床再制造为重点，以再生资源拆解加工、交易、物流及公共服务平台为支撑，以高端装备制造业和现代服务业为补充，建成国际一流、体系完整的国家级循环经济再制造生态示范园区。建立以回收为起点，以港口作业和仓储物流为纽带，以拆解加工和交易为核心，以再利用与再制造为归宿的循环经济链条。目前，已有多家企业入驻园区。“十二五”期间，繁昌县的开放发展程度更高，累计利用内资1 209.6亿元、外资7.6亿美元，分别是“十一五”时期的3.3倍和3.2倍。自营进出口企业166家，进出口额年均增长43.3%。发展活力和投资环境是衡量县域经济开放发展的重要指标。安徽财经大学发布的《安徽县域经济竞争力报告》(2016) 显示，无论是发展活力竞争力还是投资环境优势竞争力，繁昌县位居全省62个县市前列①。

三、开放发展对繁昌县经济社会发展的重要贡献

繁昌县坚持开放发展，多年来对全县的经济社会发展作出了重要贡献，具体有以下几点。

(一)开放发展使产业结构更加合理

长期以来，繁昌县的经济发展主要依靠县内的资源，因此，有学者认为繁昌县属于资源型县。曾任中共繁昌县县委书记的缪学刚指出，1996年，繁昌县经济以水泥建材等资源型为主，其税收占全县税收的50%以

①周加来.安徽县域经济竞争力报告[M].合肥:合肥工业大学出版社,2016.

上，到了2001年，非资源型产业快速提升，资源型产业税收下降至30%以下。在短短5年时间里，非资源产业得到如此快速发展是开放发展的结果。企业不再找县长、乡长而去找市场，把市场眼光由国内为主转变为国内国际并重，外贸出口呈现超高速增长态势，产业、市场多元化①。“十五”期间，繁昌县三大产业比例由五年前的23∶40∶37调整为18∶48∶34。虽然第二产业比例上升，但是第二产业内部主要依靠资源发展的方式已得到遏制，引进了华电等上市公司。到了2010年，繁昌县继续通过开放发展调整产业结构，相继引进了中国兵器工业集团东光工业园、海太注塑机等16个装备制造项目，中强节能玻璃、鑫泰光伏、神剑科技等26个新材料项目，江厦明珠广场、全泰钢材市场等25个超亿元三产项目。到了2015年“十二五”末，繁昌县的开放发展程度更好，不仅对企业开放，还开始与高校科研院所联系合作，如与江南大学共建大健康产业发展平台，致养蛋白饮料等项目建成投产。注重培育高科技企业，如3D打印产业。为引入国内知名3D打印产业，2015年繁昌县建立了安徽省春谷3D打印智能装备产业园，成立安徽省春谷3D打印智能装备产业技术研究院，汇集中国科学技术大学、华中科技大学、南京师范大学和合肥工业大学等高校专家教授，集聚3D打印企业15家（安徽三迪时空及安徽恒利、芜湖西通、芜湖瀚博、安徽蓝蛙、芜湖爱三迪、芜湖林一、芜湖思瑞迪、芜湖四点零等），涉及3D打印设备及耗材、3D打印软件、3D打印服务等多个领域。电子商务也是衡量开放发展的重要标准。近年来，繁昌县大力发展电子商务，建立电子商务产业园，优化电商发展环境，壮大电商经营主体，探索适合当地实际的电商发展路子，并取得突出成就，2015年，网上交易额达19.8亿元，位居“2015年度中国县域电商发展指数”安徽省第二位。在开放发展的带动下，繁昌县的产业结构日趋合理。

（二）领导干部坚持开放发展理念进一步增强

地方政府主导地方经济发展是中国特色发展道路的重要体现。在开放发展中，繁昌县干部坚持开放发展理念进一步增强。第一，积极走出去，学习发达地区经济社会发展经验。一是领导干部赴江浙等地发达县市就县

①缪学刚. 以民本经济立县——繁昌县县域经济发展的实践与思考[J]. 决策咨询，2002(4):12-13.

域经济建设进行考察，深入研究“长三角”地区在实施创新驱动，培育新兴产业、发展现代服务业方面的成功经验。二是选派干部赴上海、江苏等地进行挂职交流，学习借鉴发达地区经济社会发展经验。三是学习发达地区县市人才强县的经验，并取得较大成效。如2015年出台提升人才特区建设水平意见，安排专项资金2 000万元，兑现补贴332万元，引进培育高端人才69人。第二，积极赴外地进行招商工作与推动外地企业来繁昌县考察投资相结合。近年来，繁昌县县委书记、县长等主要领导赴广东、浙江、江苏、上海、福建、北京、山东、河南、河北、江西等地，就高端制造业、食品工业、机电行业、电子商务、农业开发、3D打印机等项目进行招商，建立了18个招商驻点，同时也推动上述相关企业高层来繁昌县考察投资。在走出去引进来进程中，招商成效显著，如许多3D打印企业在县领导干部的积极推动下，入驻繁昌县，有的公司甚至把总部从“珠三角”中心城市转移至繁昌县，出现了所谓的“繁昌现象”。第三，出台一系列招商引智政策。繁昌县先后出台了《繁昌县招商局招商引资一站式服务政策》《繁昌县人民政府关于进一步规范新建工业投资项目管理的意见》《繁昌县人民政府关于促进经济持续健康较快发展的实施意见》《繁昌县鼓励制造业企业兼并重组实施办法》《繁昌县科技孵化器专项资金管理办法》《关于促进工业企业转型发展的暂行办法》等，对招商的项目选择、财政补贴等优惠政策进行详细规定，进一步推动更多符合繁昌县产业发展需求的企业来繁昌县投资。出台《关于进一步提升人才特区建设水平的实施意见》《繁昌县招才引智奖励办法》等。2015年繁昌县的政府能动性高居全省第二位①。

（三）开放发展促进了其他四大发展

2015年，党的十八届四中全会提出了开放发展、创新发展、协调发展、绿色发展、共享发展，共同构成了五大发展理念。那么，县域的开放发展与其他四大发展之间是什么关系？即对其他四大发展起到了什么样的重要作用？笔者认为，当下就繁昌县这样一个中部地区省份县域的发展，开放发展应是其他四大发展的前提，只有通过开放，才能带来县域经济社会发展理念、发展方式的创新，才能引进创新型人才、建设创新型经济。

①周加来.安徽县域经济竞争力报告[M].合肥:合肥工业大学出版社,2016:54.

繁昌县近年来创新发展无不是开放发展的结果，如被称为3D打印机的“繁昌现象”，3D打印产业迅速崛起，春谷3D打印智能装备产业园现已成为华东地区最大的3D打印产业集聚地。当然，反过来创新发展也会进一步促进开放发展。对于县域来说，协调发展主要是城乡协调发展、经济社会协调发展。开放发展带来的不仅是城镇经济的发展，也促进了农村经济的发展。在这一进程中，繁昌县城乡实现协调发展。从2013年开始，繁昌县的城乡协调竞争力一直居于全省前列，其中2015年位居第一；社会发展水平也在全省处于前列，其中2014年位居第一。绿色发展主要是在发展过程中要坚持节约资源和保护环境的基本国策。对于繁昌县来说，曾经依靠资源型企业带动发展，不能称为绿色发展，但是近年来通过开放发展，引进高科技企业，淘汰能源消耗大、破坏环境的企业，逐渐步入绿色发展的轨道。共享发展主要是不同利益群体共同分享发展成果，体现发展的包容性。发展是共享的前提，没有发展谈不上共享。在县域发展中，开放又是发展的前提，因此，共享发展离不开开放发展。而繁昌县的开放发展成果最终惠及的是最广大人民群众，特别是在保障民生方面，“十二五”期间，滚动实施了181项民生工程，财政累计投入31.3亿元。

四、繁昌县开放发展的进一步思考

繁昌县将“开放发展”列为“十三五”发展的主要任务，并指出要依托水陆交通等优势，高起点、高水平参与长江经济带、皖江城市带等的建设，努力与“长三角”地区全方位等高对接，全面提高开放型经济水平。创新发展理念、建设模式和管理方式，加强基础设施和公共服务平台建设，打造新兴产业集聚、产业转型升级和开放合作主平台。循环经济产业园积极创建国家级循环经济示范单位，县经济开发区争创“国家级”，孙村经济开发区力争去“筹”。坚持引资引技引智并举，提升承接产业转移整体水平。突出差异化、特色化、集群化，建设一批电商、物流、现代农业等特色园区。支持企业“走出去”，深化对内对外开放合作。培育壮大外贸经营主体，推动外贸向优质优价、优进优出转变。同时，也提出了“十三五”发展的主要目标，大力发展园区经济、临港经济、文化旅游经济，努力建设山水繁昌、人文繁昌、活力繁昌、智慧繁昌、幸福繁昌，高水平全面建成小康社会。笔者认为，今后几年繁昌县开放发展的重点应在开放发展园区经济、临港经济、文化旅游经济等方面。

(一)通过开放发展园区经济

与东部发达地区相比，繁昌县的园区经济还处于起步阶段，对于经济发展的贡献还没有充分显现出来，仍有较大潜力。笔者认为，通过发展园区经济，应该做到以下几点：

一是发展新型产业，建设以3D打印为特色产业集群的园区经济。现在繁昌县的3D打印智能装备产业园已成为华东最大的产业园，但是“3D打印”是方兴未艾的新型经济，如果不继续加强建设，3D打印智能装备产业园将很快会被其他地区超越，毕竟繁昌县在地理位置与人才方面远不如“珠三角”和“长三角”的城市。所以繁昌县应该重点围绕3D打印智能装备，从培育龙头企业和产业集群出发，加快园区企业规模的升级，增强园区的核心竞争力及企业集群吸附力。这就要求加大招商引资力度，积极主动引进最新科技和高端人才，优化投资环境，完善服务体系。争取能吸引更多的企业和人才进驻园区，把园区建设成充分利用省内和“长三角”及周边地区两个市场和两种资源，促进经济结构调整和产业升级的产业发展先行区。

二是改造传统产业，推动水泥产业的转型升级，加强新型建材产业园建设。长期以来，水泥产业一直是繁昌县经济的产业之一。近年来，繁昌县通过招商引资等方式推动传统水泥产业的转型升级。2013年年末，全县共有生产企业19家，年产熟料、水泥分别为2 635万吨和2 170万吨。如今全县13家水泥企业14台JT窑、1条旋窑和17台粉磨等设备全部拆除完毕，共淘汰水泥熟料产能274万吨、水泥粉磨产能581.24万吨，节约用地1 636亩，分别减排二氧化碳、二氧化硫133.5万吨、4 300吨。淘汰落后产能减少了污染源，显著改善了生态环境，激活了企业生命力。因此，繁昌县需要进一步探索如何从单一的水泥产业，发展新型环保建材产业群，建立新型建材产业园。

三是坚持“有所为有所不为”，合理调整园区布局。园区是县域经济发展的重要载体，也是代表县域经济发展的重要平台，因此，园区经济中的产业布局是否合理是影响县域经济发展的一个重要因素。与城市经济不同，县域经济的体量较小，所以在产业布局上不宜过于分散，建立相对集中、有序的产业布局将有利于企业之间建立相互协作与信息交流、共享，有利于节约企业的交易成本，有利于园区内产业集群的培育和成长。园区的发展应坚持“主导产业优先”的方针，加快产业布局优化，建议培育以3D打印、新型建材、电子商务、特色农业等为主的几个主导产业园。

(二)通过开放发展临港经济

长江在繁昌段有30多千米，自古以来，通过长江与其他地区进行交流是繁昌开放发展的重要形式。近年来，国家在大力发展沿江经济带，2010年出台的《皖江城市带承接产业转移示范区规划（2010—2020）》，把芜湖定位与合肥并列的双核之一，并提出大力发展物流业，依托长江黄金水道，加快发展公路、铁路、水运联运和江海联运，形成以芜湖为核心的皖江现代物流产业带。建立鲜活农产品绿色通道，发展农产品冷链物流，推动产地准出和市场准入有效对接。构建公共物流信息平台，促进物流信息资源共享和物流网络互联互通，使皖江城市带成为沟通“长三角”与广大中西部地区的重要纽带。2016年，国家又出台了《长江经济带发展规划纲要》。习近平总书记指出，要发挥长江黄金水道作用，产业发展要体现绿色循环低碳发展要求。这就给建立沿江码头口岸等重大项目，构筑综合立体大通道提供了方向。无论是已实施6年的皖江城市带还是长江经济带，对于繁昌县来说，发展临港经济，如何融入这样的经济发展是当务之急。

(三)通过开放发展文化旅游经济

发展文化旅游经济是开放发展的重要表现和途径。繁昌县拥有悠久的历史，繁昌县人字洞是迄今亚欧大陆发现的最早的古人类活动遗址，旅游资源丰富。繁昌县现有全国重点文物保护单位3处，还有国家级森林公园、4A级旅游景区——马仁奇峰。近年来安徽省、芜湖市十分重视文化旅游经济的发展。2014年，安徽省出台了《皖南国际旅游文化示范区建设发展规划纲要》，指出包括芜湖在内的7个地级市，要着力打造“一圈两带”文化旅游发展格局，其中“一带”是皖江城市文化旅游发展带。要求充分发挥长江黄金旅游通道作用，突出都市休闲、生态旅游、工业旅游、游轮观光、主题公园体验、健康运动养生等，串接马鞍山、芜湖、宣城、铜陵、池州、安庆等皖江城市及重要景区。繁昌县自身拥有繁昌窑、人字洞、新四军活动旧址等丰富的文化资源，在发展皖江城市文化旅游发展带上处于重要地位，特别2015年宁安城际铁路的开通，为繁昌文化旅游业的发展提供了重要的交通便利。因此，繁昌县一方面应积极开发县域内的文化资源，提升旅游的硬件设施和软环境，另一方面应思考如何扩大与其他城市联合宣传扩大皖江城市文化旅游带的影响力。

以开放理念引领镇村经济社会发展

——以无为县高沟镇为例

刘晓峰①

摘　要:党的十八届五中全会提出创新、协调、绿色、开放、共享的发展理念,其中,开放理念同治理理论存在内在共通性,对于改善基础治理具有重要指导意义,坚持开放理念要求在治理中坚持以人民利益为价值导向、在治理中把握人心所向增强政府合法性、在治理中坚持政府主导的多元合作、与创新协调绿色共享实现良性互动。高沟镇坚持以人为本,提升公共服务能力;积极开拓创新,实现资源开放与共享;建设法治政府,实现权力运行规范化;注重协调发展,践行健康式开放理念。其所取得的显著成绩,值得认真总结和推广。

关键词:开放理念;镇村发展;基层治理

一、引　言

发展理念是一个国家的宏观行动纲领,决定了国家的发展价值取向、发展方向和着力点。党的十八大以来,以习近平同志为核心的党中央敏锐把握时代特征、积极总结改革开放以来的发展经验,相继提出了一系列有关中国发展规律的新认识。党的十八届五中全会中通过的《中共中央关于制定国民经济和社会发展第十三个五年规划的建议》首次提出了实现“十三五”时期发展目标,破解发展难题,厚植发展优势,必须牢固树立并切

①刘晓峰,安徽师范大学法学院公共管理系副教授,博士,安徽师范大学法治中国建设研究院研究员,澳大利亚墨尔本大学高级访问学者,法学院行政管理教研室主任。

实贯彻创新、协调、绿色、开放、共享的发展理念。创新、协调、绿色、开放、共享的发展理念，为未来中国社会的发展指明了方向，也是探索最终实现人的自由全面发展的重要阶段性理论和认识成果。开放作为五大发展理念之一，是以习近平同志为核心的党中央着眼世情、国情、党情、民情的现实而提出的具有历史继承性、现实针对性、未来前瞻性的发展思路，需要我们认真把握其科学内涵。本文着重从基层治理的角度分析理解开放理念的内涵及其对基层治理的指导意义，并以安徽省无为县高沟镇的改革为例，讨论基层政府应当如何以开放理念引领乡镇经济社会发展，以期为推进基层治理现代化提供启发。

二、治理视角下的开放理念及其对基层治理的指导意义

20世纪90年代，“治理”一词开始在西方学术界流行起来，它指的是一种由共同目标支持的活动，这些活动的主体未必是政府，也无须依靠国家的强制力量来实现。换句话说，与政府统治相比，治理的内涵更加丰富，既包括政府机制，也包括非正式的、非政府的机制[①]。治理最为本质的特征是主张社会管理的主体由过去以政府为单中心的模式向政府、公民、社会组织等多中心转变。而五大发展理念中的开放理念，同样要求打破封闭思想，以开放包容的心态实现多中心主体之间的共享共治，才能够实现可持续发展。因此，从这个角度看，治理和开放理念在根本上是相通的。当前，在中央提出推进国家治理体系和治理能力现代化的背景下，坚持开放理念对于基层治理而言具有非常重要的指导意义，主要体现在以下几个方面。

（一）坚持开放理念要求在治理中坚持以人民利益为价值导向

所谓的以人民利益为价值导向的开放，就是要在治理过程中真正增进人民群众的利益，让老百姓得实惠，分享改革红利。这要求基层政府在治理活动中从人民的实际生存与发展需求出发，以人为本，以人的发展为本。因此，基层政府在制定地方发展政策时，一要坚持将历史、现实与未来相统一，总结过去、把握现实、面向未来；二要将经济、政治、文化、

①俞可平.论国家治理现代化[M].北京:社会科学文献出版社,2015.

社会、生态相统一，树立整体性的发展观念；三要将量力而行与尽力而为相统一，努力着眼于实践的理论创新与实践创新的良性互动。归根结底，这个以人民利益为价值导向的开放，不仅要坚持以人为本的政治立场，而且要坚持实事求是的基本方法，更要坚持对美好未来的行动参与与实践追求。

(二)坚持开放理念要在治理中把握人心所向

开放理念不能随心所欲，要有明确的导向性。要有意识地通过开放增强资源的有效自由流动，实现经济社会的高效发展。地方政府要改变过去的封闭思想，要意识到开放乃是大势所趋，是经济发展的历史必然，这种历史必然包含了实现人的实际需要的人心所向和老百姓对于美好生活的期待，是中国梦的具体体现。毫无疑问，要满足人对美好生活的期待必然要获取个性化的公共产品和公共服务，因此，需要地方政府通过有效分权、结构调整、创新方式等途径提升自身治理能力和水平，真正树立服务型政府的理念。从实践层面上看，尽管在建设“服务型政府”的过程中取得了不少成绩，但也面临诸多挑战，有些地方政府所谓的“服务型政府”层次不高甚至很难算得上是服务型政府①。究其原因在于有些地方政府和官员没有真正将行政价值理念从管理转移到服务上来，特别是地方政府在跟市场和社会主体打交道的时候，仍然以管理者而不是服务者的姿态自居。这个行政价值理念的转变应当主要体现在政府的公共支出更多地倾向于民生和公共服务领域、政府的行为能够为公民所评价并能及时进行回应、政府的公务人员能以服务者的态度对待服务对象等诸多方面。

(三)坚持开放理念要在治理中坚持政府主导的多元合作

开放的本质包含合作共享。控制是传统行政价值观的体现，表现为政府通过公权力主导社会资源配置。主要体现在两方面：一是公共政策的制定过程是自上而下的，公民被动接受；二是在社会公共事务的管理过程中，更多地采用行政命令、行政审批等方式。也就是说，控制的价值观将政府视为社会事务管理的单一中心，处于金字塔的顶端。这一价值观念在

①沈荣华、鹿斌论述了当前地方服务型政府建构中存在的问题，即形式主义倾向、疲软主义倾向、技术主义倾向、民粹主义倾向。参见：沈荣华，鹿斌．我国地方服务型政府的建构与调整[J]．上海行政学院学报，2014(3):28-35.

二十世纪八九十年代多中心治理理论兴起后遭到质疑。多中心治理理论主张建立一种直接对立于一元或单中心权威秩序的思维，意味着地方组织为了有效地进行公共事务管理和提供公共服务，实现持续发展的绩效目标，由社会中多元的独立行为主体（个人、商业组织、公民组织、政党组织、利益团体、政府组织），基于一定的集体行动规则，通过相互博弈、相互调适、共同参与合作等互动关系，形成多样化的公共事务管理制度或组织模式[①]。也就是说，多中心治理理论最核心的价值理念是倡导多中心治理主体之间的合作。正如孔繁斌教授所言，尽管这些治理主体（政府组织、非政府组织以及其他公民社群与个人）各自具有独立进行治理运作的权能，但这些独立的主体之间的合作治理，才是多中心治理运作真正的“轴心”；甚至在大多数语境下，多中心治理指称的主要是合作治理——在一定意义上，合作治理是多中心治理最浓缩的表达[②]。可见，在治理语境下，合作应当成为核心的行政价值得到彰显，在某些社会事务的治理过程中政府应当作为众多主体之一平等地同其他主体进行合作。

（四）坚持开放理念要与创新、协调、绿色、共享实现良性互动

开放作为五大发展理念之一，不是单兵作战，而是协同作战，开放是贯穿在创新、协调、绿色、共享中的开放。我们要创新，就要激活本身的潜力、丰富自身的经验，这就需要引进外在的东西、传承过去的东西，需要开放。没有开放，就没有创新。只有开放的创新才是真正的创新。地方政府要协调城乡关系，只有开放，才能流动，才能互动，才能达到协调；没有开放，就没有协调。地方政府要倡导绿色发展，绿色就是要处理好人与自然的关系。地方政府还要实现共享，这也需要开放，开放是创新发展、协调发展、绿色发展、共享发展的重要支撑。对于开放理念，地方政府要结合五大发展理念的内在关系来理解。

---

①迈克尔·麦金尼斯.多中心体制与地方公共经济[M].毛寿龙,译.上海:上海三联书店,2000:69-75.

②孔繁斌.公共性的再生产:多中心治理的合作机制建构[M].南京:江苏人民出版社,2008:57.

三、以开放理念引领乡镇经济社会发展

为贯彻落实中央政策部署，加快构建有利于小城镇发展的体制机制，2010年，中央编委批准在部分省份部署开展经济发达镇行政管理体制改革试点工作。安徽省无为县高沟镇、天长市秦栏镇被列为国家级经济发达镇行政管理体制改革试点镇，随后安徽省也选择了孙村镇等8个经济发达镇为行政管理体制改革试点镇，其最终目的是为了尽快推进乡镇政府的治理能力。本文以无为县高沟镇为例，讨论其是如何以开放理念引领乡镇经济社会发展的。高沟镇地处长江北岸，与芜湖、铜陵隔江相望，全镇面积98平方千米，其中耕地面积3万亩，镇区4.6平方千米。辖4个社区6个村，全镇总人口5.8万，其中外来人口1万。该镇是以电线电缆产业为主导的新型工业乡镇，是全国闻名的电缆之乡，先后被国家和省确定为“国家火炬计划无为特种电缆产业基地”“安徽省民营科技园”“产业集群专业镇”“安徽省高沟经济开发区”。自2010年以来，高沟镇坚持开放理念，以行政管理体制改革为改革契机，不断提升公共服务能力和水平。

（一）坚持以人为本，提升公共服务能力

坚持开放理念要求在治理中坚持以人民利益为价值导向，始终坚持以人为本。对于基层政府而言，坚持以人为本就是要努力提升基层政府的公共服务能力。党的十八届三中全会指出，当前改革的总目标是构建现代化的治理体系和治理能力。高沟镇紧紧围绕“提升公共服务能力”这一改革核心，锐意进取、大胆创新，探索出一些颇具推广价值的改革措施。首先，该镇建立了综合办事机构——社会管理服务中心，对社会管理服务集中办理：负责群众来信来访接待工作，社会治安综合管理，协调公安、司法调解工作，就业、养老保险等工作以及计划生育工作等。其次，设立政务服务中心，让所有下放、委托的行政许可、审批事项，一律进入镇政府服务中心，计生、城建、社保等工作人员集中办公，实行一站式服务。借助网络等技术手段，向社区、村延伸服务，建立便民服务站，减少办事环节，缩短办事流程。截至调研前，全镇所有村、社区建立了便民服务站，这大大方便了居民办事，减少了办事时间，居民满意度明显提高。最后，

积极培育社会组织的发展，引入市场竞争机制，通过合同、委托等方式，向社会组织购买服务，如垃圾处理、市容管理、村物业等，有效实现了镇村物业、垃圾处理等市场化运转，注重发挥农村经济合作组织和社会组织机构在提供公共服务中的重要作用，社会管理和公共服务职能得到进一步加强。

（二）积极开拓创新，实现资源开放与共享

开放理念要求打破传统思维方式、积极开拓创新，可以说创新是开放的内在要求之一。高沟镇在多个改革层面积极探索，实现了资源的开放与共享。①通过创新机制，推进市场化运作来提升服务能力。如对一些主要由政府承担的公益服务，采取“定防区、定任务、定报酬、定标准”的办法，并进一步扩大“以钱养事”的范围和领域，对全镇范围内绿化养护、保洁卫生、路灯维修、垃圾运输、户外广告、道路管护、堤防管养、沟渠清理、机关后勤等事项推行“项目招标、市场运作、群众监察、钱随事走”的运行机制，提高了办事效率，取得了明显成效。特别是卫生保洁项目实行市场化运作，全镇每年投资达300万元，建立了“户收集、村集中、镇清运”处理工作机制，日处理垃圾达20吨。②通过户籍制度改革吸引人才和人口。建立按居住地登记户口的管理制度；放宽户口迁移限制条件，特别是对大中专毕业生以及具有职业技师职称的人员办理落户手续提供了很好的政策支持和便利；落户城镇农业转移人口的权利和义务，规定农转非人员享有和城镇居民同等的权利和义务。这项政策加快了高沟镇的城镇化进程，也为乡镇经济发展提供了大量的劳动力和技术型人才。③在土地管理政策方面，积极在盘活闲置土地上下功夫，如出台政策，对收购停产、半停产、倒闭企业闲置土地新办企业，每亩均税收在5~10万元的，一次性奖励5 000元/亩，年亩均税收在10万元以上的，一次性奖励10 000元/亩。这项政策实施后的两年多时间里，全镇共有14家企业进行了兼并重组，盘活闲置土地500亩，新建厂房面积达15万平方米。④通过政策引导，鼓励支持金融机构、担保公司、投融资公司等在高沟镇设立分支机构或网点。全镇目前有农行、工行、农商行、邮政储蓄、村镇银行等金融网点，有4家担保公司、2家投融资公司。这些新型金融服务机构为高沟镇的

经济快速发展奠定了重要基础。

(三)建设法治政府,实现权力运行规范化

开放不是随意放开，而应该是有序地、规范地鼓励资源自由流动。对于政府而言，重点是建设法治政府，提升政府权力运行的规范化程度。高沟镇重点建设对重点领域和关键岗位的监督机制、领导干部的监督机制、事前事中监督以及监督协调机制。同时，建立权力运行责任追究机制。监督主体多样，系统内部有上级、平级与下级监督；系统外部有群众、社会监督等。实现监督渠道多样化，可以通过参与党政干部考核实现监督。根据繁昌县基层党组织分类定级办法，基层党组织评价实行百分制量化评分，基层党组织自评占15%，党员群众评议占20%，党（工）委班子成员和机关综合部门负责人打分占65%。还可以通过党务、政务公开渠道实现监督，如通过先锋网、人民政府网对于政府最新的动态进行及时公布，对政府机构、职能等信息进行公开，方便普通群众监督。设置了参政议政网上窗口，为民众参政议政、网上听证提供有效平台，有利于保障群众参政议政的权力，也有利于其对党政机关监督。

(四)注重协调发展,践行健康式开放理念

开放应该是与创新、协调、绿色、共享良性互动的开放，这就要求政府不仅要重视经济发展，还要为老百姓提供高质量的基础设施、公共服务。高沟镇在基础设施建设方面重点实施了五大工程，一是道路畅通工程，建成了“三纵三横”路网，总里程有60多千米，实现了所有自然村通水泥路；二是农村清洁工程，通过引入竞争机制，实行市场化运作，实现镇村垃圾“零库存”；三是绿化亮化工程，按照高沟镇道路专项规划要求，绿化面积达12万平方米，全镇18条主干道安装路灯2 000余盏；四是新社区建设工程，投资兴建了多个新型社区；五是文化塑造工程，投资1 000多万元先后建成了居民健身广场、休闲广场、文化广场、文化长廊。另外，高沟镇还重视加强文化建设。实施文化惠民工程，广泛开展丰富多彩的群众性文体活动，丰富群众文化生活。2010年，12个村开通有线电视，4个村建成标准化“农家书屋”，新建3个村级篮球场，在全县率先成立高沟镇分馆。2012年，新建1个社区农家书屋，1个社区公共电子阅览室，1个流动农民工图书馆、10个村级农民体育健身篮球场；投资100万元的综合文化站通过省文化厅达标验收，被评为省一级文化站。完善镇、村公共文化服务体系，提高广大群众思想道德水平和科学文化素质。坚持以镇综合文化站、村“农家书屋”为载体，通过举办猜灯谜、篮球赛、文艺演出等文体活动，不断丰富群众的精神文化生活。

共享发展理念下的农村土地流转探索

——基于宣城市宣州区调研

王焕炎①

摘　要：土地流转不仅是新形势下农村深化改革的途径，还是共享发展理念在农村发展中的重要体现形式。基于宣城市宣州区土地流转的农村产业化发展，本研究表明，政府合理有效的推动和规约，能够使农村的利益分配机制更趋合理化，使广大农民共享改革发展成果。

关键词：土地流转；共享发展；利益分配与再分配

党的十八届三中全会针对我国农村经济社会的实际情况，不失时机地提出“稳定农村土地承包关系并保持长久不变，在坚持和完善最严格的耕地保护制度前提下，赋予农民对承包地占有、使用、收益、流转及承包经营权抵押、担保权能，允许农民以承包经营权入股发展农业产业化经营”，并指出在此过程中应特别注重“让广大农民平等参与现代化进程、共同分享现代化成果”②。这一思路在党的十八届五中全会公报中更加明确和清晰，即“必须坚持发展为了人民、发展依靠人民、发展成果由人民共享，作出更有效的制度安排，使全体人民在共建共享发展中有更多获得感，增强发展动力，增进人民团结，朝着共同富裕方向稳步前进”③。

无疑，这些重大方针为今后相当长一段时间内的农业和农村发展指明

①王焕炎，安徽师范大学法学院公共管理系教师，博士，安徽师范大学法治中国建设研究院研究员。

②参见十八届三中全会通过的《中共中央关于全面深化改革若干重大问题的决定》。

③参见《中国共产党第十八届中央委员会第五次全体会议公报》。

了方向，为农村经济与社会的全面、稳定和健康发展提供了重要保证。但共享的发展理念如何在农业发展过程中落地，成为推进农业产业转型升级，促进农民收入水平不断提升，让农民生活更加富裕的现实推动力量，还是一项值得深入探讨和研究的重大课题。本文拟从当前农村正在进行的土地流转问题入手，以典型案例调查与研究的方式，探索在农村土地流转过程中的共享发展。

一、农村土地流转中实现共享发展的路径

共享发展作为新型发展观，内在包含着两个不可分割的有机组成部分：共享与发展。这两个部分之间是密切关联、不可分割的，前提是发展，重点在共享。一方面，没有较高质量和较快速度的发展，发展成果的共享基础就相当薄弱，无法真正实现共享；另一方面，共享是发展的最终旨归，不以共享为目的的发展，就仍然没有跳出旧的发展模式，不能真正体现社会主义的本质和优越性。

(一)当前推动农业发展的机遇

与其他产业相比，我国农业发展的速度相对是比较缓慢的。不论是农业生产的总体规模、质量和效益等经济指标，还是农业生产的组织方式和市场地位，农业都处于弱势地位。造成这种现象的原因固然是多方面的，但关键原因与农业的生产方式和生产对象密切相关。与其他产业不同，农业面对的生产对象最靠近自然界本身，因而受自然资源禀赋结构的制约最为明显。因此，农业的产业化经营深度、技术密集程度往往会受到自然资源禀赋结构的强烈影响，导致其难以实现集约化的较大规模生产和经营。

经过三十多年的改革开放，我国经济社会发展已经达到了一个比较高的水平，经济总量已跃居世界第二位。伴随着经济发展进程，城乡二元社会结构经历着不断地变化与调整：大量农村居民，尤其是农村中的青壮年劳动者进入城市，并伴随着不断推进的城市化进程而逐渐在城市中定居，成为城市居民。相应地，农村人口不断大量净流出，进入城市，使农村日

益呈现出“空心化”[①]特征。如果从推动我国农业发展的意义上讲，农村“空心化”，直接从事农业生产的大量适龄劳动人口的减少，反而为推动我国农业产业升级和转型提供了难得的历史机遇。利用这一历史机遇，以在农村中推进集约式经营为主要手段，通过经营方式的转变促进农业产业的资金集聚和技术进步，使实现农业产业结构和生产方式的深刻转型，推动农业产业的实质性增长和发展成为可能。而这也正是党中央深刻把握时势，适时提出在农村进行适度规模经营的意义所在。也正是在此意义上，推进农村土地流转是在当下的特定历史条件下，实现农业和农村经济社会发展的重要举措。

（二）农村土地流转中实现共享式发展的路径

推动农业产业转型和发展的根本目的，在于使更多的农村人口在这一发展过程中真正受益，共享改革和发展的成果。唯有如此，才能逐渐化解前期改革和发展中不断积累起来的一系列矛盾和问题，不断缩减贫富差距，减小因城乡二元结构所形成的发展差距，真正体现有中国特色社会主义发展的深层意涵。

目前，在我国农村的资本技术结构下，实现上述目的的可行路径首先是通过以农村土地流转为基本形式的农业集约化过程，完善因土地流转而产生的新型种粮大户与原农户的关系，调整因农业发展和产业升级而产生的价值分配格局，充分发挥土地流转市场自身的资源配置作用，形成合理的利益分配与共享机制，力争在价值的初次分配领域实现基本均衡。在这一过程中，价值因市场机制的引入及其不断调适而获得不断增值，为其在不同的市场主体之间通过市场自身的内在机制相对有效率地得到分配提供了基本前提，并且使共享式发展理念获得了现实性和可能性，这是推动当前我国农村改革不断深化的重要环节。

另外，基于上文中对农业自身自然禀赋结构的论述可以看出，如果仅依靠农业自身的自发式发展，则其禀赋结构必将会给这种发展带来诸多问

①关于农村“空心化”的问题，学界已经有较多的研究，在此不再赘述。可参考：周祝平．中国农村人口空心化及其挑战[J]．人口研究，2008，32(2)：45-52；刘彦随，刘玉．中国农村空心化问题研究的进展与展望[J]．地理研究，2010，29(1)：35-42；刘祖云，武小龙．农村“空心化”问题研究：殊途而同归——基于研究文献的理论考察[J]．行政论坛，2012(4)：82-88；刘永飞．乡村社会“空心化”治理的新布局[N]．学习时报，2016-03-03；等等。

题和障碍，农业产业自身的资本积累将较为缓慢，技术结构合理化程度将会较低，市场过程难以稳定有序，相关制度供给严重稀缺。因此，政府还应适时、适度介入农村土地流转和农业集约化过程，以推动缩减城乡发展差距为基本出发点，为在此过程中所产生的种种利益冲突与矛盾，提供有效的制度供给，为农业这一特殊产业提升中的困难提供必要的指导和援助，不断强化自身的公共产品和公共服务供给职能，从而在再分配意义上体现合理与公平，真正实现共享式发展。有学者通过对国内最早开始进行土地流转改革试点的“成都模式”进行研究，发现“通过对农村土地承包土地经营权、集体建设用地使用权、房屋所有权和集体林地使用权的确权登记”，成都模式“进一步保障了农民的合法权益，使城乡居民逐步实现了公共服务的均等化”①。对“成都模式”的这一分析进一步证实了笔者的上述观点。

二、宣州区土地流转的基本特点

宣州区隶属宣城市，地处皖南山区与长江中下游冲积平原结合地带，境内河湖密布，自古以来是皖南重要的粮食产区之一。境内所辖金宝圩，始建于三国时代，为江南三大圩之一，今辖三乡一镇，人口众多，素有“十万人口十万田”之称。改革开放以来，宣州区先后被确定为商品粮基地建设县（市），国务院确定扶植发展的粮棉大县②。在当前推进农村土地集约化经营过程中，该区的土地确权工作全面展开，土地流转的规模也较大。因此，以宣州区作为调研区域，具有一定的典型意义。总体来看，宣州区土地流转的基本特点主要表现在以下几个方面。

（一）土地流转的规模

据宣州区政府公开的资料显示③，截至2015年年底，该区土地确权工

①朱前涛，金莉，陈世杰，等.农村土地流转的公平与效率性分析——以“成都模式”为例[J].国土资源科技管理，2012，29(5)：1-7.

②宣城市宣州区地方志编纂委员会.宣州市志（1987—2000）[M].合肥：黄山书社，2014.

③本文中部分统计资料来自宣州区政府网政务信息公开栏，网址为http://www.xuanzhou.gov.cn/xxgk，下文不再一一注明。

作已基本完成。其中，签订三年以上土地流转协议，且流转面积在50亩以上的规模户已达1 149户，涉及土地流转面积共219 222.4亩，按该区实际耕地面积计算，土地流转比例总体为26.4%左右。笔者在调研中还发现，不论是乡镇干部、村集体工作人员，还是尚有些犹疑正在观望的村民，均不约而同地认可土地流转和规模化经营是发展的大趋势，今后流转的规模会越来越大。该区土地流转的实际亩数和比例在持续增加。以农业大乡养贤乡为例，该乡土地类型以圩区与丘陵为主，总种植面积为69 000多亩，计税面积有47 000多亩，仅次于水阳镇。该乡从2010年开始进行较大规模的土地流转，参与土地流转的面积目前为17 000亩，占总确权面积的60%。可见，该区土地流转的绝对数量和比例还是较高的。

（二）土地流转的去向

从土地流转的主要去向来看，该区各乡镇的土地流转基本是在本乡乃至本村范围内进行。土地流转大户的主要组成群体为：本地若干种田能手，家中劳动力较充分的家庭，在外出务工中积累了较多资本的返乡创业者，本村村集体工作人员。也就是说，从土地流转去向来看，该区通过土地相对集约式经营所集聚的主要还是本地资本，外来资本进驻，进而推动较大规模土地流转和深度开发的案例还较为罕见，资本积累方式具有较强的乡土性。当然，这在一定程度上限制了其土地集约化的程度和能力。

（三）土地流转的主要用途

从该区土地流转户在集中了土地后的主要经营形式来看，流转后的土地基本上仍然以用于农业种植业生产，特别是以粮食、烟草种植为主。个别流转土地面积较大的土地流转户，除从事基本的农业种植业外，可能也附带发展了一些类似农家乐等的旅游附属类第三产业，但这些产业的规模一般不是太大，其产业经营对种植业仍有较大的依赖性。此外，也有规模较大的土地流转户，建起了品类较为齐全、层次较为丰富的以集粮食作物种植、果树种植、畜牧水产养殖、特色体验型农业为一体的全方位立体农业体系，但从其整体盈利能力上来说，尚存在进一步提升的空间。

（四）土地流转户实际流转面积

从该区土地流转户实际所承包经营的土地面积来看，成规模经营的流转户实际流转的土地亩数大致有以下几个区间：流转实际亩数50~300亩的小规模流转户所占比例最大，据粗略统计，位于这一区间的流转户总户数占到了土地总流转户户数的七成以上；流转实际亩数在300~600亩的中等规模流转户所占比例次之，这一类型的流转户户数大致占总流转户户数的两成；少数经营规模较大的土地流转大户，即实际经营土地在800~1000亩的流转户所占比例最少，但其实际经济实力和经营能力最为突出。值得注意的一点是，实际流转土地面积为600~800亩的流转户数量相当少，几乎可以在统计意义上予以忽略。也就是说，在土地的小规模集聚到大规模集约化之间存在较为明显的断层。从该区土地流转规模的差距来看，不同层次土地流转户之间实际经营土地规模的绝对差距还是比较大的，呈现出金字塔式梯次分布的趋势。

就笔者在宣州区部分乡镇调研的实际情况来看，对该区土地流转过程中有特色的做法的概括可能不尽全面。并由于安徽省的土地流转起步较晚，宣州区的土地流转探索也仅有几年的时间，这一过程中的深层次问题和矛盾可能尚未体现出来。但从笔者对该区相关基层干部和种养大户进行实际访谈了解到的情况来看，该区在土地流转过程中初步形成的这些特点，对当前农村地区探索深化改革路径、推进城镇化进程、推动共享发展等具有一定的借鉴作用，值得进一步探索、推动和深化研究。

三、宣州区推进土地流转共享发展的基本经验

(一)因地制宜顺势推动土地乡土化流转

从上文对宣州土地流转情况的相关论述可以看到，该区规模以上的土地流转在流转对象上呈现出较强的本土化特征，在流转用途上表现为以农业种植业为主，在流转户实际流转的面积上表现为以中小型土地流转户为主。对于流转中出现的这些现象，理论上可以做如下的解释：

首先，土地流转对象之所以以流向本地为主，其原因可能并不完全在于该区没有做到较大规模吸引资本力量较强的外部投资者进入，不能发展较大规模的、现代化程度较高的综合性大农场。因为相较于本地资本，外部资本进入本地经营的实际交易成本要高得多。这可以从对当地流转大户

的访谈中得到印证。据该大户介绍，本地大部分的农民都不愿将土地承包给外地人，最重要的原因在于，一旦将土地流转出去，土地的规范化经营者势必会打破原有土地界限，重整土地，以适应大规模的机械化耕种需求。但土地流转的时间相对有限，在规定的土地流转期到期后，农民非常担心到时自己拿回的土地丧失掉其原有的价值。因此，与那些资本雄厚的较大规模的外部资本相比，在与农民的谈判上，本地中小资本反倒占据优势，交易费用反而可能会降低到可以容忍或者忽略的程度。

可能正是因为认识到上述问题，当地政府并没有动用政府力量强制推动土地流转，而是依靠本地大户与农民自主协商实现土地的自愿有序流转。实际上，这在相当大程度上既有效维护了农民的权益，也基本保证了土地流转的效率。

其次，土地流转的用途主要限于农业种植业，这表明在农村自有资本和技术条件约束下，劳动相对密集的农业产业仍是具有比较优势的产业。土地流转的初衷是为了以土地相对集约化经营的方式，提升农业产业的生产力水平。因此，在现实的流转和集约过程中，必须从农村生产力水平的实际情况出发，不搞一刀切，不盲目实施超越本地实际资源禀赋结构的大项目，这是尊重农业产业升级客观规律的体现，也是绿色发展理念的体现。

（二）因应市场合理分配土地经营方式转变的价值剩余

从理论上来说，与传统一家一户式的农业生产方式相比，通过流转使土地相对集中起来以后，所产生的附着于土地上的收益应当是增加的。有研究表明，均田承包只有在封闭的小农经济背景下才是相对有效率的，一旦有了人口的流动与变化，不稳定性与分散性就成为其必然的制度缺陷①。而导致农业集约化经营收益增加的主要原因在于，与原先一家一户式的市场主体相比，以相当程度规模化的市场主体方式参与市场过程，既增强了产业化农场同其他原料供应商、终端产品销售商的博弈与谈判资本，也减少了大量的生产销售中间环节，节省了大量的交易成本。在访谈中，有流转大户就这样讲，相比小农户，自己所经营的公司在种子、化肥以及其他生产资料的购买中，完全可以拿到更低的价格，而在产品销售时则可以获

①刘宗劲.土地流转的逻辑起点与制度选择[J].改革,2009(2):67-71.

得更高的价格，其中的价格差构成了因土地经营方式的变化所带来的价值剩余。因此，相比一家一户式的传统农业生产方式，相对集约化经营的农业生产形式则把从生产、加工到储存、销售等多个与农产品紧密相关的环节融为一个产业链条，农业利润的测量不仅仅依赖于简单的初级农业生产阶段，而是产业链条延伸之后的各环节利润的综合计算。农业利润计算路径的延伸使农业成为利润率较高的产业之一[①]。

这一价值剩余是可以为土地流转户与农户共享的，其共享的基本机制是市场机制。据相关资料和调查显示，在土地流转户与农民签订的合约中，对农民原有土地的偿付标准各有不同。笔者所调查的土地流转大户坦言，其对农民的偿付标准为水田每亩600元/年，旱地每亩500元/年，附属物以高于市场价格的标准一次性结清。这一补偿标准要比附近其他土地流转户的标准每亩高100元左右，因此很多人愿意主动将地流转给他，这使他在很短的时间内就流转到了1 240亩左右的土地，成为该区规模较大的土地流转大户。同时，如果有农民还愿意继续耕种土地，农场可以优先雇用他们，在保证生产质量标准的情况下，付给他们的工资在当地也是较高的。据其介绍，工资标准为每天120元起步，根据劳动的绩效和质量可以更高。

也就是说，在不同流转户的生产和经营之间，实际上是存在潜在竞争的。这一竞争既存在于土地流转过程中，也发生在农业产业经营过程中。通过这样一种竞争机制，不同的流转户为了争取到更多更好的劳动力，在市场力量的作用下自觉形成了一种潜在的竞价机制。而农民在这种竞价过程中事实上已经成为劳动力市场上的受雇佣的劳动者，他们能够通过市场的力量参与土地流转所产生的溢出价值的分配。在调查中，有在农场中工作的农民表示，从自身的年龄、体力和知识水平等情况来考虑，把土地流转出去是划算的，流转后比流转前获得了更高的收益。例如朱桥乡汪南村周东组老农周长轮说："以往我和老伴土里刨食，年头忙到年尾，庄稼地里收入不过4 000元。现在我把田地交给了公司，其他租金、补贴收入不算在

①吕亚荣，王春超．工商业资本进入农业与农村的土地流转问题研究[J]．华中师范大学学报（人文社会科学版），2012，51（4）：62-68。

内，我在公司一年务工所得就有20 000元。”①从上述意义上来说，土地通过流转后经营方式的变化所产生的溢出收益，实际上是为更多的人创造了价值剩余均沾、溢出收益共享的机会，土地流转户实际上承担起了在共享发展中的利益分配和输送的功能。

也正因为如此，在下文中我们将要论述的该区政府所进行的诸多扶助和补贴，绝大部分都是以补贴给土地流转户的方式进行的。其中的原因除了要体现政策的引导性，激励农民自觉进行土地流转外，更重要的原因在于，对流转户的补贴事实上也是可以进入流转户与村民的共享发展中的。

（三）为土地流转提供全方位资金支持

从上文所列举的宣州区土地流转户实际流转的土地面积来看，大部分流转户的承包经营能力还是较弱的，表现在统计数据上，即土地流转面积在300亩以下的小型流转户占据绝对多数。在中小规模和大规模土地流转户之间出现的断层也进一步表明，农村的自有资本能力存在一个普遍的上限，要突破这个上限，仅靠农民自身资本能力的逐步积累是较难实现的。因此，政府应在政策上对其予以适当的支持和帮扶。从宣州区的实际做法来看，主要有以下两个方面。

第一，全面提升金融服务水平和能力。该区主要采取内外两手扶持的做法。在动员外部力量为农业产业融资方面，鼓励金融机构在农村开展以土地承包经营权、农民住房财产权做抵押担保的贷款试点，推广以大型农业机械设备、运输工具、林木所有权、林地使用权等为标的的新型抵押担保方式，对规模适度、条件符合的农户家庭农场，扩大家庭农场贷款“直管直贷”试点。同时，也注重引导农村自身内部的金融力量，发挥其自身的“造血”功能，并鼓励有条件的地方开展农民合作社内部资金互助试点，设立村级融资担保基金，解决农户生产性资金需求。此外，该区还实施了基础金融服务“村村通工程”，力图逐步实现城乡金融服务均等化。

第二，强化对农业产业升级中弱势环节的多维度补贴。首先，通过强化对规模以上土地流转户的特别补贴，鼓励更多农民自愿参与到土地流转过程中来。根据农业生产受自然禀赋结构影响大、转型困难等特点，对流

①宣州区政府.我区有序推进土地流转加速农业“转型”[EB/OL].http://www.xuanzhou.gov.cn/xxgk/index.php?m=home&c=content&scl_id=232&scl_id=13996.

转户实行阶梯式补贴，流转土地面积越多，补贴标准相应提高，从而为较大规模流转户提供更好的支持和保障。如宣州区农村土地承包经营权流转政策标准规定：对新增流转合法规范的，签订3年以上规范土地流转合同，流转耕地面积50~100亩或100亩以上，从事粮食作物规模种植及高效特色农业产业生产的农业经营主体，实行当年一次性补助，补助标准分别为30元/亩、50元/亩；对新增受让面积500亩以上，流转期限10年以上的农业经营主体，实行当年一次性补助，补助标准为100元/亩。

其次，对制约或影响流转户土地经营的薄弱环节实行重点补贴，并且尽量照顾到农民的实际情况，在补贴形式上适当灵活。例如，在大型农机具的购置上，实施农机具购置补贴政策，补贴机具种类范围涉及11大类25个小类50个品目。同时，特别注重向新型农业经营主体倾斜，对80马力以上大型拖拉机和秸秆还田、深松、插秧、收获、旋耕播种施肥镇压复式作业机械实行优先补贴，其中对秸秆粉碎还田机、水稻育插秧机和玉米收获机实行敞开补贴。

再次，对经营和种植特种作物或者林地的，按照实际情况区别给予特别补贴。例如，对流转土地后主要用于种植烟草的大户，一是改变原有的烟草国家定价制度，而代之以半市场化的定价策略。按照改革后的烟草收购价格估算，烟草种植户的收入每亩约在4 000元，纯利润则为每亩1 000~2 000元，农户净收益有所提升。二是对烟草种植户进行流转补贴，补贴数额一般为100元/亩。

最后，大力扶助本区的特色优势项目，打造本区的优势农业产业和品牌。从表1中可以看出，宣州区政府在运用财政补助资金支持打造本地区的特色优势品牌上付出了巨大的努力。正是在财政补助资金的支撑下，一大批以“项目制”方式诞生的较大规模的农业龙头企业在本地开始落地生根，并有望成为引领本地农业产业升级的一支重要力量。

表1　2015年度国家农业综合开发产业化经营财政补助项目[①]

单位：万元

特色优势项目	计算总投资额	财政补助资金	自筹资金	项目单位	建设地点
"山中鲜"祖代种鸡养殖新建项目	430	210	220	宣城市华栋家禽育种有限公司	沈村镇
2.05亿尾虾鳢良种繁殖新建项目	300	140	160	宣城市现代渔业有限公司	五星乡
存栏400头种猪养殖新建项目	167	110.6	56.4	宣州区新科养猪专业合作社	沈村镇
100万袋食用菌菌种种植扩建项目	126	84	42	九连山珍食用菌专业合作社	古泉镇
年出栏3 500头商品仔猪养殖新建项目	126	84	42	九连山珍食用菌专业合作社	古泉镇
800吨幼蟹养殖新建项目	150	98	52	金新河蟹苗种专业合作社	水阳镇

（四）通过各种渠道提供广泛的技术支持

土地流转大户除了资金稀缺之外，也普遍存在技术稀缺的情形。这是因为，很多大户虽然本人一直是农民，但是在种植、养殖的新技术应用、新技能获得等方面存在短板。特别是很多大户在传统的种植、养殖业之外也尝试进行一些名优特品种的培育，或者尝试发展一些生态农业、特色农业以及体验型农业，但这些新兴农业生产方式，无论是生产过程、加工营销，还是经营管理，都是很多一直从事传统农业生产的普通农户所无法掌握的。因此，为这些土地流转户提供相关技术支持，成为当地政府惠农的重要任务之一。

为了给流转户提供必要的技术支持，宣州区主要采取以下两种做法：一是由当地农委予以技术支持；二是以优惠政策补贴的方式安排流转大户外出学习。当地农委主要采取以下方式对流转户进行技术帮扶：其一，实施农业生产重大技术措施推广补助政策。通过测土配方施肥项目，免费为农民进行土壤化验并制定配方，免费指导农民科学施肥。同时，安排专项

①依据《关于对宣州区2015年度国家农业综合开发产业化经营财政补助项目实施方案的批复》文件绘制。

资金对小麦“一喷三防”给予物化补助。其二，根据省农委的统一部署和安排，通过公开招标认定的方式成立若干新型农民培训机构。具体做法是由区农委、财政局根据符合条件的培训机构申请，组织专家评审，按照“公开、公平、公正”原则，择优确定培训机构，并向社会公示。为了使这些培训机构能够做到培训时的“精、专”，还规定原则上区认定的每类培训机构不超过5个，且每个培训机构承担不超过2个类型的培训任务。对培训机构的经费支持采取财政补助资金审核拨付制①。其三，通过若干鼓励和支持政策引导流转大户积极走出去，到更高层次的培训机构参加技能培训。例如，自2015年起，该区即启动了新型职业农民培育计划。通过该计划，重点遴选了一些专业大户、家庭农场主、农民合作社骨干等，开展一周以上的分段式培训，并进行跟踪指导服务。并对参加上述各类不同性质培训的参与者给予各类形式的资金支持和补贴：对参加生产经营型职业农民培育的原则上安排人均2 000~3 000元补助资金，对参加专业技能型和社会服务型职业农民培育的原则上安排人均800~1000元补助资金，对参与相关培训并合格的新型职业农民在政策上予以倾斜和扶持。

（五）持续进行有效的制度供给

土地流转作为近年来在农村出现的新生事物，除了存在资金与技术的稀缺以外，实际上还存在制度的稀缺。相比前两类稀缺，制度作为典型的公共品，更加需要具有权威性的政府来供给。在农村土地流转过程中，政府可以作为制度供给者通过提供一种约束机制和激励机制，消除机会主义行为和不确定性，从而带来微观经济效率的提高②。

其一，政府出面采用现代化技术手段进行较全面的土地确权。为保证土地确权工作的顺利进行，各乡镇均成立了农村土地承包经营权确权颁证工作领导组，统一领导和指挥土地确权工作。为了及时化解在土地确权中出现的矛盾和问题，还在村级层面上专门成立由村组干部、党员和村民代表联合组成的“议事会”。为了保证确权的准确性和权威性，聘请专业测绘机构，采用GPS测绘的方式，准确测量村民土地的地界、实有面积。勘测

①参见《安徽省新型农民培训民生工程项目及资金管理办法（试行）》。

②崔明明，常伟．农村土地流转：公共选择与政府参与[J]．兰州学刊，2012(4)：122-127.

结束后首先进行公示，无异议后再行颁证。经过较为周密的安排，目前土地确权工作已基本顺利结束。

其二，主持并参与流转大户和村民的土地流转协议，通过村民组有威信的人与村民进行各类沟通，签订三方合同，在确保程序合理公平的情况下，以政府的公信力和强制力保证合同的法律效力，特别是有关村民权益维护的法律效力。

其三，协调不同用地规模，严控建设用地，保证土地流转真正用于农业产业化经营。该区通过实施建设用地总量控制和减量化战略，严格控制流转土地用地方式，基本做到了新增建设用地规模逐步减少，保证了有限的土地真正用于农业产业升级和结构优化升级，为农业现代化打下了牢固的基础。

芜湖县积极推进美好乡村建设实现共享发展

李冬生①

摘　要：芜湖县以共享发展理念引领美好乡村建设，坚持发展为了人民、发展依靠人民、发展成果由人民共享，大力探索符合本地实际的美好乡村建设发展新思路、新举措，突出重点，强化措施，努力实现“村美民富”，城乡共享发展成果，使全体人民有更多获得感，体现了逐步实现共同富裕的目标要求。

关键词：美好乡村；建设；共享发展

理念是行动的先导，一定的发展实践都是由一定的发展理念来引领的。党的十八届五中全会坚持以人民为中心的发展思想，提出了创新、协调、绿色、开放、共享五大发展理念。树立创新发展理念，首先要解决为了谁、由谁享有这个根本问题。树立共享发展理念，就必须坚持发展为了人民、发展依靠人民、发展成果由人民共享，作出更有效的制度安排，使全体人民在共建共享发展中有更多获得感，朝着共同富裕方向稳步前进。党的十八届五中全会首次提出以人民为中心的发展思想，反映了坚持人民主体地位的内在要求，体现了逐步实现共同富裕的目标要求，彰显了人民至上的价值取向。

芜湖县位于安徽省东南部，长江中下游南岸，总面积约667平方千米，人口约34.7万，现辖5个镇，81个行政村，16个社区，1个省级经济

①李冬生，芜湖市事业机构编制管理科科长，硕士。

开发区[①]。近年来，芜湖县坚持共享发展理念，通过“典型引领、示范带动、以点带面”的方式，突出重点，强化措施，加大投入，深入推进美好乡村建设工作，先后建成官巷、沙墩、横岗、洪桥、九十殿等一大批省级示范村，取得了良好的经济效益、社会效益和生态效益，芜湖县也先后荣获安徽省美好乡村建设先进县、全省休闲农业和乡村旅游示范县等称号。

一、以共享发展理念引领美好乡村建设

近年来，芜湖县树立共享发展理念，积极推进美好乡村建设，立足城乡统筹发展，坚持新型工业化、信息化、城镇化、农业现代化同步并进，大力探索符合芜湖县实际的美好乡村建设发展新思路、新举措，努力做到美好乡村建设的转型升级，实现“村美民富”，城乡共享发展成果。自2012年9月美好乡村建设启动以来，芜湖县共建设省市美好乡村重点示范中心村38个，已建成31个，正在建设的有7个。

(一)以改善农村人居环境为突破口，着力提升建设品位

坚持品质为先，全面改善农村生产、生活、生态环境，打造宜居宜业宜游村庄。一是精心选点，连线成片。按照人口有规模、产业有基础、交通有优势、配套有条件、集聚有潜力、发展有空间的原则进行中心村选点布局，覆盖所有镇、重要道路沿线以及景区周边。大力实施农村清洁工程，全县农村全域生活垃圾日产日清，推动美好乡村建设从点上突破、线上延伸向面上覆盖发展，着力增强集镇集聚产业、吸纳人口、带动农村的能力，激发集镇发展活力，并取得了初步成效。目前，芜湖县的六郎镇“水上慢城”地带已经初步形成美好乡村示范廊带。二是因地制宜，规划引领。把编制高水平的规划作为推进美好乡村建设的基础工作。建立规划设计竞赛机制，引入多家专业规划单位，按照“两上两下”原则，导入群众参与机制，推行“民荐工程、村选项目、镇绘图册、县编规划”。由村民议事会提出拟实施项目，规划机构进行论证并编制规划初稿交村民代表大会讨论；根据讨论意见将规划修改完善后在中心村进行公示并报规委会审

①资料来自芜湖县人民政府网站，网址为http://www.whx.gov.cn/SortHtml/1/427210772.html.

批。中心村规划做到尊重民意、因地制宜、分类建设，充分利用村庄的人文、地理、历史、产业等要素资源培育特色，宜农则农、宜工则工、宜游则游，着力打造一批精品村，构建一片示范片，实现村庄建设与地域文化、自然山水、产业发展的有机融合。三是规范管理，精心打造。根据建设资金总预算和中心村建设规划，按照轻重缓急安排中心村具体建设项目。立足村庄的“微生态”，坚持做优规定动作，做特自选动作，随形就势，对每一处细节都精心打磨，努力呈现农村天蓝、地净、水清、村美的美好画卷。

（二）以农民增收致富为落脚点，着力促进兴业富民

坚持产业为基，打好一村一品、乡村旅游、电子商务“三张牌”，推动一、二、三产业联动发展，实现产村融合。全县省级中心村每村主导产业年产值增长15%以上，农民人均纯收入超过平均水平10%以上。一是因村制宜发展一村一品。坚持每村聚力一个拳头产品，做高、精、特、细文章，成为一村一品专业示范村。重点围绕特色优势产业，培育产业化龙头企业、家庭农场、农民专业合作社和各类专业大户。特色产业的发展，带动不少外出务工人员纷纷回家就近就业。二是积极发展乡村旅游。将美好乡村中心村串联起来，形成美好乡村旅游精品线路。推出官巷村、后沙村等一大批生态观光、农事体验、文化探寻类型的乡村旅游产品，发展一大批精品农家乐。举办美好乡村“农家乐招牌菜”大赛、“欢乐游芜湖，彩跑大木山”“板石岭千年丹桂吟诗节”等美好乡村游宣传推介活动，以“住农家屋、吃农家饭、享农家乐”为主的乡村旅游业迅速发展。三是做大农村电子商务。抢抓国家电子商务示范城市建设的机遇，着力完善农村网络服务、物流等基础设施，与淘宝、易商数码等电商合作，打造农村电子商务公共服务平台，开展农村电子商务专业培训，将芜湖县洪桥中心村等建设成电商专业村，用活互联网工具，推动中心村农产品产销无缝对接，让美好乡村产品销往全国。深化农村各项改革，积极盘活农村宅基地、住房等闲置资源，发展养生经济、假日经济、物业经济、商贸经济等多种业态，通过经营转化和提升资源优势，不断拓宽农民增收致富渠道。各示范村以坚持增加村民收入、提高群众幸福指数、实现兴业富民为目标，稳步发展

特色农业、现代农业，不断提高休闲观光农业年收入在农业总产值中的比重。

（三）以丰富群众精神生活为切入点，着力提升文化内涵

坚持文化引路，同步丰富农民群众精神生活，满足群众精神文化需求。一是讲好乡村故事。深入挖掘每个中心村的文化内涵，将村史、传说、孝廉文化、饮食文化等特色文化因素植入美好乡村建设，着力讲好每一个村的乡村故事。二是丰富群众文化生活。以征集传统手工艺品，举办摄影大赛、美好乡村大舞台等为文化载体，拓宽乡村文化输送渠道，鼓励吸引群众参与，变“送”文化为“种”文化。开设巡回乡村道德讲堂，评选好婆婆、好媳妇、文明户等，用身边的人讲身边的事，把先进、健康的文化根植到群众的日常生活中。三是营造浓厚氛围。开展美好乡村摄影大赛、“寻找最美美好乡村”等大型美好乡村宣传推介活动，对美好乡村进行多层次、多视角的宣传，营造美好乡村建设的良好氛围，激发全社会关心、参与、支持美好乡村建设的热情。充分利用会展经济，策划推出具有浓郁地域特色的旅游文化节庆活动，聚集人气，提升形象，带来效益。依托中国体育文化·体育旅游博览会，以“汽车运动休闲”为核心，按照“国际一流的国家级汽车竞技、运动休闲基地、自驾游乐园，国家AAAA级旅游风景区”的标准，规划建设了占地5 000余亩的“芜湖红杨汽车休闲运动文化产业基地”，作为中国体育文化·体育旅游博览会唯一指定赛事，已连续成功举办了四届红杨山越野车王争霸赛。同时，充分挖掘本土资源，突出展示地方历史和文化，先后举办了六郎野树林菌菇文化体验馆开馆暨蘑菇采摘月活动、首届全国自行车挑战赛、“相约红杨·放飞心灵”户外主题活动、花桥油桃采摘月活动、陶辛赏荷文化旅游活动月、六郎首届休闲垂钓旅游节等活动，提高了知名度，扩大了影响。

二、芜湖县美好乡村建设的基本经验

近几年，芜湖县紧紧围绕优化乡村环境、增加农民收入、提升文化品位等，积极推进美好乡村建设的转型升级。芜湖县美好乡村建设的基本经验主要有以下三个方面。

（一）高起点规划、高标准建设

按照“统一规划、分类建设、分步实施”的原则，科学制定《芜湖县村庄布点规划（2012—2020年）》，打破行政村界限，将全县村庄划分成新型农村社区、中心村和较大自然村三个层次。芜湖县充分发挥毗邻芜湖、马鞍山、南京等长三角城市的区位优势和交通优势，把都市型休闲农业和乡村旅游产业作为重点来抓。先后制定出台了《芜湖县乡村旅游奖补办法》《芜湖县农家乐发展奖补办法》等政策，支持镇、村开展乡村旅游品牌创建。重点打造了“江南水乡荷韵”——后沙村，“明代十三官巷”——北陶村，“全国教授第一村”——胡湾村，“木榨古法制油”——中益非遗园等一批乡村旅游景点。在遵循总体布点规划的基础上，编制了《芜湖县旅游发展总体规划》，明确把乡村旅游作为一项战略性新兴产业来打造。利用交通便捷、资源禀赋、群众基础等条件，围绕“望得见山，看得见水，记得住乡愁”的总体要求，选择部分自然风光好、文化底蕴厚、产业基础强的中心村和较大自然村，邀请上海、江浙等地高水平的设计院，高规格规划、高起点建设，使乡村旅游开发从民间散乱、小打小闹开发转向高水准、综合性大开发，重点打造了胡湾村宣潭、北陶村官巷、沙墩村后沙等一批旅游型美好乡村。同时，编制了《芜湖西河古镇历史街区保护概念规划》《芜湖珩琅山风景区旅游概念规划》，并按照规划积极筹划招商、开发工作。

（二）创新资金管理机制

自2012年起，政府累计投入美好乡村建设资金15 477.88万元，其中，县镇级投入8 346万元，累计投入美好乡村管护资金269.7万元；2013—2015年，县级投入169.8万元，镇级投入84.9万元①。为加强对美好乡村建设专项资金的管理监督，芜湖县出台了一系列制度，确保各级财政安排的美好乡村建设专项资金使用安全。同时，建立财政专项资金投入保障机制。从2012年起，县财政每年安排的美好乡村建设专项资金不少于1 000万元，用于美好乡村中心村建设和自然村治理。四年来，县财政实际安排到位的美好乡村建设专项资金分别为1 046万元、2 150万元、2 500万元和2

①引自2016年4月8日芜湖县美丽乡村建设整县推进试点工作汇报。

650万元[①]。严格按照美好乡村建设专项资金管理办法的要求，对美好乡村建设资金和长效管护资金实行专账核算、县级报账制和国库集中支付制，做到专款专用，并建立各建设点资金使用拨款台账。严格规定美好乡村专项资金不准用现金支出，不准用于办公经费和人员支出、发放奖金福利、平衡预算、购置办公用品、交通通讯工具以及其他与美好乡村建设不相关的支出。美好乡村建设点建设项目实行招投标管理，项目工程造价均按照"一编一审一核"程序实行招投标，即聘请一家造价机构编制工程量清单，聘请另一家造价机构复审，县固定资产投资审价中心审核，工程造价未经审核的项目不得进入招标程序。明确要求村两委干部及家属不得参与本村美好乡村项目的竞标或承建美好乡村建设工程。另外，通过审计部门的提前介入，强化对过程的控制，加强对美好乡村建设专项资金投入及使用效益的审计监督和绩效分析，这一做法保障了美好乡村建设资金的安全高效运行，提升了美好乡村建设的质量和水平。为巩固美好乡村建设成果，确保建一个成一个、成一个巩固一个，从2013年开始，政府对美好乡村建设长效管理进行考核，实行财政以奖代补制度。长效管理奖补分考核奖励和基本补助。基本补助主要是按美好乡村建成点内住户数、污水处理设施运行和公厕管理等情况进行补助。补助标准为建设点内住户每户每年补助30元；微动力污水处理设施运行正常（须安装电表），所产生的电费据实补助，同时实行总额控制，每处最高不超过1万元，非微动力污水处理设施，根据污水处理情况适度给予维修等补助；公厕管理规范（卫生清洁、水冲式、有照明灯），每座每年补助2 000元。在美好乡村建设实践中，芜湖县在整合涉农建设性项目资金的同时，积极引入社会资金，引导市场主体参与美好乡村建设。如红杨镇加大对西河古镇的古建修复和基础设施建设，并将其作为重大旅游项目和招商项目；广东利海集团投资的陶辛水韵景区已编入《芜湖市现代服务业集聚区发展规划》；六郎镇吸引社会资本4 000余万元，投资建设镇级乡村旅游服务中心，完善接待、停车等设施；八仙岛生态休闲度假区开发项目也在积极推介、招商，计划将之打造成芜湖的"都市后花园"。

①芜湖县创新资金管理机制 助推美好乡村建设[EB/OL].[2015-10-28].http://ah.people.com.cn/n/2015/1028/c358340-26950156.html.

（三）“建设”向“经营”转型升级

积极盘活农村生产要素，探索产权改革，按照“权属合法、界址清楚、面积准确”的原则，加快推进农村宅基地确权发证。制定农村土地流转扶持政策，加快土地流转步伐。到2014年年底，全县土地流转总面积达17.96万亩，占承包耕地的64.3%，其中500亩以上土地规模流转面积15.6万亩，占土地流转总面积的86%[①]。出台《芜湖县家庭农场认定管理办法》，大力扶持和培育家庭农场等新型生产经营主体。截至目前，全县注册登记的家庭农场达284家，其中，花桥镇复兴村晋传生家庭农场等2家农场被评为省级示范家庭农场，六郎镇老居家庭农场等5家农场被评为市级示范家庭农场。加快抵押融资，引导、鼓励金融机构开展林权抵押贷款业务，实现社会资本、人才和生产要素向农业流动，带动农业向更深层次发展，截至目前，已累计发放贷款360万元。由县政府融资平台以农业企业的厂房、设备等涉农资产作为抵押物，帮助农业企业进行担保贷款，自2012年以来，已帮助县内农业龙头企业开展贷款担保业务10余次，金额3 800万元。引导流转交易，大力推进农村土地流转，切实把农民从一家一户的小生产中解脱出来，并有序向工业园区企业、农业产业化龙头企业转移就业。搭建流通平台，相继建成芜湖汇通农副产品物流园、芜湖花木大市场，为农产品要素提供优质的流通平台。项目全部投入运营后，将形成立足皖南、辐射长江流域的农产品要素供应网络体系。同时，实施“凤还巢”工程，出台《“返乡创业之星”评选表彰办法》，大力吸引芜湖县籍人士回乡就业、返乡创业。

①引自2015年5月27日芜湖县美好乡村建设工作汇报。

基层政府建设
与公共文化服务研究

县乡关系视角下的权力清单制度改革

——基于繁昌县的实证调查

刘晓峰　余平平①

摘　要:权力清单制度改革是我国行政管理领域的重要改革事项,对于进一步厘清权力边界、规范政府行为具有重要意义。具体到县乡层面,该项改革对于调整县乡关系具有重要价值。目前,县乡政府之间依然存在责权划分的匹配性矛盾、问责体系的向度性矛盾和条块分割的结构性矛盾,权力清单改革主要通过厘清政府职权、明晰县乡政府权力边界,追踪权力运行、优化层级间的问责体系两大思路来调整县乡关系,并取得了显著效果。

关键词:权力清单;县乡关系;权责矛盾

党的十八届三中全会提出将“完善和发展中国特色社会主义制度，全面推进国家治理体系和治理能力现代化”作为全面深化改革的总目标，并强调要“使市场在资源配置中起决定性作用”，而要推进国家治理现代化、发挥市场的决定性作用，真正实现“市场经济”而非“市长经济”，就要认真厘清政府职能的边界。因此，作为国家治理能力现代化主体和国家治理体系现代化核心的政府，已经到了再思和重塑自身职能定位的关键历史时刻。从十八大以来的政府改革实践看，“限权”已然成为当前和今后一段时期政府改革的重要手段，其最突出的表现便是权力清单制度改革。在实践层面上，这一改革的推进力度之大、速度之快在改革开放以来的行政体制

①刘晓峰,安徽师范大学法学院公共管理系副教授,博士,安徽师范大学法治中国建设研究院研究员,澳大利亚墨尔本大学高级访问学者,法学院行政管理教研室主任;余平平,女,2013级行政管理专业学生。

改革实践中都是较为罕见的。从2014年6月浙江省公布全国首份省级政府部门权力清单以来，仅两年时间省级政府的部门权力清单改革已经基本完成，按照中共中央、国务院办公厅印发的《关于推行地方各级政府工作部门权力清单制度的指导意见》的要求，2015年年底，市县两级政府要基本完成政府工作部门、依法承担行政职能的事业单位权力清单的公布工作。乡镇政府推行权力清单制度工作由各省（自治区、直辖市）结合实际研究确定。

针对这一改革，学术界的讨论与研究主要集中在四个方面：一是对改革基本内涵的界定，认为这一改革即依法梳理公共权力，并公开权力类别和具体流程，承诺“法无授权即禁止”的政府行为规范①，这是学术界基本达成的共识；二是从法律视角分析权力清单制度的法治化、权力清单的法学性质与功能、权力清单制度的行政法与经济法价值等议题②③；三是从提升政府服务水平的角度，探讨如何进一步优化行政审批事项和流程，本质上是对行政审批制度改革的二次推进④⑤；四是从宏观制度层面分析改革过程中存在的问题和挑战⑥。这些研究基本上解决了有关权力清单制度改革的基本理论问题，其研究价值值得肯定。但也应该看到，随着改革的进一步推进，需要更多的学者针对不同的政府层级，从不同视角更深入地研究权力清单制度改革实践中的具体问题和内在逻辑。从本质上看，权力清单制度改革的目的之一便是通过明晰各级政府的权责实现对政府权责关系的再调整。本文尝试从县乡关系的视角切入，讨论该项改革对县乡权责关系的潜在影响。本文所涉及的实证资料，来自笔者2015年对芜湖市繁昌县的实地调查。

①张茂月.权力清单制度认识的几个误区与纠正——兼谈制度完善的几点思路[J].云南行政学院学报,2015(3):61-64.

②关保英.权力清单的行政法构造[J].郑州大学学报(哲学社会科学版),2014,47(6):64-69.

③王春业.论权力清单制度对行政权的控制与规范[J].福建行政学院学报,2014(6):46-50.

④顾平安.加快推进行政审批制度改革的二次设计[J].中国行政管理,2015(6):21-24.

⑤陈坤,仲帅.权力清单制度对简政放权的价值[J].行政论坛,2014,21(6):23-26.

⑥程文浩.国家治理过程的“可视化”如何实现——权力清单制度的内涵、意义和推进策略[J].人民论坛(学术前沿),2014(9):90-95.

一、改革前的县乡矛盾及其表现

县乡关系是政治学、行政学领域的一个老话题，吴理财认为，在支配性体制中，严格而言不存在所谓的县乡关系，因为乡镇政府在这种体制中只是一个下级工作部门而已。随着乡镇政府自主意识的增加，县乡关系才成为一个问题，逐渐进入研究者的视野①。在我国单一制体制下，县之于乡处于支配性地位，有学者甚至将乡镇视为县政府的派出机构②。这种支配性地位突出的表现为县政府在权力配置和利益分配方面的主导性作用，这也是“府际关系的真谛和本质所在”③。笔者看来，县乡矛盾正是在县乡政府之间权力配置与利益分配中的互动与博弈中产生的。

当前，压力型体制在县乡层级表现得尤为明显。所谓压力型体制是指地方国家（体现为当地的党委、政府）为了加快本地社会经济发展，完成上级下达的各项命令任务而建构的一套把行政命令与物质刺激结合起来的机制组合。它将经济上的承包责任制引入政治生活，用物质刺激来驱动政治过程④。县乡之间的压力模式使乡镇政府在具体行政活动中处于相对被动的地位。压力型体制下，县乡之间权责矛盾的存在十分普遍，贯穿于县乡政府行为决策的始终，主要表现为以下几个方面。

（一）责权划分的匹配性矛盾

县乡之间权责分配不均的一个重要表现就是县乡政府权责划分问题。在我国，县级政府职能部门设置较完备，一般有30多个职能部门，各部门间分工明确。相比于县级政府，乡镇政府职能部门的设置则显得较为简化，乡镇政府通常只有3～5个或5～7个机构，如党政办公室、经济办公室、财政工作办公室、农业发展办公室、社会事务管理办公室、村镇建设办公室、综合治理办公室。国家具体行政事务到了县乡基层政府这里就开

①吴理财.县乡关系:问题与调适——咸安的表述(1949—2009)[M].北京:中国社会科学出版社,2011:45,92.

②徐勇.变乡级政府为派出机构[J].中国社会科学文摘,2003(5):107-109.

③谢庆奎.中国政府的府际关系研究[J].北京大学学报(哲学社会科学版),2000,37(1):26-34.

④杨雪冬.市场发育、社会生长和公共权力构建——以县为微观分析单位[M].郑州:河南人民出版社,2002:107-108.

始大量沉积，乡镇政府作为县级政府的下级机关，在实际工作中要处理大量比县级政府更繁重、琐碎的工作任务，却没有像县级政府一样完备的部门设置。由于乡镇繁重的工作量与其职能部门设置不相匹配，工作开展往往困难重重，乡镇政府职能泛化、模糊化的现状十分明显。根据《中华人民共和国地方各级人民代表大会和地方各级人民政府组织法》的规定，乡镇政府拥有7项基本职权，但在实际运作中，由于上级政府向乡镇“甩包袱”，将事务、责任不断下压，乡镇职权被泛化，政治、经济、文化、社会各个领域无所不包，权小责大，职权错位屡屡发生。

县乡权责划分的匹配性矛盾的另一突出表现是县乡财权、事权失衡。农村税费改革之后，乡镇失去了财政自主权，县级政府不断向乡镇政府下压事权。一方面，县级政府上收财政权力，下放事权；另一方面，乡镇政府丧失财政自主权，承接了大量事权，县乡间权责分配失衡由此可见一斑①。虽然乡镇政府勉强承接了上级下移的大量事权，但是没有相应的财政资源作为支撑，乡镇工作的开展变得步履维艰。以农村公共物品供给为例，据某乡镇统计数据显示，在“修路”这一项公共物品的供给中，县及县以上财政所占投资比重为15.5%，乡镇财政投资比重为33.9%，乡镇在公共物品供给方面的财政压力要远远大于县一层级②。在乡财县管的县乡财政体制下，乡镇虽然名为农村公共物品供给主体，但无法提供良好的公共服务。在一些财政困难乡镇，公共服务建设陷于停滞时有发生。财权与事权的分配不均，权责不相对应已经影响到了县乡的有效治理。

(二)问责体系的向度性矛盾

在现行行政问责体制下，乡镇政府作为县级政府的下级机关，其行为会受到县级政府的单向问责，县级政府在追责过程中往往伴有对乡镇政府增压的行为，使乡镇政府十分被动。在单向问责体系中，县级政府对乡镇政府的绩效考核实际上掌握了乡镇政府的人事任免权。绩效考核中，严格的目标考评、过多的任务分解、严苛的一票否决指标导致乡镇政府在工作

①薛金礼，付海静.论乡镇政府职能转变需要的外部因素[J].黑河学刊，2013(10):87-89.

②樊宝洪，王荣，张林秀，等.基于乡镇财政视角的农村公共产品供给状况及分布特征——以1998—2005年江苏省4市1区11镇为例[J].江苏社会科学，2006(6):53-60.

中面临巨大压力。一方面，县对乡镇追责、增压；另一方面，乡镇没有相关的管理权限，没有法定的执法权、处置权。单向问责与绩效考核的制度设计反映出乡镇政府在县乡关系中的被支配地位，县乡权力分配的失衡。

（三）条块分割的结构性矛盾

县乡之间的条块分割问题也是县乡权责矛盾的一个集中表现。职责同构的县乡模式下，县级政府为了便于对乡镇的管理，在乡镇设立了与其上下对口的站所机构。条块分割的制度下，部门权力利益较集中的站所机构，如财政、工商、税务、公安由上级进行垂直管理、直接控制，而诸如文化、广播、农技等无利可图的站所则由乡镇政府负责管理。这样的条块分割状况加剧了县乡之间权力结构的失衡，权力不断上移，乡镇权力逐渐萎缩。此外，部分站所虽然由上级政府垂直管理，但是与垂直站所工作相关的责任却没有垂直上收，仍由乡镇政府负责。条块分割体系中的权小责大是乡镇政府面临的困境之一。

总之，在现行的县乡行政体制下，乡镇政府很难发挥其社会管理、公共服务的基本职能，不符合中央全面构建国家治理体系和治理能力现代化的战略要求，因此权力清单制度改革显得非常迫切和重要。

二、权力清单制度改革对县乡关系的调整：方式与问题

以往涉及县乡关系的改革以精简机构、调整区划、条块调整等方式为主，但遗憾的是这些改革不但未能削弱反而加强了县乡之间既有的支配式体制[①]。那么，此次权力清单制度改革又是通过哪些方式调整县乡关系的呢？笔者认为，主要有以下两个方面。

一是厘清政府职权，明晰权力边界。目前，有关县乡职权的具体规定散见于多个法律和地方性法规规章的条文中，分散而繁多，公众甚至政府工作人员都很难弄清两级政府不同部门到底有哪些职权。再加上压力型体制下的县之于乡的强势地位，在实际权力运行过程中，有些职权往往又会被扭曲甚至变更，县乡职权成了一笔“糊涂账”，这也是地方政府行政越

①吴理财. 县乡关系:问题与调适——咸安的表述(1949—2009)[M]. 北京:中国社会科学出版社,2011:45,92.

位、缺位、错位的根源之一。因此，权力清单制度改革的第一步便是“清权”，一般是按照“谁行使、谁清理”原则，根据相关法律法规，系统全面地梳理行政权力事项，逐条分类登记，并以清单方式列举出来。这样县乡两级政府的职权范围就明晰化了，这是规范政府行为、提升政府服务能力和水平的前提之一。

值得注意的是，在“清权”过程中，还伴随着县乡权力资源的重新配置。以安徽省为例，省政府于2014年9月发布了《安徽省人民政府关于推行省级行政权力清单制度的通知》，提出要根据大幅度减少政府对微观事务管理的要求，重点在行政权力取消、冻结、下放上下功夫。按照能减则减、能放则放的原则，取消没有法定依据的行政权力事项，冻结虽有法定依据，但明显不符合全面深化改革要求和经济社会发展需要的行政权力事项①。这一规定显然是对层级政府间权力关系的重置，其最终目的是使县乡政府在权力数量、职能重心、责权配置、流程设计等方面得以优化调整。

二是追踪权力运行，优化问责体系。各地在权力清单制度改革中，趋向于推行权力、责任双清单，重视追踪清单内权力事项的运行状况，强调权责互相对应。《安徽省人民政府关于推行省级行政权力清单制度的通知》中就规定，按照权责一致、有权必有责的要求，根据不同类别行政权力的职责定位和工作任务，落实责任主体，规范职责权限，明确相应责任。随后安徽省制定了省级行政权力清单目录，县乡政府部门参照目录，根据通知要求制定了权责清单。在权责清单中，权力事项、责任事项、追责情形共同组成了权力清单的每一个具体权力事项（见表1）。为优化权力运行流程，繁昌县在制定权力清单的同时，还制定了权力流程图，使权力运行的流程一目了然，便于追责监督；设置了廉政风险点，风险点的设置是完全对应清单内容的，根据每一项权力事项设计风险等级，强化监督。

①安徽省人民政府关于推行省级行政权力清单制度的通知[EB/OL].[2014-04-22]. http://www.ah.gov.cn/UserData/DocHtml/1/2014/4/22/2705045445466.

表1　繁昌县镇级政府权力清单和责任清单(部分)①

序号	类别	事项	实施依据	责任事项	追责情形
13	行政给付	种苗造林补助费的给付(受委托)	《退耕还林条例》(国务院令第367号)第四十二条:种苗造林补助费应当用于种苗采购,节余部分可以用于造林补助和封育管护。退耕还林者自行采购种苗的,县级人民政府或者其委托的乡级人民政府应当在退耕还林合同生效时一次付清种苗造林补助费。第四十六条:实施退耕还林的乡(镇)、村应当建立退耕还林公示制度,将退耕还林者的退耕还林面积、造林树种、成活率以及资金和粮食补助发放等情况进行公示	1.受理环节责任:受理种苗造林补助费的补助申请 2.审查环节责任:对申请人申请材料的真实性、完整性进行审查 3.决定环节责任:符合法律条件的依法作出补助决定 4.监管环节责任:将补贴结果及时进行公示,加强监督检查 5.其他法律规章规定应履行的责任	因不履行或不正确履行行政职责,有下列情形的,行政机关及相关工作人员应承担相应责任: 1.以虚报、冒领等手段骗取财政资金 2.滞留应当下拨的财政资金 3.违反规定扩大开支范围,提高开支标准 4.其他违反规定使用、骗取财政资金的行为 5.其他违反法律法规规章规定的行为
21	行政强制	对非法种植毒品原植物的制止、铲除	《中华人民共和国禁毒法》(中华人民共和国主席令第七十九号)第十九条第二款:地方各级人民政府发现非法种植毒品原植物的,应当立即采取措施予以制止、铲除。村民委员会、居民委员会发现非法种植毒品原植物的,应当及时予以制止、铲除,并向当地公安机关报告	1.制止环节责任:在毒品原植物种植和成熟期间加大巡查力度,一经发现立即予以劝告并制止 2.强制环节责任:在劝解制止种植毒品原植物仍不听劝告的,采取强制铲除。其间向当地公安机关进行报告 3.事后环节责任:在铲除毒品原植物后,加强对种植区域进行回访检查 4.其他法律法规规章规定应履行的责任	因不履行或不正确履行行政职责,有下列情形的,行政机关及其相关工作人员应承担相应责任: 1.无法定依据或者超越法定权限实施行政强制的 2.违反法定程序实施行政强制的 3.在强制过程中工作不力、玩忽职守,导致严重后果的 4.对应当依法铲除的未铲除,并且就毒品原植物种植情况不予公安机关通报的 5.在强制过程中发生腐败行为的 6.其他违反法律法规规章规定的行为

在权力清单制度体系内,无论是县级政府还是乡镇政府,行使每一项权力事项都会受到相应的追责与监督,以防止权力被滥用。每一个权力事项的运行都落实了责任主体,以便有效制约县级政府出现行政行为失职时

①安徽省繁昌县镇级政府权力清单和责任清单[EB/OL].[2015-06-25]. http://www.fanchang.gov.cn/UserData/SortHtml/1/21528450995.html.

向乡镇政府推卸责任等现象，乡镇政府也可能改变以往在单向问责体系中的被动地位。此外，责任主体在清单内的落实，追责体系的严格化、制度化，对以往政府部门间“九龙治水”、相互推诿的现象也有很好的规治作用。

总之，县乡层面的权力清单制度改革目前仍处在初始阶段，各地对权力清单制度改革的探索实践还存在一定差异。目前，安徽省已经率先构建了省市县乡四级联动的权力清单制度体系，县乡权力清单基本上已经进行了公布，但这一改革是否能真正实现有效调整县乡关系的目标，还有待进一步观察。同时，在改革推进的过程中，也暴露出一些问题，主要集中在以下几个方面。

一是清单制定过程中的问题。目前，权力清单制度改革的实践在省市级地方政府中已普遍推行，县乡政府对权力清单制度改革的回应则较为缓慢。安徽省作为率先公布县乡政府权力清单的省份，在制定县乡权力清单过程中所出现的问题具有一定的典型性。首先，编制时间较为仓促。安徽省级行政权力清单的编制，历时半年，经过向政府部门、法律专家、社会征求意见等“几上几下”的复杂程序，最终梳理完成清单内的权力事项。而乡镇政府权力清单从编制到公布只有1~2个月时间，相比于省级权力清单的制定，显得较为仓促，这增加了清单内容合理性的风险。其次，县乡政府权力清单改革缺乏专门人才参与。县乡基层政府由于机构人员方面的限制，在清单制定过程中缺乏了解权力清单制度改革的专门人才，特别是缺乏具有法律知识背景的人员参与，很多负责制定县乡权力清单的人员，都是通过临时集中、高强度培训勉强上阵，不少人员对权力清单内容和法律属性的把握不够精准，制订过程中可能会存在过度套用上级权力清单内容而忽视县乡实际的情形。

二是清单内容设计中的问题。自权力清单制度改革推行以来，有关权力清单内容设计是否合理合法就一直是学界最为关注和颇具争议性的话题。在推进县乡层级权力清单制度改革过程中，上级政府虽然会对县乡层级政府权力清单内容进行过多次审核，按照清单改革的总体性要求提出了修改意见，但权力清单制定的主动权实际是由县乡政府自己掌握的。一般而言，县乡政府在权力清单编制过程中会参照上级行政权力清单的编制目录进行编制，但权力清单的厘权、清权、确权、制权环节，都是由县乡政府具体操作。这样一来，由于各基层政府对权力的认知差异，对可以纳入清单的权力事项设定标准不同，各县乡政府权力清单中的权力事项数量、权力事项具体分类呈现出明显差异。笔者调研发现，乡镇政府权力清单编制的最初环节是自行对权力事项进行梳理，有的乡镇梳理出110多项权力，而有的乡镇只梳理出了30多项权力，差异如此之大，正是乡镇政府在权力认知、权力设定标准的不同所导致的。有些乡镇政府是根据各职能部门日常实际行使的权力编制权力清单，有些则将一些临时委托性权力也纳入权力清单中。虽然经过上级政府的审核修改之后，各乡镇最终公布的权力事项数量大体上比较一致，但最初摸底阶段的较大差异仍能反映出县乡权力清单内容设计上的标准不一等缺陷。

县乡层级权力清单制度改革处于试行阶段，县乡政府的权力清单内容完备与否，是否真正做到了“行政权力进清单，清单以外无权力”也有待观察。因此，县乡政府在权力清单改革实践中，一个普遍做法就是在权力清单内容里设置了“其他权力”这一分类事项。“其他权力”的设置，其实就是对权力清单进行兜底，在行政审批、行政处罚、行政征收、行政给付、行政奖励、行政强制、行政确认、行政裁决、行政规划这些常规行政权力事项之外的权力就被归入其他权力。以繁阳镇公布的乡镇权力清单为例，其他权力这一类权力事项在清单中所占比例最大，高达42.59%（见图1）。但是，其他权力的设置并不能从根本上保证权力清单内容的完备。此外，站在社会公众角度考虑，如果缺乏有效监督，政府权力清单中“其他权力”事项的设置，还可能会为政府部门变相增设新的权力事项、利益寻租等提供便利，这也是县乡权力清单内容设计方面的又一缺陷。

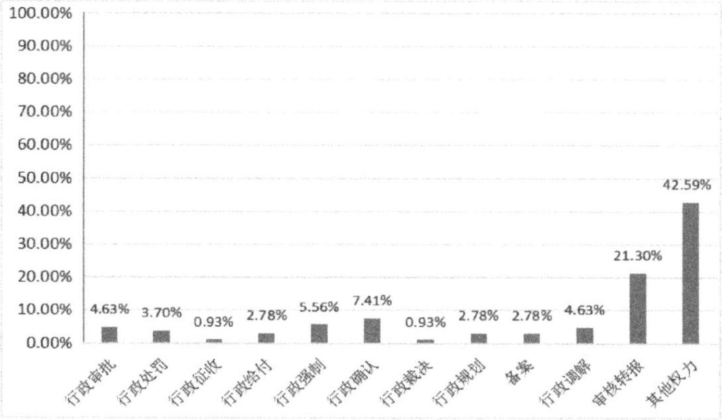

图1　繁阳镇政府权力清单权力事项分布状况[①]

三是清单执行中的问题。理论上，按照权责法定原则，权力清单内每一项行政权力都要有相关行政法律法规作为依据。然而，县乡行政人员在编制权力清单的过程中却发现：有些权力，按照法律规定应该由县乡政府行使，应该被纳入县乡行政权力清单，但是由于县乡行政权力有限，县乡政府没有能力去承接或者行使这些权力。因此，对于这部分权力应不应该纳入权力清单，县乡政府陷入了两难境地。此外，根据国家宏观层面简政放权的政策要求，地方政府在推行权力清单制度改革过程中，或多或少会对权力进行清理与调整。县乡政府作为基层政府理应承接上级政府下放的权力，但是县乡政府有没有能力承接好上级清理、下放的权力，简政放权与权力清单改革结合的成效如何，都有待进一步观察。诚如调研中一位乡镇干部所言：“乡镇责任非常多，实际上没有多少权力，但真要将权力下放给乡镇，乡镇又不好把握。”

在繁昌县公布的《繁昌县镇级政府权力清单和责任清单（征求意见稿）》中，共有权力事项119项，在征求意见之后，最终确定下来的权力事项为108项。如表2所示，在这去除的11项权力事项中，有一些就是因为乡镇行政权力的限制而无法行使。例如，“适龄儿童、少年因身体状况需要延缓入学或休学批准”这一项行政审批权力，因为乡镇没有相应的职能部门承接，它实际上是在县教育局进行操作，所以乡镇只能将这项权力舍弃，不再纳入清单范围。可见，县乡层级执行能力的缺陷将对权力清单制

①根据《繁阳镇人民政府权力清单和责任清单》整理。

度改革的实际运行产生一定影响。

表2　繁昌县镇级政府权责清单删减权力事项表①

序号	权力类别	权力事项名称
1	行政审批	适龄儿童、少年因身体状况需要延缓入学或休学批准
2	行政处罚	对损坏或者擅自移动有钉螺警示标志的行为的处罚
3	行政确认	农村幼儿园举办、停办登记注册
4	行政裁决	对个人之间、个人与单位之间发生林权争议处理
5	行政规划	重要地块修建性详细规划编制
6	行政规划	乡、镇总体规划编制
7	行政规划	辖区内近期建设规划制定、修改
8	行政规划	控制性规划编制
9	其他权力	乡镇渡口渡船安全管理、监督检查及事故应急措施
10	其他权力	内河交通安全管理
11	其他权力	基本农田保护管理

县乡权力清单制度现存的这些缺陷亟待调整与改善。同时，还要尽快构建与权力清单制度相配套的长效制约监督机制，防止县乡权力清单制度改革流于形式，才能真正体现权力清单制度改革的价值。

三、结　语

权力清单制度改革是十八大以来我国政府所着力推进的重大改革举措之一，是新的历史时期推进我国行政体制改革的重要抓手，彰显了党和政府规范权力运行机制、建设法治政府、提升公共服务水平和国家治理能力的决心和信心。该项改革在鲁、苏、皖、浙等省份推进的速度较快，目前安徽省已基本完成县乡两级的改革工作。笔者通过实证调查发现，权力清单制度改革对于缓解当前县乡矛盾存在理论上的可能，但在改革中，清单制定、内容设计和执行各环节仍然存在不少问题，还应坚持系统性、持续性的思维，在未来改革过程中不断加以完善和改进。

①根据调研中所获取的《繁昌县镇级政府权力清单和责任清单(初稿)》与繁昌县公布的《繁昌县镇级政府权力清单和责任清单(征求意见稿)》比较整理。

未来的改革应当侧重在以下几个方面：一要进一步优化监督机制。权力清单改革的最终目的之一是“限权”“治权”，通过法治化方式规范和约束政府权力。因此，要充分利用原有公共行政监督系统，比如通过设置定期专项检查制度，加强上级对下级以及平级不同部门之间的监督，强化行政监察机关对各部门执行权力清单制度的监督，完善人民代表大会对权力清单实施情况的监督。同时，还要利用好公众、媒体等行政系统外的监督力量。政府应当利用信息化手段，为内外部监督提供条件，如进一步完善政府各电子平台资源的互通共享，同时要利用微信、APP等新媒介营造外部监督氛围，打造更加便捷的监督平台。二要完善电子平台建设。信息化是推进改革的重要手段。在改革初期，各级政府部门主要是利用各自原有的电子平台进行清单公示、数据交换和流程对接，但在实施过程中存在“信息孤岛”现象，各部门和层级政府之间的信息平台很难实现资源共享，再加上标准不统一、某些功能模块设计难以实现关联互助，公共信息的使用效率低下。另外一个突出的问题是，在初步的“清单库”建立起来以后，网上办事和公共服务平台以及监督平台的建设并没有跟上，这使规范行政权力、提升公共服务的目标难以真正实现。因此，应当尽快实现各平台的互联互通和资源共享，并推进网上办事、公共服务、监督检查等配套平台的建设，实现权力清单平台的高效运行。三要重视流程再造。权力清单制度改革的目的除了规范权力运行以外，还要进一步提升公共服务水平，而公共服务水平高低的一个重要体现便是公民能否更加便捷地获取高质量的公共服务。我国自2001年开始先后7次展开了全国范围内的以减权、放权和流程调整为核心内容的行政审批制改革，从权力运行调整的角度看，权力清单制度改革可以看作行政审批制度改革的二次推进。但值得注意的是，地方政府在改革过程中更加注重权力的“减”与“放”，而忽视流程的再造，因此，笔者呼吁地方政府应当在完成权力清单库建设的同时，进一步在流程再造上做文章，最大限度地优化行政流程，为每一个公共服务事项打造更加高效、便捷的流程图。四要有灵活的机制设计。动态性是公共行政的基本特点，这源于公共行政环境是动态而非静态的，当公共行政环境发生变化时，行政组织可以通过结构设计、权责关系、人员配置等的调整适应这种变化，这也是权变组织理论的基本观点。因此，权力清单制度改革应当考虑行政权责的动态性特征，在机制设计上坚持能够跟踪、反馈行政权力变化的原则，以保证权力清单的连续性、科学性和准确性。

运用法治思维完善政府权力清单制度

——基于桐城市推行权力清单制度分析

汪金玉①

摘　要:法治思维是法治内涵与法治本质的表征和体现,是基于对宪法法律的信仰和遵守,自觉运用法治的理念、原则、方法和逻辑来认识、分析并解决问题的一种思维选择活动。本文立足权力法治化的政府治理实践,着重分析桐城市推行权力清单制度取得的积极成效,并针对其存在的有关问题,提出增强法治思维在政府权力清单制度建设中的方法论统筹地位,从尊崇法律至上威严、强化权力法律支撑,树立法治思维模式、厘清权力运行规则,健全依法治理体制、转变行政职能方式,加强法治思想教育、优化政绩考核体系等层面,提出一些启示性思考与建议。

关键词: 法治思维; 权力清单制度;法治方式; 法治政府

党的十八大以来，以习近平同志为核心的党中央在治国理政实践中，依据新时期新阶段党和国家工作形势的发展变化，科学地提出要提高运用法治思维和法治方式在推进改革稳定发展事业进程中的能力和作用。各级领导干部要提高运用法治思维和法治方式深化改革、推动发展、化解矛盾、维护稳定能力，努力推动形成办事依法、遇事找法、解决问题用法、化解矛盾靠法的良好法治环境，在法治轨道上推动各项工作②。

---

①汪金玉,安徽师范大学法学院政治学理论硕士研究生。本选题是在其导师李宗楼教授指导下研究的成果。

②习近平.在首都各界纪念现行宪法公布施行30周年大会上的讲话[EB/OL].[2012－12－04].http: //news.xinhuanet.com/politics/2012-12/04/c_113907206.htm.

党的十八届四中全会提出，要深入推进依法行政，推行政府权力清单制度，坚决消除权力设租寻租空间，加快法治政府建设。2015年12月，中共中央、国务院印发《法治政府建设实施纲要（2015—2020年）》，就深入推进依法行政、如期实现法治政府基本建成的奋斗目标作出部署安排。其中，明确提出将大力推行权力清单，并实行动态管理。治国首在治吏，法治重在治权。如何运用法治思维，采取法治手段创新法治方式，构筑于法有据而又廉洁高效的政府权力运行机制，确保公权配置及运行的制度化、规范化、程序化及法定化，加快实现法治政府建设目标和依法治国战略愿景，是现阶段各级政府所面临的一项重要课题。本文将安徽县域经济发展相对发达的桐城市（县级市）近年来施行的权力清单制度作为一般个案，就运用法治思维引领完善市县政府权力清单制度建设的重要意义与可行路径作初步探讨。

一、法治思维及其对政府权力清单制度建设的重要性

现代社会倡导的法治与传统社会盛行的人治是对立的，二者是不同的治国理念和治国方略。法治作为一种社会管理的基本框架，是集目的与手段（或实质与形式）于一体的社会治理状态。法治思维是法治内涵与法治本质的表征和体现。注重运用法治思维，是相对于以往人治思维和权力思维而言的，实质要义是聚焦对权力的相对限制达到对权利的最大保护。在法治文明高扬的公民社会，法治正逐步成为社会存续的一种基本框架，而增进、实现与维护这个框架的良序运行，客观上就要求国家机构、公务人员及群众个体必须形成良性互动。因此，法治思维既具体化为行政主体在动态过程中的依法办事，也反映在包括行政主体在内的社会成员对自由、民主、公平、正义及权利等价值目标的执着追求上。一般来说，法治思维主要是指公共权力的掌控者基于对宪法法律的信仰和遵守，自觉运用法治的理念、原则、方法和逻辑来认识、分析并解决问题的一种思维选择活动。法治思维的旺盛生命力在于能够凭借理性系统的认知先导，将法治所推崇的法律至上、制约权力及保障权利等价值、原则和精神，通过法治方式的运用与治理机制的创新转化成应对、处理并解决实际问题的具体效

能。可以说，法治思维是法治方式的内在根源和思想基础，而法治方式则是法治思维的外部表现和行动实践。

就政府自身法治化建设而言，法治思维是政府创新治理的一种理性思维模式。以法治思维合理构建现代治理主体治理能力与服务水准的长效提升机制，提升政府法治化治理的科学化水平，从根本上推动国家治理体系和治理能力现代化，首要任务在于立足于认识论，高度树立法治这个首要思维。唯有坚定法治信仰，增强法律意识，自觉将法治思维彰显的合法性、公正性、程序性及规则性要素内化于政府权力运行的全过程、各环节与诸方面，厉行法治，才能更好地实现治理能力法治化、治理方式方法法治化、治理行动法治化。市县政府推行权力清单制度是一项专业性强、涉及面广的系统性工程。提升转型时期市县政府的法治化水平及应用法治的能力，有赖于政府自身以严密的法治思维、高超的法治手段和过人的法治能力，在行政管理的诸多领域、诸个环节践行落实法治的基本要求及其所确立的既定目标。

运用法治思维指导权力清单制度建设，有以下几个方面。

其一，有助于厘清权力清单的角色定位。对权力清单的法律性质和基本功能的认识清晰与否，将直接影响权力清单制度在实践过程中的推广进度和施行效度。关于权力清单的内涵、属性、价值、意义及其所属范畴，从权力清单的法律定位和功能实质来看，不少学者将其定性为行政规范性文件，而在行政法治中将抽象行政行为分为行政立法和制定其他规范性文件等两类行为。其他规范性文件通常是指行政机关依照法定权限和法定程序制定的除法规、规章以外的具有普遍约束力的决定、命令及行政措施等。由此看来，权力清单的定位（尤其文本内容范畴）不等同于通常意义上的法律法规，但又必须源于并依从于法律法规，其制定推行必须在现行的法律规范框架下进行，不能同既有法律法规相冲突或悖逆，也不能僭越法律范围或界限。

其二，有助于督促政府全面落实依法行政。在创制层面，政府部门培养并运用法治思维，搞好整体规划和顶层设计，特别是在权力清单的实施依据、构成要素、规范要求及运行流程等方面，保证贯彻于法有据、权责法定的原则和要求，并尽可能引入第三方审议或评价机制，这样既能保证权力清单的权威性与规范性，亦能避免政府权力陷入“自我认定”或“自我裁量”的法律怪圈。在施行层面，利用权力的职能性与层次性特征，通过权力法定的审查与整顿配置，依托制度的执行力与公信力，形成合理稳定而又可预见的固定权力结构，确保建立严密系统的权力监管机制，达到规范和约束权力运行的目的。权力清单制度所包含的政府权力来源、组织结构、运行机制、实施方式、作用效果甚至发展趋势等内容，均要有相应的法律法规依据或解释，而当前实务界所谓的依清单行政，其实质内容仍是依法行政。

其三，有助于构建法律与制度互补融通的长效控权机制。当前改革正步入深水区、进入攻坚期，多元利益复杂交织，社会矛盾日渐凸显，而政府部门的权力数量仍然庞大，种类依旧繁多，并且其实际运作时常受外部环境等因素影响，导致对公权力的监管往往很难达到全方位、多样态的理想效果。为此，探索构筑静态健全的控权、限权及权力监督机制，必须双管齐下、多措并举、协同推进。除了依靠完善法律法规、健全法律体系以及完备法律制度，督促政府严格践行依法行政的具体要求外，还必须配套构建一套系统完备、科学高效、运行规范的有效制度体系，这是促使政府部门权力结构更趋合理、权力配置更为科学、权力运行程序更显规范的现实要求，也是依托制度优势实现控权、限权的价值定位与路径导向，对政府权力进行制约与监督的必然选择。

二、桐城市政府推行权力清单制度的主要特点

为贯彻落实党的十八届四中全会关于推行权力清单制度，加快法治政府建设的重要部署，安徽省审时度势并结合实际需要，从2014年4月开始探索实施省级政府行政权力清单公开工作，相继出台《政府权力清单运行平台建设工作方案》及《安徽省人民政府办公厅关于建立市县政府权力清单和责任清单制度的通知》等文件，要求全省105个县（区）遵照既定的权责清单推进时间表的计划安排，于2015年3月1日前陆续晒出“两单”，并朝着完善权责体系、加快推进“两单”运行的“提档升级”和高效便捷的方向全力推进。

桐城市（县级）在贯彻实施中央和省政府相关文件的过程中，精心组织、积极动员，成立了市政府推行权力清单和责任清单制度工作领导小组，并由市政府办、市编办、市法制办、市政务中心等部门牵头，按照清权、确权、确责、制权的要求，组织有关部门对各职能部门的权责进行了梳理排查、审核制定、公示征询以及修订确权，历经初审、专家论证、征求意见、网站公示等步骤阶段，通过三审三馈后，经由市委市政府审定，于2015年2月25日发布了关于公布县级政府权力清单和责任清单目录的通知，就政府权责清单的主要内容、执行要求、清单管理以及督查监管机制提出了详尽要求。目前，市级政府的“两单”、运行流程图、廉政风险点已审定完毕并正式对外公布。总体而言，桐城市积极推进权力清单制度，呈现出涉及范围广、整合力度大、配套措施全、稳中进展快、效果较明显等特征。

首先，从权力精简结果来看，县政权力由3 198项精简到1 912项，精简幅度超过40%①。全市49家行政单位（后期有所调整）的10类行政权力被全面梳理。相关部门和单位的权力事项根据法律法规的立改废释情况以及机构与职能的调整状况，本着以转变职能为中心，以简政放权、放管结合、提高效能及优化服务为目标，对原有的部门权力事项（特别是行政审批权）按照保留、取消、下放、转移等方式逐项审核、确认及公开，有效具体化了权力清单中关于政府权力边界和行为准则的规定要求。

其次，从权力类别来看，桐城市此次权力精简范围涵盖行政许可权力和非行政许可权力等在内的十大权力类型。具体包括行政审批、行政处罚、行政给付、行政征收、行政奖励、行政强制、行政确认、行政裁决、行政规划及其他权力。而在提供政务服务的具体职权事项上，结合实际需要，又细化单列了便民服务、代理类事项以及其他类行政职权三大事项类别，并对每个事项的编码、名称、办理部门及具体操作指南均予以逐一明确公开②。通过权力单位和权力种类的全覆盖，不仅厘清了行政权力事项，而且全面梳理和摸清了政府部门的权力底数，从而为权责匹配、依法公开

①参见桐城新闻网.“两单”工作自3月1日起正式实施[EB/OL].[2015-02-28].http://www.tcnews.cc/system/2015/02/28/010360952.shtml.

②参见桐城市政府门户网站政务服务专栏，http://new.tongcheng.gov.cn/showbsfwList.action?flag=4.

及接受监督创造了前提条件。以桐城市2015年信息公开年统计数目总量排名前五的政府单位为例，它们的具体职责、权力类型均得以明确（见表1）。

表1　桐城市政府五部门职责项目数及所有权力类型①

部门单位	职责项目数	权力类型
市(县)卫计委	58	行政审批、行政处罚、行政给付、行政强制、行政确认、行政征收、行政奖励、其他权力
市(县)招投标中心	1	其他权力
市(县)民政局	49	行政审批、行政处罚、行政给付、行政强制、行政确认、其他权力
市(县)财政局	48	行政审批、行政处罚、行政征收、行政给付、行政奖励、其他权力
市(县)人社局	107	行政审批、行政处罚、行政征收、行政给付、行政奖励、行政确认、其他权力

再次，从政策配套及其落实情况来看，结合省政府相继出台的《安徽省政府权力运行监督管理办法》《安徽省2015年推进简政放权放管结合转变政府职能工作方案》《安徽省人民政府办公厅关于进一步做好政府信息公开工作增强公开实效的通知》以及《关于市县政府职能转变和机构改革意见》等一系列相关文件及通知，桐城市立足实际，及时制定了相应的一整套计划方案，并切实采取了相关落实措施。具体来看，在权力清单执行方面，依照上级相关部门的要求、督促和监督，市政府各部门通力协作，建立健全“两单”网上运行平台机制，不断加强“两单”日常维护和监督管理。目前“两单”落实执行取得了实质进展和初步成效。

在政府职能转变的协同推进方面，桐城市探索实行职能有机统一的大部门体制，加强社会管理和公共服务部门的工作能力建设，对部分职能相近部门进行有效整合。譬如，将卫生局和人口计划生育委员会合并组建为卫生和计划生育委员会；原有的文广新局和体育局合并组建成文化委；科技局和经信委合并组建成经济和科技信息化委员会。在深化机构改革方面，通过将上述职能部门机构和职责进行整合重组，原有的政府工作部门整合为24个（不含监察局）。此外，还新设立了卫生计生委，将以往的乡

①根据桐城市政府门户网站部门信息统计及市政务服务中心公开的《桐城市政府权力清单和责任清单目录》文件整理。

镇计生服务机构和职能整合并入乡镇卫生院；把市规划局列为同级政府工作部门；等等。

最后，从权力清单公示的内容来看，既包含政府权力事项的总表、分表，权力事项部门间的交叉分散情况，每个权力项目的运行流程情况，也包含行政执法责任清单、权力事项廉政风险点等。纵观“两单”整体内容，可以看出其从定性与定量相统一的角度，按照“权力来源——权力运行——权力结果”三大环节对政府权力的性质原则、作用方式及目标结果作了本质性规定。以市政府法制办为例，作为市政府的直属机构，法制办原有的主要职责包括编制年度计划、督促文件落实、纠正违法或不当行政行为等12个项目内容，其中所属权力类别既涉及行政确认和行政强制，也有行政裁决及行政复议，而根据权力清单目录的规定，法制办只享有行政裁决以及作为其他权力事项中的行政复议等2项权力。这不仅从宏观上明确了法制办的权力数量、权力类别、实施依据以及前置条件，厘清了每项权力类别所属的项目名称及其子项，而且在操作层面具体化了行政办事的清晰流程，为政府部门优化服务流程、提高办事效益、削减内部交易成本、深入开展法治建设提供了重要契机。

县市政府作为国家公共管理体系的关键成员，在国家政权结构和行政系统中处于承上启下的重要地位，是推动国家治理体系和治理能力现代化战略目标的重要角色。具体而言，县级政府既是国家法律法规贯彻实施的重要主体之一，也是国家诸多方针政策直接执行的使命肩负者之一。县级政府的行政行为直接关涉群众的切身利益，其管理服务的水平与能力也深刻制约着外界对政府的形象认识和态度评价。能否扎实推进依法行政，很大程度上决定了政府自身法治建设的整体水平和廉政建设的进展成效。因此，最大限度地提升公权力作用的综合效益，把政府自身制度性建设摆在突出位置，坚持“依法定权”“以权定责”，落实政府行政行为与执法活动全面纳入法制化轨道，既是满足社会公众需求进而使地方发展富有活力，完善公共事务管理体系的必然要求，也是深化政府自身改革、助推地方经济社会健康发展的潮流趋势。

三、县市政府权力清单制度运作中亟待解决的问题

权力清单和责任清单的颁布与施行，旨在强调政府部门必须树立“法定职责必须为、法无授权不可为”的法纪意识，从“政治硬件”高度以刚性约束来规范政府实际用权行为，防止权力行使越位、缺位乃至错位，推动政府部门机构与职权、程序与责任规范化、透明化及法定化。权力清单制度目前正处于探索试点阶段，加之缺乏必要的既有经验借鉴，所以实际操作中也存在一些亟待解决的问题。

首先，权力清单的角色定位。权力清单制度作为上级部门自上而下推行的政策命令，县级政府在具体操作时势必遇到一个难以回避的问题，即应当如何对“权力清单”的性质或者角色进行科学定位。如果按照“政府权力进清单、清单之外无权力”[①]的规定，那么政府部门难免形成“依权力清单行政”的模糊认识，而这种理念似乎与传统的“依法行政”产生了法理范畴的某种冲突，因此，如何界定权力清单的法律性质和政治功能便成为问题解决的关键。按照莫于川教授的解释，权力清单的性质类似行政规程或行政程序手册，并且可以作为一种具有双向功能的行政规范性文件，“既为行政机关依法行政提供了约束尺度，也为企业、公民依法办事提供了诸多便利”[②]。也有学者立足《中华人民共和国立法法》《行政法规制定程序条例》等视角或立场，认为“依清单行政”显然缩减了现代依法行政的丰富内涵，是一种形而上学的、简单僵化的解读和操作，权力清单具有明显的僭越法律之嫌[③]。

其次，权力清单的政策配套。权力清单制度的推行实施必须依托相关政策法规的协调配合，概而言之，至少包含两部分内容。其一，梳理并公开与权力清单相对的“非权力清单”。地方政府权力类型涉及的权力项目包括十大门类，此外还具有诸如行政合同、行政服务以及行政指导等非权力

①安徽省人民政府.安徽省人民政府关于公布安徽省　省级政府权力清单和责任清单目录的通知[EB/OL].[2014-10-31].http://www.ahjgbzw.gov.cn/include/web_content.php?id=98236.

②王比学.推行权力清单，不等于“依清单行政”（问政）——专访中国人民大学教授莫于川[N].人民日报，2014-04-23.

③申海平.权力清单的定位不能僭越法律[J].学术界，2015(1)：126-134.

项目。妥善处理好权力行为与非权力行为的清理确认以及机制配套问题，是构成防范或杜绝行政不作为和行政乱作为，消除权力寻租设租空间，填补反腐倡廉漏洞的重要内容。其二，尽管当前涉及行政权限的法律法规数量颇丰，但由于以往法律法规对既有行政权能的规定失之具体或过于分散，导致行政部门权责边界相对模糊，致使行政相对人诉诸无门。这就要求政府部门务必统一思想，凝聚改革共识，明确改革目标和发展方向，加快推进权力清单同法律法规的物理整合与化学融合。

最后，权力清单的负面效应。尽管权力清单的创制与运用有重要的积极作用，但由于社会事务极具繁杂性，加之行政管理活动可能出现偏差，主观层面可能导致出现实际执行的负面效果，而客观层面可能造成政府机构的组织规模日趋扩充膨胀，使政府部门在权力功能的作用向度上呈现出明显的专门化态势。譬如，在“依清单行政”背景下，权力清单能否做到事无巨细和无所不包，显然难以估量，这就可能造成但凡不在权力清单范围内的，即使群众有需求也可能不作为或消极作为，也可能出现某些部门或个人为求业绩而不顾实际，盲目追求“权力削减”的指标，致使必要的执法办事流程被强行缩减。此外，在权力层级下放和横向配置中，由于人事机构改革缺位，加之各方难以形成简政放权的默契和联动，可能出现权责不匹配甚至权责真空。

权力清单通过明确政府职能部门的权力类别，从而使其更为高效地行使权力职能，提升组织的服务水平和社会治理能力。权力清单制度的实行，一方面确有弥补权力分工不合理、权力设置不均衡以及事权划分不明确等体制痼弊所造成的缺陷的效果，但另一方面也会由于对部分权力的过于细化及其法律依据的“衔接断层”或不确定性（尤其是难以定性归类的其他权力）而成为某些部门推诿扯皮甚至“懒政”的借口。

四、运用法治思维推进权力清单制度化建设的思考

（一）尊崇法律至上威严，强化权力法律支撑

法律至上是法治的灵魂。加快推进法治型政府建设，要求政府必须始终做到依法行政。所谓依法行政，包含两个方面：一是政府要依照法律和

法规的授权和规定，处理行政事务；二是政府要依照法定的程序使用行政权力[①]。建设现代法治政府，关键要奉行法治原则，严格依法行政，使政府各项权力都在法治的轨道上运行。应通过创新治理和依法治理，完善地方政府的治理能力结构，打造优化完备的地方政府治理体系，全面提升地方政府的治理水平。就权力清单制度而言，首先，确保以程序的合法规范保证结果的权威。要严格按照法定的程序、规则及制度办事，依照公之于众的行政办事流程，合力打破程序繁琐、权责不清以及审批繁多等体制流弊。通过健全行政执法程序，使政府的权力行为同时受制于程序规则及制度机制的多重约束，从而进一步完善行政监督内外部体系。其次，遵从法律作为权力行使的依据。必须尊重服从宪法法律的至上权威，保证以法治权，自觉将宪法法律视为判断是非和处理事务的准绳和最终依据。要摈弃以往对权力归属的抽象思辨，强化政府权力运行诸环节的法治化程度，克服政府管理实践中存有的人治化倾向，警戒法律红线，固守法律底线，实现政府治理活动的有法必依。

桐城市制定和颁布的县级政府部门权力清单，除了明确各职能部门行政办事所遵循的清晰步骤与流程外，其中重要的一项就是列出了不同权力类型的实施依据。以市政府法制办为例，其权力类型包括行政裁决和行政复议两项，在对这两项权力作出必要的解释之后，指出其实施依据分别是《中华人民共和国审计法实施条例》第五十二条、第五十三条以及《中华人民共和国行政复议法》第三条条款的规定。这就使权力清单中明确的政府权力获得了必要的法律支撑。

（二）树立法治思维模式，厘清权力运行规则

法治思维模式的确立既需要科学定位政府角色、转变政府职能方式、优化政府组织体系，也有赖于政府权力合法及良序运行的可靠保障。事实上，各级政府及其不同部门所享有或配备的权力，不仅源于体现党和人民意志的法律法规，也源自传统惯例及特定的授权等。这样一来，其组合状态既要符合组织的稳定性、连续性、适应性和革新性，也应顺时应势，随着外部环境和目标任务的阶段性变化，主动增强权力在运作活动中的开放

①孟祥馨，楚建义．权力授予和权力制约［M］．北京：中央文献出版社，2005:308.

状态及服务功能。为此，要顺应公共事务复杂化、管理主体多元化以及职能设置专业化的格局要求，科学搭建合理又牢靠的权力结构模型，构建权力主客体之间惠利递增的和谐交互关系；同时，又要善于拓宽法治思路和利用法治利器，增大权力主体人格化的风险及成本。要发挥良法的引导、评价、教育及惩罚规则，打破利益掣肘，促使政府部门及其工作人员自觉恪守非人格化权威，接受非人格化制约，完善非人格化治理。

地方政府特别是与群众联系直接紧密的县级政府，以权力清单为制度抓手，就是要切实做好权力运行的监管调控，按照用权为民、服务便民的理念原则，束紧权力运作的制度“牢笼”，公开透明行使公权，确保权力行使的合法性、有序性、公共性及有限性，促使公权运行始终顺延法治划定的正确轨道而不越轨、不偏轨、不斥轨，不断推进政府的机构、职责、权限及责任的法定化。此外，要正确认识公权的属性及其与责任对等统一的匹配关系，正视权力与法律、权力同义务之间内在统一的逻辑联系，落实权力主体既是管理主体，也是服务主体，更是责任主体，真正做到有权必有责、有责必追究、追究必彻底，确保公权公用、公私分明。

（三）健全依法治理体制，转变行政职能方式

法治思维既不是主观零散的表象思维，也不是空洞教条式的抽象思维，而是系统化的、具有可操作性的并以实践性著称的科学思维。法治思维的独特表征反映在制度创制方面就是以建设性思路确定制度。权力清单制度的创设推广，既是响应推进国家治理体系和治理能力现代化的制度性回应，也是顺应市场经济深度发展，扎实开展廉政建设和信息公开工作，加快推进政府治理模式转型变革的重要举措。具体而言，首先，从治理策略上看，应通过创新制度安排形式，创新体制机制，健全法律法规及完善监督制约体系，确保政府用权有法可循，治权有法可依，使政府部门做到“法定职责必须为”，落实“法无授权不可为”。立足实际工作探索管理服务质量的优化提升机制，切实握紧“公权公用”这一标尺，真正做好履职尽责，扎实提升政府组织自身能力建设与制度化水准。其次，从治理理念上看，政府部门及其工作人员只有创新工作思路，转变工作观念，增强法纪约束意识，明确用权受监督、失职要问责、违法要追究的权力运行规

则，才能真正树立起科学的权力观与价值观。再次，从具体治理方式上看，政府组织要创新治理手段，推进行政管理及服务方式的改进完善。通过明确角色定位，凝聚广泛共识，妥当厘清政府与市场及社会之间的界限关系，谋求多元力量的协同合作，以期构筑既超越传统落伍的科层制官僚体系结构，又兼具协调运转与透明高效特质的新型政府机构职能体系。当然，作为一项新兴制度设计，如何进一步确保权力清单制度依据法理化、设计科学化、实施规范化以及效果高效化，仍需相关政府部门在具体实践中努力探索并加以解决。

政府职能调整与实现依法治理呈互为促进的关系，二者是法治思维在实践环节的具体贯彻。转型时期政府改革浪潮日趋高涨，一方面，倡导积极转变政府行政职能模式，对政府组织所确立的权力结构、决策机制以及资源调配模式等予以适时变革，建立一套科学、高效、廉洁而又透明的行政职能体系，使政府能够主动适应由经济发展水平、社会结构、利益取向及价值观念等因素的变动所导致的形势变化和任务调整，最大限度地发挥政府职能在推动发展社会事业、持续保障改善民生以及强化综合治理能力中的综合效益；另一方面，积极转变政府职能，科学把握政府职能与政府权力间的联动关系。既要履行法定程序，按照职能分工合理行政、合法行政，又要摸清权力“底数”，厘清权力边界，划定权责范围，多措并举，集中攻克机构臃肿、职责交叉、政出多门、效率过低等难题，从而在确保权力配置及运行的制度化、程序化及规范化的同时，实现政府行政职能运行的法治化、科学化和现代化。

（四）加强法治思想教育，优化政绩考核体系

运用法治思维指引权力清单制度建设，推动政府治理模式的适时转型与变革，不仅要建立一套既联系又区别、既分明又协调的制度体系和运行机制，也有赖于转变传统“人治”时代公职人员的行政服务意识。从根本上讲，就是要积极推动“官本位”“权力本位”观念向“民本位”“权利本位”观念嬗变。

1. 加强公职人员法治思想教育

公职人员的权力行为不仅受制于法律与制度的支配和作用，也受其主

观因素的影响。应使宪法和法律知识的定期轮训、新法律法规的专题培训成为常态化，大力培育并积极引导广大公职人员树立正确的法治观念和“公仆式”的行政服务态度，逐步提升公务员的法律涵养，使其明确并秉持“法大于权”“公权公用”“以公谋公”的价值定律。应促使政府部门及其工作人员养成自觉抵制和主动摒弃任何权大于法、以权压法、以言代法甚至徇私枉法等思想弊病，从而更好地以有所作为的实际成效取信于民，避免出现架空法治的危机和沦陷法治空谈的泥沼，有效促使权力运行始终定位于谋求社会公共利益，解决社会公共问题，提供社会公共服务。

2. 改革和完善政府部门政绩考核指标体系

市场经济条件下，社会价值评判体系正积极转变，政府部门必须立足科学公正、规范具体和易于操作的前提基础，以肩负的管理职责和服务职能为着力点，本着“依法办事、以人为本、服务便民”的原则，引导政府各部门做到目标明确、分工合理及协调配合，共同营造办事依法、解决问题用法、化解矛盾靠法的良好法治环境。在日常工作考核上，利用权力清单制度架构的法定权限、范围、条件和程序来设定和实施行政权力，逐步实现把法治观念强不强、法治素养好不好作为衡量干部德才的重要标准，把能不能遵守法律、依法办事作为考察干部的重要内容①，确保建立一支法纪严明、作风优良、业务过硬、德才兼备的管理服务队伍。这样既有助于多元主体、多渠道地对政府及其工作人员的权力行为及其作用后果展开专职检查与综合考核，也能凭借建立一套刚性的制度化衡量标准，提高组织及程序的适应性、内聚力和内部协调性，并以此提高行政主体的工作效率，增强其工作的积极性、主动性与能动性。

当前，全面深化改革的时代强音已经奏响，全面推进依法治国的步伐也正蹄疾步稳地向前推进。加快建设法治政府，最大限度地激发政府效能，离不开一系列新理念、新战略与新思想的佐证指引。思想是行动的先导，践行法治规范理应率先树立法治思维。市县政府以清单方式为载体和抓手，科学推进公权力的制度性建设，必须增强法治思维在工作全局中的

①中共中央　国务院印发《法治政府建设实施纲要(2015—2020年)》[EB/OL].[2014-10-31].http://news.xinhuanet.com/politics/2015-12/27/c_1117591748_5.htm.

方法论统筹地位，突出法治思维在六大思维方法[①]中的特殊意义和重要作用，确保法律至上、权由法定、依法用权、以法制权命题的共识性及严肃性。通过打造制度建设的创新升级，大力营造体制顺畅的法治环境，落实以严明法纪明确权责担当，以威严制度助推自为改革，以阳光规则铸就科学又完备的机构职能体系。这是新形势下地方政府维稳改革发展的迫切要求，也是实现如期建成法治政府宏伟目标的题中应有之义。

①六大思维方法是习近平总书记多次强调各级领导干部要努力学习掌握的科学思维方法，具体包括法治思维、辩证思维、战略思维、系统思维、底线思维、精准思维。

岳西县创新农村公共文化服务供给探析

储梦凡　严　宏[①]

摘　要:农村公共文化服务供给对于满足农民文化需求、重构农村社会共同体、推进美好乡村建设、全面建成小康社会都有非常重要的积极意义。岳西县在农村公共文化服务中,以政府为主要供给主体,以科层式供给为主要供给方式,引入市场和社会力量,尝试合作式供给、社会化供给,加强了基础设施建设,丰富了农村公共文化活动。本文针对目前农村文化供给保障不足、文化人才缺乏等问题,提出要创新服务理念,强化基层政府内驱动力,培育农民文化自觉,增强农村社会组织服务能力。

关键词:农村公共文化;服务供给;基层政府;农村社会组织

《中共中央办公厅、国务院办公厅关于进一步加强农村文化建设的意见》指出，加强农村文化建设，是全面建设小康社会的内在要求，是构建社会主义和谐社会的重要内容，是建设社会主义新农村，满足广大农民群众多层次多方面精神文化需求的有效途径。《中华人民共和国国民经济和社会发展第十三个五年规划纲要》明确提出，加强农村文化建设，要增强政府职责，增加公共服务供给。加强文化产品、惠民服务与群众文化需求对接，努力促进农村经济发展和社会进步，实现农村物质文明、政治文明和精神文明协调发展。创新农村公共文化服务供给，既是推动农村文化建设、全面建成小康社会、实现中国梦的有效方式，也是学术界不得不关注的兼具理论意义与实践意义的重要课题。

---

①储梦凡,安徽师范大学法学院教师,硕士;严宏,安徽师范大学法学院公共管理系副教授,副院长,博士,安徽师范大学法治中国建设研究院研究员。

一、农村公共文化服务是全面建成小康社会的内在要求

农村公共文化服务是相对于城市公共文化服务而言的地域性文化服务，是在农村特定地理环境、人文传统和社会经济发展条件下，以满足广大农民的文化需求、保障农民的文化权益、提高农民的文化素养和文化生活水平、创建农村社会发展所需要的文化环境为目的，由政府主导，各种社会力量、市场资本和个人等多元主体参与供给的一系列有形的公共文化产品和无形的公共文化服务的总称。完善农村公共文化服务供给，对农民个人、农村社会乃至国家都具有非常重要的积极作用。

（一）满足农民文化需求，保障农民文化权利

随着经济的发展和农民生活水平的日益提高，农民的生活需求不再仅限于物质满足，而是同时追求精神生活的丰富与发展。唱歌、跳舞、看电影等文娱活动早已不是农民朋友的新鲜事。但是，农村文化市场尚未充分开发，农村地区文化产品的供给仍远远小于需求，并且受限于农村经济发展水平，农民用于文化方面的支出仍然有限，农民缺乏足够的经济基础去消费文化产品。而农村公共文化服务能够在一定程度上有效缓解农村文化的供需矛盾，它向农民直接提供基础的、免费的或低费用的文化物品和文化服务，满足农民的基本文化需求。公共文化服务体系是为满足社会的公共文化需求，向公众提供公共文化产品和服务行为及相关制度与系统的总称①。因此，面对日益增长的农民精神文化需求，创新农村公共文化服务供给显得尤为重要。

学界在对公共文化服务进行界定时，有一种主流观点，即公共文化服务的目的是实现公民文化权利，维护公民文化权益。公民文化权利是指公民依法所享有的参与文化生活、享受文化成果、表达文化诉求及其文化创造得到应有保护等方面的权利，是公民的基本权利之一。创新农村公共文化服务供给，是促进农民共享社会主义先进文化、共建美好乡村文化的有效手段，是在实践层面和实际层面上对农民文化权利的保障。

①陈威.公共文化服务体系研究[M].深圳:深圳报业集团出版社,2006:16.

(二)培育农民公共精神,重构农村社会共同体

当前农村社会共同体正在急速消解中，农村公共文化的陷落或式微已经成为一种共识。吴理财等认为，这种陷落背后的实质是农民公共理念的消退。农民的公共理念是内核，农村的公共文化形式是外壳，农村公共文化陷落是内核与外壳双重缺失所导致的一种现象①。完善农村公共文化服务供给，能够进一步调动农民参与公共文化生活的积极性和主动性，激发农民关心和参与公共事务的热情，使农民在文化参与中切身感受到主人翁地位，进而强化农民的参与意识与责任意识，培育现代农民的公共理念和公共精神。民众公共文化参与和共享的过程是一个公共性培育的过程。同时，公共文化服务供给的内容、供给的方式、供给的过程都是国家与社会进行深层互动的结果②。通过增加农民在文娱活动中的交往，既能增强农民的社会归属感，又能在潜移默化中塑造农民群体自觉认可和遵守的行为规范及价值认同。国家、社会与农民之间的持续互动，促进农民群体形成一致的行为与价值认同，进而推动农村社会共同体的重构。

(三)实现农村文化治理,推进美好乡村建设

吴理财认为，由于公共文化服务涉及价值的生产和再生产，引入文化治理的新视角。公共文化服务从实质上而言既是文化治理的一种形式，也是文化治理的一项内容③。公共文化服务涉及资源分配、社会整合、政治认同、价值观塑造与文化认同等各方面内容，这些内容正是治理的范畴。一方面，政府向农村及农民提供公共文化服务，满足农民的公共文化需求，是履行其政府职能的基本要义，是其在公共文化生活中的应尽之责，是获得政府公信力和合法性的必然要求；另一方面，通过主导农村公共文化服务，可以向农村社会输入核心价值体系，形成对农村社会的价值引导与文化塑造，推动农村社会的内生性重构，消解农村社会矛盾，实现农村社会的稳定与善治。

①吴理财,李世敏.农村公共文化的陷落与重构[J].中共浙江省委党校学报,2009,25(3):94-98.

②邬家峰.公共文化服务体系建设研究——兼议湖北黄石的公共文化服务体系示范区建设[D].武汉:华中师范大学,2012:26.

③吴理财.编码与解码视域中的公共文化服务[J].江汉论坛,2012(1):141-144.

完善农村公共文化服务，不仅有助于实现农村文化治理，保障农村社会的稳定，推进美好乡村建设，而且公共文化服务本身就是美好乡村建设的重要内容。2012年，安徽省政府印发《安徽省美好乡村建设规划（2012—2020年）》指出，全面推进农村环境整治、基础设施建设和公共服务配套，努力建设生态宜居村庄美、兴业富民生活美、文明和谐乡风美的美好乡村。

（四）全面建成小康社会的内在要求和重要基础

十七大报告在提出实现全面建设小康社会奋斗目标的新要求时指出：加强文化建设，明显提高全民族文明素质。社会主义核心价值体系深入人心，良好思想道德风尚进一步弘扬。覆盖全社会的公共文化服务体系基本建立，文化产业占国民经济比重明显提高，国际竞争力显著增强，适应人民需要的文化产品更加丰富。十八大报告进一步提出，到2020年全面建成的小康社会，是发展改革成果真正惠及十几亿人口的小康社会，是经济、政治、文化、社会、生态文明全面发展的小康社会，并明确指出文化产品更丰富，公共文化服务体系基本建成是全面建成小康社会和全面深化改革开放的目标之一。

让人民享有健康丰富的精神文化生活，是全面建成小康社会的重要内容。像岳西这样的经济欠发达地区，政府财政收入渠道单一，资金不足，对于农村公共文化服务供给，政府有心无力，供给有限；而市场主体发育迟缓，农村文化市场空间有限，市场化供给不足。岳西农村地区目前已实现了农家书屋、乡镇综合文化站等基本公共文化服务设施的全覆盖，文艺下乡、文体竞赛等公共文化活动日益丰富多彩，公共文化服务效能明显提高。但与农民日益增长的精神文化需求相比，农村公共文化服务供给明显不足，公共文化服务水平仍待提高；与全面建成小康社会、实现跨越式发展的要求相比，农村文化软实力明显薄弱。农村公共文化服务供给是全面建成小康社会的内在要求和重要基础，创新农村公共文化服务供给成为必然选择。

二、岳西农村公共文化服务供给的突出特色与显著成效

岳西坚持以创与建为抓手，政府高度重视农村公共文化发展，印发了《岳西县创建国家公共文化服务体系示范区规划（2013—2015）》和《岳西县创建国家公共文化服务体系示范区实施方案》，成立了创建国家公共文化服务体系示范区工作领导小组，多次召开创建工作专题会议，把不断完善公共文化设施、提供多彩公共文化活动作为农村公共文化服务工作的重点。通过保障资金、投入人才、整合资源，加快推进公共文化服务体系建设步伐，县、乡、村三级文化基础设施全面加强，文化服务网络全面覆盖，文化人才队伍不断壮大，岳西农村公共文化服务供给工作取得显著成效。

（一）坚持政府为主要供给主体，大力发展多元化供给

岳西县政府及基层乡镇政府立足自身公共服务职能，向辖区内农村地区提供文化政策、文化建设经费、文化事业人才，围绕建设农村公共文化基础设施和开展农村公共文化活动，建立了一套体系化的农村公共文化供给机制。深入贯彻文化部“十一五”及“十二五”时期文化改革发展规划及实施纲要、《中共中央关于深化文化体制改革、推动社会主义文化大发展大繁荣若干重大问题的决定》等文化政策，牢牢把握基本公共文化服务的公益性质，明确政府责任，充分发挥政府在公共文化服务体系建设中的主导作用，以公共财政为支撑，以公益性文化单位为骨干，建立健全公共文化设施网络①。在市一级创建国家公共文化服务示范区的推动下，岳西县以文化民生工程为抓手，细化农村公共文化服务供给的落实方案。县政府不仅是农村公共文化供给具体办法和细则的制定者和推动者，而且是农村文化事业经费的主要筹措主体之一，更是农村文化服务人才的输送站和培养站。县政府网站公开的文化事业经费来源表明，农村文化事业经费基本来自各级政府的公共财政。据悉，稳定持续从事文化事业发展的人才多为政府文化部门及其下属文化单位的工作人员，村级业余文艺队或文化爱

①中华人民共和国文化部. 文化部“十二五”时期公共文化服务体系建设实施纲要[EB/OL].[2013-01-14].http://59.252.212.6/auto255/201301/t20130121_29512.html.

好者目前并不算活跃，更不是公共文化活动的主要发起者、组织者与参与者。

县政府系统在供给农村公共文化的同时，也开始重视促进农村公共文化供给主体多元化。一方面，着手培育民间文化团体，尤其是积极培育村级文艺队，力图将“送文化”与“种文化”相结合，培育本土化的文化活动主体，活跃农村文化氛围。目前，全县登记在册的文化团体共有36个，每个乡镇有3~10个村级文艺队不等。另一方面，积极响应国家号召，采用向社会购买公共服务的方式，引入市场力量，在文艺下乡活动中通过招标将演出活动付费外包给商业公司，不断提高公共文化服务的质量，降低行政运行成本。

（二）以科层式供给为核心方式，逐步尝试社会化供给

岳西县农村经济水平较低，一方面，农民本身对文化发展的认识不到位，文化自觉程度低，文化需求远远让步于经济需求，农村文化市场发育缓慢；另一方面，农民忙于生计，没有时间自己组织起来发展公共文化，农村社会组织数量少、类型单一（多为经济性组织）、力量薄弱。公共文化供给主要依靠政府自上而下地进行决策，并依靠强大的行政系统执行决策，按照既定标准提供农村公共文化服务。社会力量不足以独立提供农村公共文化服务，唯一可以依赖的科层式供给经过长期发展已较为完善，在农村公共文化服务体系建设中发挥了重要的积极作用。何艳玲将“基于政府科层体系的供给机制”称为“科层式供给”，“其特征是供给渠道的垂直性和单向度性”[①]。农村公共文化供给的推动力量主要在于上级部门的行政推动以及政绩考核压力，依托于已有的科层式官僚体制。以人们熟知的农村文艺演出活动为例，绝大多数乡镇公共文化活动的组织过程大致如图1所示。

①何艳玲.从“科层式供给”到“合作化供给”——街区公共服务供给机制的个案分析[J].武汉大学学报(哲学社会科学版),2006,59(5):655-661.

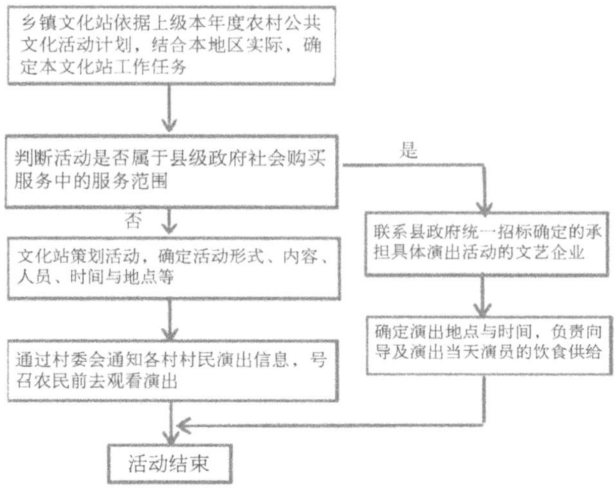

图1　乡镇公共文化活动组织流程

图1中，文艺企业的酬劳由县级财政统一支出，文化站自主组织的文化活动则由各类文化专项资金、各级政府财政预算中的文化事业经费等提供财力支持。据调研，岳西县农村公共文化设施建设如同上述文化活动流程图一样，以行政体制及准行政机构——村委会为组织基础，依赖公共财政的经费支持，在乡镇文化站及村委会工作人员的组织策划下开展农村文化事业建设，最终形成纵向上行政层级明显、横向上供给内容较为完备的流程清晰、基础稳固的科层式供给体系。

同时，岳西县也开始尝试在农村地区实行社会化供给。公共服务社会化，是指政府在提供公共服务时调整自己的职责和范围，将原来由政府承担的一些公共服务职能转移给非政府组织和私人部门，从公共服务完全由政府提供转变为由政府与社会力量合作提供并实行责任分担，在实施过程中，引入市场竞争机制，以提高供给效率，最大限度地满足消费者的服务需求①。传统节假日尤其是春节期间，常有村民自发组织或者政府倡导、村民组织灯会等活动，丰富了村民的公共文化生活。政府推行的文艺下乡活动，引入市场竞争机制，通过招标等形式向竞标成功的文艺公司购买公共服务。这些都可以看作岳西县农村公共文化服务尝试社会化供给的一种

①史传林.农村公共服务社会化的模式构建与策略探讨[J].中国行政管理，2008(6)：56-59.

努力。

(三)基础建设与文化活动并重,初步实现体系化供给

关于公共文化供给的内容，相关专家学者众说纷纭，涉及公共文化基础设施建设、公共文化活动、公共文化组织机构和人才及公共文化建设经费等各个方面。结合岳西县开展的农村公共文化供给实际情况，在此仅介绍可以为农民直接享用的供给内容。

1. 农村公共文化基础设施建设

公共文化基础设施建设中县城、乡镇和村三级的设置有所不同。县城内的文化设施主要有图书馆、文化馆、博物馆和美术馆；乡镇重点建设综合文化站；村一级则以农家书屋、农民体育文化休闲广场为主，有的村结合实际情况重点建设农民文化乐园。表1所示为岳西县农村公共文化基础设施建设一览。

表1 岳西县农村公共文化基础设施建设一览表

级别	行政体总数	基础设施名称	基础设施数量(个)	覆盖率
乡镇	24个乡镇	综合文化站	24	100%
村	182个行政村	农家书屋	182	100%
		农民文体休闲广场	128	70%
		农民文化乐园	6	3%

（1）乡镇综合文化站建设。截至2012年，岳西县已实现了乡镇综合文化站的全面覆盖，全县共建成24个综合文化站，均达到上级文件所要求的标准配置。乡镇综合文化站的标配可概括为“四室一厅”，即图书室、公共电子阅览室、科技培训室、办公室和多功能厅。乡镇的图书室与村一级的农家书屋基本上相同，公共电子阅览室则与电子信息共享民生工程密切相关，科技培训室主要用于农业技术培训、科学知识普及，多功能厅用途较为广泛，可放映电影及各类展片、举办讲座及道德讲堂，也充当当地文艺队伍的排练室。按国家相关规定，根据文化站的硬件和软件（包括文化站建设面积、图书馆藏量和流动量、设施设备标准等），可将文化站从优到劣分为一级站、二级站、三级站和级外站。岳西县共有24个乡镇综合文化站，其中8个一级站、7个二级站、7个三级站和2个级外站。2个级外站是

由于被当地乡镇政府临时借用为政府办公地点而被评定为不达标，2个乡镇政府均已签署书面承诺书，保证在2015年8月之前归还文化站。

（2）村级农家书屋建设。岳西县共有182个行政村，2012年6月底已实现村级农家书屋的全县覆盖。每个农家书屋的占地面积、基本设置、服务面积等不尽相同，例如白帽镇下辖10个村，这10个村的农家书屋的面积在12~432 ㎡不等，面积大多为12~60 ㎡（8个），其余2个分别为152 ㎡和432 ㎡。这当中的8个农家书屋基本上只包括图书室，2个面积较大的农家书屋除图书室之外还包括文娱活动室、数字投影放映室、乒乓球室、棋牌室、文体广场等设施。其中，9个农家书屋在2011年或2012年建成，单个建设资金为2万或3万元；面积最大的于2014年建成，投入40万元。值得注意的是，所调研的10个农家书屋的建设面积与其辖区面积、辖区人口并不一定都呈正相关关系。这里列举两组数据对比情况以供说明：第一组数据，辖区面积为16.7 km^2和10.09 km^2的2个村的农家书屋的面积分别为20 ㎡和30 ㎡，这两个村的辖区人口分别为1 671和2 008，从这里看出似乎农家书屋的建设规模主要依据辖区人口而定；第二组数据，432 ㎡的村所在村的辖区面积为23 km^2，辖区人口为2 188，与其辖区面积最接近的是22 km^2，该村的辖区人口为2 423，农家书屋的建设面积仅为50 ㎡。进一步比较分析第二组数据，发现唯一可能解释二者之间建设面积区别的原因在于流动人口，尽管432 ㎡的农家书屋所在村的辖区人口仅有2 188，但其流出人口仅为378，流出人口占比仅为17%；面积为50 ㎡的农家书屋所在村的人口虽有2 423，但流出人口达到1 130，流出人口占比高达49%。

（3）农民体育文化休闲广场建设。岳西县地处山区，人们傍山而居，农民体育文化休闲广场一般占地面积不大，大多数配置两三张乒乓球桌和一些健身器材即可，有些村建造了篮球场。据统计，现建成的村级文化广场300 ㎡左右的有37个，100 ㎡以上的有128个；107个村完成了农民体育健身工程建设。

（4）农民文化乐园建设。农民文化乐园总体数目不多，截至2014年，全县共建成6个农民文化乐园，其中，1个省级点、1个市级点和4个县级点。2015年，已成功申报2个县级点，调研时市级点和省级点的审定工作还未开始，因而无该项数据。据岳西县文广新局的相关工作人员介绍，虽然一些地方并未挂牌文化乐园，但其实际上已达到文化乐园的评定标准，或者在建设过程中向文化乐园的基本配置[①]靠齐。

2. 农村公共文化活动

农村公共文化活动以“文化进社区下基层”“文艺下乡”“电影下乡”等为平台，其活动场所、时间、次数等多由政府做统一要求。主要包括以下类型。

（1）农村文艺演出。按要求，每村每年必须举办不少于3场的正规演出（这在安徽省处于领先地位，其他地区大部分要求每村每年1场即可），全县182个村总计546场，观众近27万人次；县文化馆已组织送戏下乡、文化进社区近50余场，惠及村民近4万人次；高腔传承中心在乡镇演出62场，观众近3万人次。在部分村镇，村民们不但能演节目，还在文化工作者的指导下，自己编制精彩节目，办起村级小班社，并配合送戏下乡工作登台演出。这些农民自编自演的节目，接地气，贴人心，广受群众欢迎。

（2）农村电影放映。要求每村每月放映1场公益电影，2014年已完成放映2 184场。公益电影可以采取露天播放、室内播放两种方式，一般露天播放吸引的观众多，室内播放多在乡镇综合文化站的多功能厅进行。

（3）流动图书车。为了让延伸服务更好地发挥作用，县图书馆创新服务方式，将图书车打造成行走在乡村的流动图书馆，利用流动图书车到村里开展流动图书借阅服务。“流动图书车”是由文化部、财政部配送，车厢内两侧均设有书架，可放置图书1 000余册，报刊10余种。为方便读者借阅和查询，工作人员根据读者需要，将图书分为历史政治类、教育类、文学类、科技类和少儿类等。另外，图书车通过VPN设备与馆内办公自动化系统互联互通，为读者提供现场办证、咨询、图书借还等全方位服务。流动图书活动一般选在周末或者节假日进行，提供的图书包括农民需要的农业、科技、信息、养殖等农技类图书，以及孩子们感兴趣的优秀作文选、童话故事、小说、散文等课外读物，还有农村实用法律、民风民俗、健康

①文化乐园的标准配置简称“一场二堂三室四墙”：一场是指文化体育广场，需要有室外大舞台以供农民文化演出活动之用；二堂是指大礼堂和讲堂，大礼堂内举办一些村全体或者多数人参加的大型会议以及比较重要的表彰会等等，讲堂以开展村级培训、道德讲堂为主；三室则指图书阅览室、文化活动室、信息资源共享室，这与乡镇综合文化站的配置大体相同，都是致力于满足农民的阅读、下棋、上网等需求。

知识等方面的图书。同时，为吸引更多农民读者参与，工作人员还充分利用车载电视、电脑、音响等设备，全天循环播放少儿读者喜欢的动画片和市民喜爱的音乐。

（4）文化体育类竞赛。要求每村每年至少举办6场文化体育活动，包括各种球类比赛、棋类竞赛以及掰手腕等。要求乡镇综合文化站每年举办4次大型文化体育活动，8次小型单项活动，12次培训、讲座等，这些活动文化站可与其他单位联合举办，乡镇参与县级比赛也算入其中。

（5）信息工程。信息工程涉及科技、法律、实用技术培训、歌曲、舞蹈、戏曲、影视、党政文件精神等内容。每村每月向农民播放一次视频，内容以群众需求为主，同时兼顾上级下达的思想政治教育任务。

（四）紧抓财力投入与人才培养，实现双重保障性供给

1. 农村公共文化组织机构与人才

（1）公共文化组织机构。农村公共文化组织机构近年来有所发展。按其性质可以分为以下几类：其一，文化事业单位，如乡镇综合文化站以及独具特色的当地国家级非物质文化遗产传承中心，其性质为事业单位，财政上享受差额补款。其二，民间文化团体，如黄梅戏戏迷协会、摄影协会、舞蹈协会、音乐协会等。岳西县现登记在册的各类文艺团体有36个，其中，文艺演出团体12个，高腔剧社12个，作家、音舞、书画、诗词等协会12个。从收集到的资料以及定点调研来看，还有许多分布较为广泛的村级文艺队。这些村级文艺队在闲暇时聚在一起排练节目，以戏曲、舞蹈类居多。岳西县的农村文化团体主要包括两大类：高腔剧社和广场舞文艺队。截至2015年3月，共有12个高腔剧社。广场舞文艺队数量众多，这与当地政府以及村委会的大力推广以及广场舞对参与者的天赋要求低、跳舞地点选择多、音响设备易配备等众多特点有密切关系。

（2）公共文化人才。农村公共文化人才主要是乡镇综合文化站的工作人员、村级图书管理员以及各村文艺爱好者。按照文件要求，每个乡镇文化站应至少有3名工作人员，需考虑到性别、年龄以及专职与兼职的比例等多种因素。根据调研情况，各文化站大多只有1名专职文化站工作人员，一般由“三支一扶”人员担任，其余2人往往只是挂名，并不参与文

化服务工作。图书管理员要求每个行政村至少有1人，享受财政补贴，一般由计生专干兼任。由于每个村都有计生专干，此项规定已落实到位。

也有一部分文艺爱好者会自发组织起来，志同道合者出于一致的兴趣爱好共同约定，组成一种组织松散、靠软约束力维系的文艺团队。这些文艺爱好者大都是教师、政府工作人员、文化工作人员等经济基础尚可、闲暇时间较多的人群。调研中有幸接触到一位文广新局的工作人员，他以前就曾和文联、国税等单位以及琴行的朋友组建了一支乐队，利用周末的闲散时间约定一起排练曲目，排练也并非为了商演，只是出于兴趣爱好。但遗憾的是，最后由于大家工作较忙，时间难以统一，乐队还是难逃解散的命运。基层农村文艺爱好团队更难以保持其稳定性，由于工作的不稳定（工作内容不确定、工作岗位不固定、工作地点不稳定），加上很多人选择外出务工，长期组织起来进行文化活动更为困难。

（3）文化人才培训。根据文件要求，文化站工作人员每年须在职脱产培训不少于15天，图书管理员不少于5天，每个村的文艺骨干则有相关不定期的文艺培训。此外，县级文化单位会根据实际需要，组织各种类型的文化培训。就2014年而言，县文化馆举办社会文化艺术培训23期，包括民间艺术团体骨干、歌唱基础、群众广场舞、成人腰鼓培训班等，免费培训5 400人次，其中含农民工、残疾人等特殊人群；走进乡村举办农民文化骨干培训班580场（次），培训17 000人次。县图书馆组织技术人员对182个村级农家书屋、乡镇和村级公共电子阅览室的管理人员进行了培训；高腔传承中心在田头、五河、天堂、中关、巍岭等乡镇举办高腔民间剧社演职人员专业培训班17期，培训内容包括乐队培训、戏曲表演、基本功训练，受训人员540人。

2. 公共文化建设经费

（1）经费来源。公共文化经费主要依靠各级财政，其次是文化事业单位的财产性收入，社会捐赠或企业投资所占很少。县财政安排2014年公共文化支出预算经费2 680万元，占年度财政总支出预算的1.8%。县财政还对预算外公共文化建设所需经费进行追加，足额保障。2014年，除安排400万元年度文化发展资金外，前8个月，县财政还解决了春节文化活动经费15万元，农民文化乐园建设经费80万元，广电器材添置费100万元。除了财政配套之外，由于高腔属于国家非物质文化遗产，每年还享有一定数额的非物质文化遗产补助。高腔传承中心的前身为岳西县剧团，剧团在县城中心有一条街的房子，这些房子出租给商人，获得租金收入，可以用来维持高腔传承中心（剧团）的运转与开展各项文化活动。社会经费在公共文化收入中占比很少，只有县级大型文体活动才有一些企业出钱冠名，冠名费一般仅有两三百元，至多不会超出千元。

（2）经费的使用与监督。财政配套经费下发，要求各乡镇文化站设立专账专户，但经费支出需要乡（镇）长审批。文化民生工程制定了经费管理使用细则，实行严格规范的报账审批制度。各种经费开支都是由财务部门进行监督。若省、市部门下来考察，一般首先查账，检查比较严格，接受访谈的文化工作人员表示“不敢挪用”。但文化经费的体制外监督严重缺乏。

三、改革创新，不断提升农村公共文化服务供给水平

作为一个山区贫困县，岳西在农村公共文化服务供给上取得了显著成绩，实属不易，但也不可忽视实践层面上出现的基础文化设施利用率不高、公共文化活动流于形式等问题。俗话说“巧妇难为无米之炊”，这句话恰好点出了做成一件事情必需的两个要素——物与人。农村公共文化服务供给的物质保障过于依赖政府的公共财政，缺乏社会资金；人力保障方面，农村文化精英外流和农村文化人才匮乏，是当前农村基层政府开展农村文化工作和组织农村文化活动的一个重要困境[①]。一方面，高流动性使农村文化人才队伍的稳定性与连续性问题亟需解决；另一方面，提高农村公共文化人才的专业素质、培养本土优秀文化人才也刻不容缓。

当然，造成这些问题的原因是复杂的、多方面的。例如，大量农民的离土离乡不仅造成了农村日益空壳化，也造成了外出农民工的社会归属感的缺失与留守农民的农村公共活动的锐减，进而导致农民整体的公共精神和农村公共性消退。再如，农村深受城市现代文化与农村传统文化的双重

①吴理财，夏国锋．农民的文化生活：兴衰与重建——以安徽省为例[J]．中国农村观察，2007(2):62-70.

影响，既容易仿城市文化之形而不得其神，又容易沉湎于不合时宜的旧文化而致使文化发展停滞，这往往就使农村公共文化建设陷入迷茫、摇摆不定的状态。

提升农村公共文化服务水平，必须打破农村公共文化发展的桎梏，促进传统与现代的融合，实现国家与社会两个层面上的互动。政府应创新服务理念，主动向农村提供满足农民实际文化需求的公共服务；农民应当激发自身文化自觉，积极与政府交流互动。社会组织一方面可以发挥桥梁作用，促进政府与农民的对话，另一方面可以增强自身的服务能力，推动农村公共文化服务社会化供给。

(一)创新服务理念,增强基层政府内驱动力

服务已经成为21世纪政府行政管理的本质，服务精神是21世纪政府行政的灵魂①。作为直接向农民提供公共文化服务的基层政府，不仅要深入增强服务意识，还必须不断创新服务理念。第一，明确自身的文化职能，主动提供公共文化服务；第二，坚持以满足农民文化需求为目的，实现农村公共文化服务供给，不生搬硬套他人的经验，而是根据自身的经济情况、社会环境、公共文化发展水平、历史文化传统等进行创新，探索适宜的公共文化服务模式。

中国仍是发展中国家，我国各级政府和社会民众都高度重视经济的发展，在文化与经济二者之间往往“重经济轻文化”或者认为存在发展次序上的“先经济后文化”，但是文化发展与经济增长并不矛盾，相反，二者相辅相成、相互影响，文化发展并非可有可无。经济的迅猛发展与社会生活方式的巨大变化刺激了农民包括文化需求在内的多种多样的需求，农民也越来越需要更优质的公共文化服务。人民公社解体和实行家庭联产承包责任制之后，农村集体的公共文化供给能力迅速减弱。面对农民日益增长的文化需要，肩负公共服务职能的政府不得不高度重视农村文化发展，主动提供农村公共文化服务。此外，文化在塑造意识形态方面的作用也决定了政府做好公共文化服务的必要性，公共文化服务在满足农民求知、求乐、求富需求的同时，还可以传递一个国家、一个政党的政治思想、政治目标和主流价值观

①罗忠桓.推进公共服务社会化与中国行政改革[J].行政论坛,2002,9(2):37-38.

念，这些对于形成符合国家安全的民间舆论，增强农民对国家和政党的政治认同，强化政治参与，维护社会稳定有着春风化雨、润物无声的作用[①]。所以，无论是立足于公共服务职能，还是出于政治统治的需要，政府尤其是基层政府必须主动提供能满足农民需要的农村公共文化服务。

提供农村公共文化服务，政府还必须坚持以人为本，站在农民的角度，倾听农民的文化需求，分群体、分层次、有针对性地提供农村公共文化服务。随着大量农村人口涌入城市以及城市效应的外溢，农村的封闭状态被打破，农村居民不仅包括传统意义上以务农为生的农民，还包括外出务工人员、就近务工人员、外来定居人员、流动人口等，职业涵盖种植养殖专业户、个体工商户、小商品经营者、企事业单位职员等多个类别。不同年龄、职业、家庭背景、教育经历的人的文化需求不尽相同，公共文化产品的选择偏好也存在较大差异。因此，农村公共文化服务是否具有高水平、高质量，不仅仅是看基础文化设施是否齐全、公共文化活动是否丰富，还应该考察所提供的文化服务是否满足了当地农村居民的实际文化需求。

（二）培育农民文化自觉，强化农民文化需求表达

1. 培育农民文化自觉

家庭联产承包制实行以来，农村基本单位是家庭而非家族，原来维系农村社会关系的宗族以及与之相关的宗族文化慢慢消解。在市场经济的冲击下，农民更多地关注经济目标，文化目标几近丧失，传统农村公共精神和公共文化在消解，农民除了让孩子上学，在家看看电视、打打牌，几乎无其他文化需求。然而经济的发展离不开文化，更遑论文化对个人、对整个人类发展的促进作用，农村要想获得长远发展就必须发展文化，农民要想发展就必须有更高层次的文化水平。

促进农村公共文化供给的优化，一要培养农民的文化权利意识。在调研中，通过访谈发现，不少农民并没有意识到自己有权享受并要求政府提供公共文化服务。当笔者询问："您觉得咱们村里有必要像别的村那样修建文化广场么?"受访的大部分村民都认为"那是政府的事，修了挺好的，不

①张良.政府主导、社会参与、市场配置:农村公共文化服务体系建设的理想模式[J].理论与现代化,2012(4):25-30.

修也无所谓”。农民文化权利意识的淡薄可见一斑，增强农民文化权利意识迫在眉睫。首先，要引导农民自觉进行文化消费，让文化享受或文化消费成为他们日常生活的一部分，使之意识到文化对自身和家庭发展的重要作用。生活在经济欠发达地区的岳西县农村居民，现在仍需忙于生计，所赚来的微薄收入多用来提高家庭物质生活水平以及维持人情往来，他们缺乏进行文化消费的意识。其次，要推动农村居民自觉使用公共文化设施。当下农村公共文化基础设施已初具规模，但农家书屋、文体休闲广场、农民电子阅览室等设施利用率不高，一定程度上反映了农村公共文化建设没有引起人们的共鸣，缺乏供给对象——农村居民的关注与参与。况且，只有农民广泛地使用文化基础设施，政府、社会和市场才能够进一步深入了解当前农村公共文化供给中值得推广的经验和存在的问题，才能够不断优化农村公共文化供给，建设乡风文明的新农村。最后，要吸引农民自觉参与公共文化活动。与推动农民自觉使用公共文化设施的道理一样，农民只有通过参与文化活动强化参与感、归属感和主体感，才能够不断充实自己的生活，使自己感到有意义，才能够不断丰富内心的情感，使自己感到被需要、被关注，才能够逐步实现农村文化大发展大繁荣，使农村精神面貌焕然一新。

人是群居性动物，更是社交动物。我们需要同伴，需要各种各样的社会交往，并通过社会交往获得自己生产生活所需的物质资料以及精神上的归属感。培育农民文化组织，既可以丰富农村文化，促进农村公共文化的发展，又可以营造文化氛围，培育农民消费文化、享受文化的习惯，使之养成文化自觉意识，激发农民的文化需求。

2. 强化农民文化需求表达

随着农民收入的不断增加，农民的消费水平得到提升，消费结构也发生了明显变化，农民追求的不再只是物质生活的满足，还有精神生活的丰富。随着市场经济和公民社会的发展，农民的民主意识和自主能力逐渐增强，对公共文化的需求日益多元化。这一现实背景决定了提供农村公共文化必须重视收集和整理农民的真实文化需求，强化农民在政府决策中的作用，拓展“自下而上”的农民文化需求表达通道，加强农民与政府之间的沟通与交流。

作为农村公共文化接收主体的农村居民，自身往往缺乏主动表达文化需求的意识和能力。农民或者难以意识到自身需要哪些公共文化设施，希望参与哪些公共文化活动；或者觉得公共文化服务可有可无，不影响一家人的生活；或者忙于生计，无暇理会自身的文化需求；或者由于自身文化水平、表达能力的限制，尚未意识到可以向谁表达或难以准确表达自身的文化需求。农民很少参与公共文化供给的决策，只是被动的接受者，缺乏文化需求表达的意识。因此，必须通过提高农民文化教育水平、强化农民文化权利观念等方式，激发农民文化需求表达意识，提升农民文化需求表达能力。

（三）重建农村社会资本，增强社会组织服务能力

林尚立等指出，开发民间组织的有益功能是构建公共服务型政府的有效路径，民间组织的成长为政府职能的真正转变提供了可能，为公共服务型政府的职能运行提供了有效支撑①。而社会资本是社会组织的特征，例如信任、规范和网络，它们能够通过推动协调的行动来提高社会效率②。信任、规范和网络是社会资本的三大基本要素。农村社会是熟人社会或半熟人社会，低流动性加上发达的人际网络，使人与人之间的联系紧密，也更容易相互信任，与城市相比，农村社会资本更为雄厚。重建农村社会资本，有利于增强社会组织的服务能力。

1. 依托熟人社会，提高社会组织资源动员能力

农村资源无论是财还是才，都处于相对缺乏的状态。社会组织不是必须依附政府才能存在，其资金来源也不仅限于政府资金，还可以来自企业和个人的捐赠。熟人社会特质造就了信息对称优势，互相了解的彼此更容易产生信任，社会组织凭借对服务范围内居民的了解，既可以鼓励有经济基础的本土企业、农民个人支持公共文化事业，捐助开展公共文化活动，提高社会组织的自筹能力，又可以发掘本土文艺爱好者、优秀管理人才，增强社会组织的人力资本。

---

①林尚立，王华.创造治理:民间组织与公共服务型政府[J].学术月刊，2006，38(5):22-29.

②罗伯特·D·帕特南.使民主运转起来——现代意大利的公民传统[M].王列，赖海榕，译.南昌:江西人民出版社，2001:195.

2. 明确定位，规范发展，加强社会组织自主性

农村社会应逐渐形成这样一种共识，即公共文化服务的供给主体并非唯有政府，社会组织有能力也有可能成为一个重要的供给主体。社会组织应明确自身与政府组织的界限，清晰定位，抵制行政权力的侵蚀，在坚持自主性的同时，与政府合作发展，共同推动农村公共文化服务供给体系的优化。资源贫乏的农村社会组织，通过参与政府购买公共服务，还可以解决自身资金发展瓶颈。政府向社会组织购买公共服务的一个重要前提就是购买双方主体独立，这必然要求政府通过双重管理体制的改革，从制度上切实剥离社会组织对政府的行政依附关系，从而为社会组织的自立和自治提供越来越大的空间①。农村社会组织应该加强自主性，积极参与农村公共文化服务供给，推动组织的长效发展。

3. 善用农村人际关系网，扩大社会组织影响力

随着收入水平和物质消费能力的不断提高，农民必将越来越重视精神生活的丰富，越来越关注农村公共文化事业的发展。农村社会组织的影响力较低，与社会组织的活跃程度以及农民的参与度有关。扩大社会组织的影响力，可充分利用农村发达的人际关系网络，通过亲友之间快速且可信度高、渲染力强的宣传，既有利于吸引农民参与，提高关注度和知名度，也有利于高效塑造组织形象，为以后的组织发展打下坚实的基础。

①刘金良，姚云云．社会组织的发展路径选择：基于政府购买公共服务的研究[J]．辽宁行政学院学报，2011，13(5)：11-13.

加强乡镇综合文化站建设
提升公共文化服务水平

——贵池区乡镇综合文化站发展现状调查

朱启友　方国苗[①]

摘　要：乡镇综合文化站作为开展农村文化工作的基本阵地，为农村文化建设作出了一定贡献。贵池区努力构建覆盖全区的三级文化网络平台，全区农村文化建设取得一定成绩，农村群众精神文化生活有了很大改善。但农村文化建设状况与当前新农村建设的目标还有一定距离，与当地经济社会发展水平仍有一定差距。本文通过对贵池区乡镇综合文化站发展现状进行调查研究，找出其可能存在的一些困境，结合对乡镇综合文化站实际情况的分析，提出加强乡镇综合文化站建设的一些建议。

关键词：公共文化服务；乡镇综合文化站；贵池区

乡镇综合文化站作为农村公共文化服务的基本阵地，是农村公共文化服务体系的重要组成部分。但是，乡镇综合文化站究竟如何建设，其发展存在哪些困境，基层政府与乡镇综合文化站自身该怎么办，却是亟待研究和探讨的现实课题。

贵池区作为池州市的市辖区，下辖9个乡镇。至2011年年底，全区基本实现乡镇综合文化站全覆盖，每个镇均建有300平方米以上的综合文化站，建筑总面积达3 619平方米。本次实地调查按经济状况好、中、差3个等次，分别选取贵池区Y镇、N镇、T镇3个乡镇作为调研点。3个乡镇

①朱启友，安徽师范大学法学院公共管理系副教授，博士，安徽师范大学法治中国建设研究院研究员；方国苗，蚌埠日报社记者，硕士。

共有250名农村居民参与调查问卷，其中男性占55.2%，女性占44.8%；年龄在20—50岁的占总人数的56%，20岁以下以及50岁以上的占44%。

选择此次调查数据对整个贵池区进行个案分析，是因为所选的三个乡镇经济发展水平、农民人均收入水平等都具有一定代表性，这些数据应该能够反映贵池区乡镇综合文化站建设的基本情况。

一、池州市贵池区乡镇综合文化站现状

本文选取财政投入、文化设施、活动开展、人才队伍等四个关键因素进行介绍，以期了解贵池区乡镇综合文化站建设的概况。

1. 财政投入状况

地方财政能力直接关系乡镇综合文化站建设及其文化活动的开展。随着社会经济的发展，贵池区逐渐加大了对农村文化建设的财政投入。从财政支出情况看，2011年，贵池区文化体育与传媒支出为3 438万元，占整个财政支出的1.2%，而同年的教育和医疗卫生支出分别占5.6%和3.8%①；2012年，文化体育与传媒支出为5 152万元，占整个财政支出的1.4%，而教育和医疗卫生支出则分别占4.7%和3.4%②。可见，农村文化投入比例偏低，与农村文化的实际需要仍有一定的差距。另外，到乡镇一级，由于财政比较困难，虽然也支持了一些文化活动的开展，但大部分乡镇文化经费预算仍然捉襟见肘，公共文化服务基本处于应急、临时状态。以T镇财政支出情况为例，2012年，全镇实现财政支出512.81万元，其中文化广播事业支出为8.2万元，占全镇财政支出的1.59%，文化经费投入比例偏低。

2. 文化设施状况

乡镇综合文化站设施建设是农村文化服务的重要内容，是最能反映出其建设情况的指标。近三年，安徽省及池州市不断加大对乡镇综合文化站建设的投入力度，贵池区乡镇综合文化站建设取得了巨大进步，其设施与设备情况较以前有明显改观。2012年，贵池区乡镇综合文化站文化活动用

①资料来自2012年安徽省统计年鉴。

②资料来自2013年安徽省统计年鉴。

房面积达2 430平方米，藏书22 700册，计算机62台；拥有社区文化活动室12个，村文化活动室98个；而文化广场较少，尚未形成方便群众就近参与文化活动的格局。村文化活动室面积狭小，仅有少量文化器材（多由村里购置），甚至一些村文化活动室形同虚设，无任何图书与器材。

根据《“十一五”全国乡镇综合文化站建设规划》，乡镇综合文化站基本功能空间应当包括多功能活动厅、书刊阅览室、培训教室、信息资源共享服务室、管理用房。根据调查和分析，目前贵池区乡镇综合文化站在基本功能空间上与国家规定仍有一定差距。

3. 活动开展状况

随着国家对乡镇综合文化站的重视，政府开始加大对乡镇综合文化站的投入，乡镇综合文化站基本都实现免费开放，文化活动的开展次数也逐渐增多。对贵池区乡镇综合文化站的调查发现，乡镇综合文化站经常开放的只占19.2%，偶尔开放的占49.2%，遇到检查开放的占18%，雨天或晚上开放的占2.8%，不知道情况的占10.8%

文化活动方面，虽然区域内乡镇综合文化站开展了丰富的文化活动，如组织文艺活动、举办培训班等，但是与全区庞大的农村群众人数相比，供需矛盾仍十分突出。如2012年，全区9个乡镇综合文化站共组织文艺活动69次，举办训练班37次，这难以满足当前农村群众的文化需求。从活动内容与方式上看，以看戏、赛龙舟、舞龙、广场舞等文艺形式为主，且与五一劳动节、端午节、国庆节等重大节日结合在一起，并非持续性、经常性开展。文化活动内容较简单、缺乏创新，且形式单一。从活动内涵上看，不同年龄段、不同文化程度的群众对文化需求是不同的，而贵池区农村公共文化活动比较单一，农民的需求很难得到有效满足。大部分乡镇文化活动只有简单的文艺体育活动，如组织广场舞。这些活动仅停留在让农民群众锻炼身体的层次上，没有把立足点放在提升群众素质上，难以满足广大农民多样性、多层次性的文化需求。

4. 人才队伍状况

文化人才是乡镇综合文化站乃至农村公共文化服务建设的核心。贵池区乡镇综合文化站人才队伍状况堪忧，主要表现在以下三个方面：一是科学文化水平偏低、年龄偏大。贵池区乡镇综合文化站在职在编人员共24

人，其中大专学历以上只有9人，占37.5%，而高中及中专学历有15人。这24人中具备一定文化业务知识能力的人更是极少，且平均年龄在42岁左右。二是人员编制数少且不稳定。贵池区乡镇综合文化站每个站点核定的人员编制数很少，平均每个站点3人左右，而农村公共文化设施的管理、维护及开展文化活动仅仅依靠两三个人是完全不够的，还需大量专业人员参与。在遇到文化检查工作时，还需要抽调一部分大学生村干部从事文化工作。另外，乡镇综合文化站待遇低、身份也比较尴尬，其工作人员都想方设法调离单位，严重影响队伍稳定。三是乡镇综合文化站工作人员被大量抽调从事与文化无关的工作，就此次调查的几个乡镇而言，其文化站工作人员平时都被抽调从事普查、拆迁等工作。

二、贵池区乡镇综合文化站发展困境分析

通过对贵池区乡镇综合文化站发展状况的调查，本文着重从乡镇政府、乡镇综合文化站和农村群众三个角度分析贵池区乡镇综合文化站建设存在困境的原因。

1. 从乡镇政府角度审视

其一，重视程度不足。提供公共文化服务，满足群众日益增长的文化需求，是各级政府一项重要的公共服务职能。由于经济主导发展观念的存在，个别文化站徒有虚名。随着十八大提出要按照建设社会主义新农村的要求，大力加强农村文化建设，农村公共文化建设地位相应提高。在此背景下，一些乡镇建立了综合文化站，组织了一些文化活动，但活动次数依旧偏少，仅限于重大节日或应付上级检查。另外，在资金投入上，一些乡镇政府盲目认为农村文化建设就是舍得花钱。如贵池区T镇综合文化站仅文化活动用房占地面积就达425平方米，位列全区第一，但2012年仅组织7次文艺活动，在全区排第11位。资金投入不追求效益，致使乡镇综合文化站变成谋求政绩的形象工程。归根结底，还是对农村文化建设的重要性认识不足，导致文化建设出现行为偏差。

其二，政府职能错位。从运行体制上看，乡镇政府处于我国政府体系最底层，上级机关制定的经济社会发展指标必然要在这里得到贯彻实施。

而乡镇官员的升迁往往与这些指标和任务挂钩，在日常工作中只注重强调上级任务而轻视甚至忽视公共服务职能，尤其是缺乏对农村公共文化服务这种“软任务”的积极性。就贵池区N镇而言，发展经济仍是第一要务，以工业园区为中心，工作重心放在招商引资上，文化站工作人员被长期抽调参与群众拆迁工作。另外，在农村地区，政府是公共文化服务唯一供给主体，其垄断地位决定了其在文化服务供给中必然会扮演“掌舵者”角色。对于基层政府而言，实施公共文化服务只是完成上级政府交代的行政任务，所谓的公共文化服务遵循的不是“服务的逻辑”而是“行政的逻辑”①。乡镇政府文化行政理念偏向“管制型”，强调直接管理和行政控制，具有较浓的行政管理色彩，而较弱的服务色彩必然导致农村公共文化服务有效供给不足，无法满足农民需求。

其三，财政体制障碍。我国的主要公共服务是由县级及其以下政府供给的，县乡两级政府向全国70%的人口提供了主要公共服务，其中农村人口占到了60%以上，但县乡政府财政收支状况差，公共服务的提供能力差②。贵池区有9个乡镇，尤其自税费改革后，乡镇财政资金来源主要靠国家财政拨款，多数乡镇都有财政困难现象。乡镇财政困难不仅制约了农村经济社会发展，也导致其在基本公共服务领域投入不足。财政有限成为制约乡镇综合文化站发展的瓶颈，表现为一些乡镇综合文化站基础设施建设滞后。乡镇综合文化站基础设施建设在争取上级资金的同时，往往需要乡镇政府投入部分配套资金，而乡镇文化事业经费的缺乏及监管不力，致使出现农村文化服务供给与群众实际需求脱节、供需不均衡的现象。

2. 从乡镇综合文化站角度审视

其一，基础设施建设滞后。农村文化基础设施滞后已成为乡镇综合文化站开展农村文化活动的瓶颈。以最基本的文化设施设备为例，整个贵池区乡镇综合文化站仅有图书22 700册、电脑62台，这相较于贵池区庞大的农村群众数量，无疑是难以满足需求的。虽然近几年贵池区加大了对乡镇综合文化站的建设力度，但相较于日益增长的群众文化需求，文化基础设

①吴理财.公共文化服务的运作逻辑及后果[J].江淮论坛,2011(04):143-149.

②胡鞍钢,魏星.财政发展与建设社会主义新农村:挑战与策略[J].财经问题研究,2007(5):3.

施的投入远远满足不了农村群众日益增长的文化需求。以被调查者的文化需求是否得到满足为例，有多达48%的被调查者认为自己的文化需求不能得到满足（见图1）。目前贵池区乡镇综合文化站基础设施建设尚处在追求量的满足、追求广覆盖的阶段，文化基础设施的建设质量难以到有效保障。

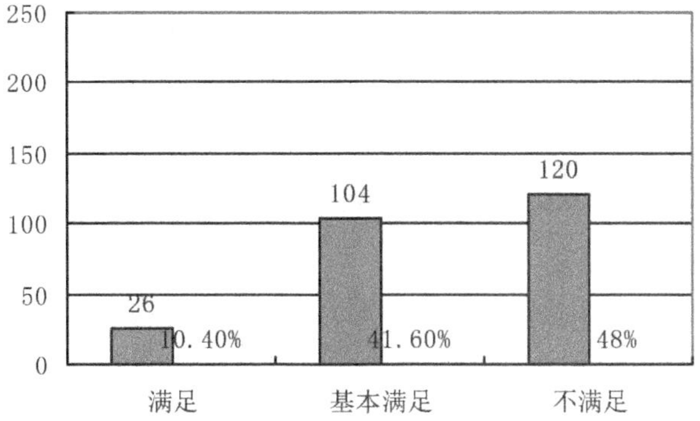

图1　文化需求能否得到满足

其二，人才选用机制落后。由于贵池区社会经济基础较为薄弱，再加上农村地区经济欠发达、环境不优越等，乡镇综合文化站在人才选用机制上存在一定困难，如人才培训不足、培训层次较低、高层次文化人才引进困难、文化人才评价机制落后等等。当前贵池区乡镇综合文化站人才培训仅限于临时性、短期培训，缺乏长远发展意识，难以跟上乡镇综合文化站发展形势和要求。在高层次文化人才引进上，农村由于社会经济发展的局限性，不具备培育高层次文化人才的能力，甚至留住高层次文化人才都比较困难。另外，在乡镇综合文化站还存在干与不干一个样、干多干少一个样、干好干坏一个样的现象，极大地影响了文化人才工作的积极性，未达到才尽其用。

造成这些困难的主要原因在于：一是社会经济相对落后，与发达地区相比，区位优势不明显，不足以吸引优秀文化人才。二是乡镇综合文化站对文化人才重视不够，一些乡镇一味强调经济发展，导致文化人才管理工作缺位。三是乡镇综合文化站在利益分配上存在一定的平均主义，难以形成优胜劣汰的竞争和激励机制，文化人才的贡献、效益难以体现。

其三，文化资源开发利用不足。农村地区传统文化资源丰富，贵池区在独特地理环境、历史文化与宗教文化的合力下，形成了丰富的传统文化艺术，如贵池傩戏、罗城民歌、目连戏等。而当前基层文化部门依然停留在“办文化”阶段，没有充分重视对这些传统文化资源的开发推广，在开发利用中往往流于形式，过于简单化。例如，傩戏和罗城民歌仅供当地人娱乐与欣赏，基层文化部门在扩大和增强这些传统文化资源的知名度与影响力上做得仍然不够，缺乏专业人员、文化机构的联合，开发氛围不足。另外，在开发利用上缺乏创新意识，多数传统文化资源依然停留在资源状态，表现形式单一，缺乏与现代科技的结合，致使其真实度、鲜活度不足，影响了传播范围，也难以被年轻人所接收。

3. 从农村群众角度审视

其一，科学文化素质不高。由于城乡社会经济文化的“二元结构”以及城乡分割的户籍管理制度等因素的影响，农村高等教育人才流失严重。大部分留守农村的群众多是老人、妇女和儿童，严重制约了农村公共文化的发展。从调查情况看，在农村劳动力中，小学及以下文化程度的占12.8%，初中文化程度的占28.8%，高中及中专文化程度的占40.8%，大专以上文化程度的仅占17.6%（见图2）。受传统观念影响较大的农村群众长期忽视对科学文化知识及专业技术技能的学习，只注重物质生产，未考虑长远发展。农村群众科学文化素质偏低，严重影响了其对一些新技术、新信息和新观念的接受、消化以及吸收的能力，进而无法有效提高农村生产力，最终影响其收入，导致外出务工人员增多，农村公共文化事业出现“空壳化”现象。

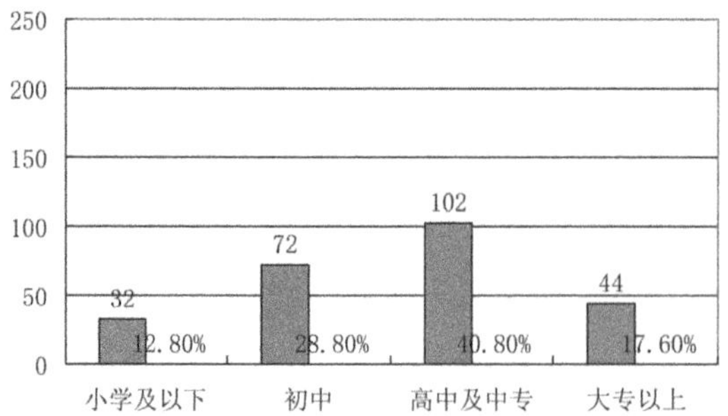

图2　被调查者文化程度

其二，参与积极性低。随着社会经济的发展及政府的高度重视，农村文化服务状况有了明显改善，群众文化活动内容也日趋多元。据调查，贵池区基层政府部门组织的文化下乡活动主要包括文艺演出、放电影、送戏、送书以及科普讲座等，内容趋于多元化多样化，然而当地农村群众对文化活动的参与程度却不高，如图3所示，偶尔参与和从不参与的分别占47.2%和25.6%。

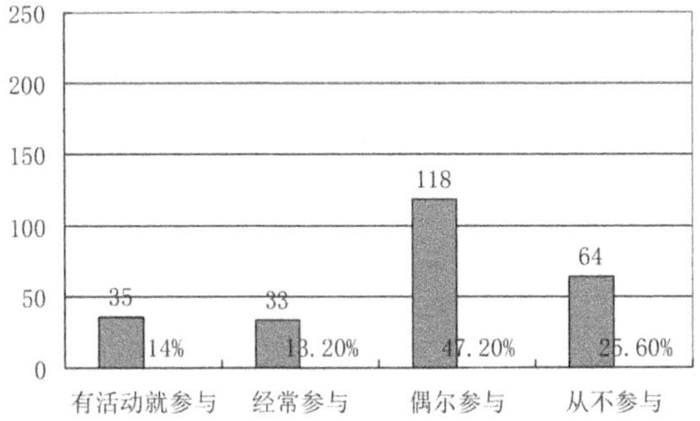

图3　被调查者文化活动参与度分析

根据分析，该地区文化活动内容虽较多样化，但存在严重不均衡现象，如放电影的比例明显高于其他活动（见图4）。而群众最感兴趣的文化活动依次是文艺演出（41.6%）、放电影（20%）、科普讲座（17.2%）（见图5）。另外，调查显示，不同农民群体对文化活动内容的需求存在明显差异。如20岁以下年龄阶段的群众对放电影的需求比较强烈，40岁以上的群众对文艺演出与送戏比较感兴趣；初中以上文化程度的群众对科普讲座与送书比较感兴趣。乡镇综合文化站组织的文化活动难以满足每个人的爱好，导致文化活动内容与实际需求不匹配，群众参与程度不高。缺少群众参与，致使很多文化活动脱离实际需要、流于形式，形成乡镇文化站唱独角戏的局面。

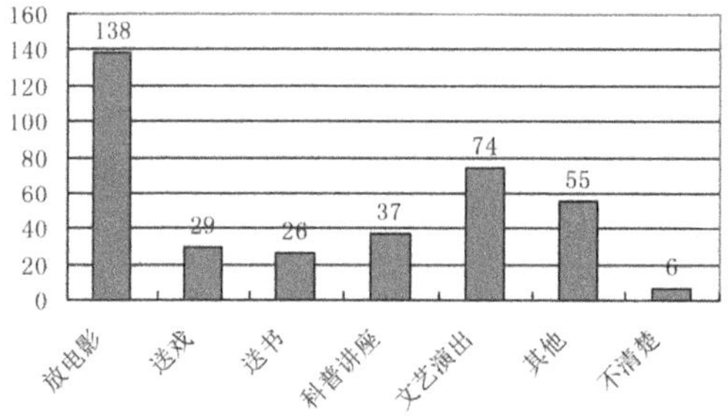

图4　组织文化下乡活动情况

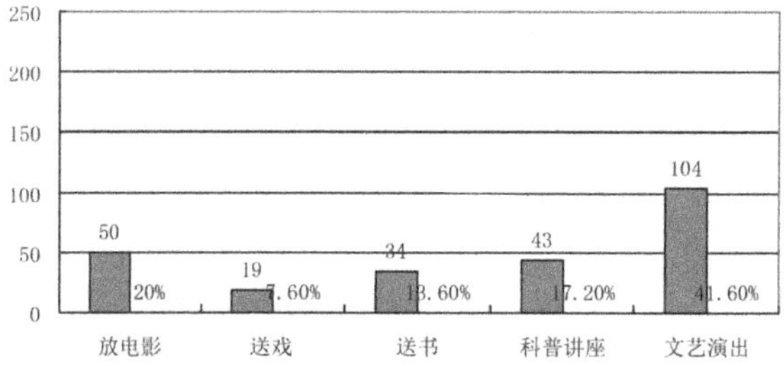

图5　群众最感兴趣的文化活动

其三，文化自治能力不足。目前，我国农村基层民主政治建设尚处于起步阶段，广大农村群众对自治的内涵、方法、步骤等缺乏足够认知和了解。另外，长期以来，城乡之间的非均衡性发展，农村精英的大量流失，进一步削弱了群众的自治能力。虽然村民委员会是农村群众实现自我管理、自我教育、自我服务的基层群众性自治组织，可负责本村的公共事务和公益事业，但由于一些村干部建设新农村的能力不强、服务意识不够、思想观念落后等问题，农村公共文化服务、文化基础设施建设自我管理等未能得到有效体现。对贵池区农村群众“关于开展文化活动的最大困难”这一问题的调查显示，认为缺乏资金的占39.2%，认为缺乏组织领导的占35.6%（见图6）。这反映出贵池区农村文化部门领导文化建设的不足，也从一个方面反映出群众自身文化自治能力不强。

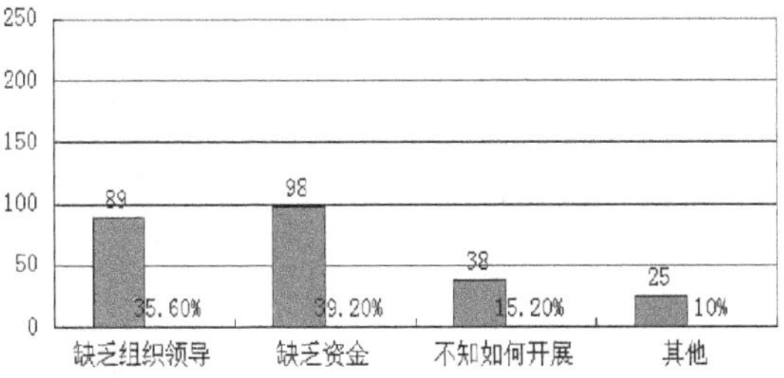

图6　开展文化活动的最大困难

三、加强乡镇综合文化站建设的对策思考

当前，应结合国家统筹城乡发展、加大对农村和欠发达地区文化建设帮扶力度的势头，综合考虑政府、农村群众以及乡镇综合文化站自身来促进其发展，实现农村文化服务的繁荣。

(一)发挥乡镇政府的主导作用

乡镇综合文化站建设离不开乡镇政府的重视与支持。而由于乡镇政府职能缺位、错位以及投入保障机制不健全，乡镇综合文化站缺乏强有力的组织保障和持续发展的能力。

1. 转变文化建设理念

乡镇综合文化站作为农村公共文化服务基本阵地，其对民生的重要性是毋庸置疑的。一方面，要加大对乡镇综合文化站建设的投入；另一方面，又要防止对乡镇综合文化站建设理解片面化、简单化，把建一点硬件设施、开展一点文化活动作为建设的全部内容，对乡镇综合文化站的建设仅停留在表面，或流于形式，甚至不切实际、不惜劳民伤财修建硬件设施。

新公共服务理论强调“服务于公民”“追求公共利益”，要“着重关注公民并且在公民之间建立信任和合作关系”。因此，作为农村公共服务主要提供者的乡镇政府要提高对文化站建设重要性的认识，提高对保障农村群众文化权益、维护农民文化权利重要性的认识，将“以人为本”的思想贯穿到乡镇综合文化站建设过程中。从满足农村群众文化需求、方便农村群众文化生活、改善农村群众文化质量着眼，科学规划乡镇综合文化站设施设备的建设与使用。以改进乡镇综合文化站的服务方式、合理界定服务内容、提高服务能力为目标，切实解决好农村群众最关心、最直接、最现实的文化权益问题。

2. 明确乡镇政府职能

提供公共文化服务，满足群众文化需求，是乡镇政府的一项责任，也是衡量其管理水平和能力的一项极为重要的指标。要做到这一点，就需要明确乡镇政府职能：不仅要重视经济建设，还要重视文化建设；不仅要满足农村群众的物质需求，还要满足其精神文化需求。

按照国家对乡镇综合文化站的建制规定，乡镇综合文化站是“行政隶属乡镇政府领导，业务上接受主管部门指导”的管理模式，乡镇政府同文化站是领导与被领导的关系。在这种管理模式下，一些乡镇文化站工作人员长期承担乡镇行政任务，很少承担文化工作。乡镇政府明确自身文化职能对乡镇综合文化站的建设与发展至关重要。要强化提供满足农村群众精神文化需求的公共文化服务的责任，明确职能分工，改善服务方式，最大限度发挥乡镇综合文化站提供公共文化服务的作用，尽可能多地开展与农村群众切身利益相关的公共文化活动，促进农村公共文化服务的繁荣与发展。要根据当地实际情况，把乡镇综合文化站建设纳入镇党委和镇政府的重要议事日程，纳入当地经济和社会发展规划，并将其作为评价乡镇发展水平、衡量乡镇发展质量和乡镇干部工作考核的重要内容和指标。乡镇政府要彻底改变目前在文化站建设中存在的消极态度和职能缺位、错位局面，制定适合当地乡镇实际情况的乡镇综合文化站建设规划，充分保障乡镇综合文化站的持续健康发展。

3. 调整财政投入体制

乡镇政府要把综合文化站正常活动经费纳入本级财政预算。按照上级规定，县（区）乡（镇）每年财政对文化投入要达到年度预算支出的1%，并随着经济增长而增长。然而受到乡镇政府财政困境影响，乡镇综合文化站提供公共文化服务能力不强，农村公共文化服务水平较低，难以有效开展满足群众多样化需求的文化活动。

作为公益性文化事业单位，乡镇综合文化站的公益性决定了政府必须加大对其投入。要解决上述问题，单靠乡镇政府自身努力和上级政府补贴是远远不能满足群众多样化需求的，且政府单一投入也不能取得最好的效率。治理理论倡导网络化的管理体系，主张在市场原则、公共原则、社会认同之上进行政治国家与公民社会、政府与非政府组织、公共机构与私人机构、强制与自愿相结合等广泛的合作。这一主张为我国农村公共文化服务供给方式多元化带来了新的思想观念和途径。因此，乡镇政府必须调整财政投入体制，积极探索多种投资渠道，吸引更多社会力量加入其中。通过出台政策和完善立法来鼓励各种社会力量参与农村公共文化建设的积极性，鼓励一些私营企业以及个人出资捐建公共文化设施、捐献公共文化设备，弥补公共财政不足。另外，允许和鼓励私营企业生产和经营公共文化产品，积极引进民间资金为公共文化产品生产服务，以改善基本公共文化服务质量，提高公共文化服务的运作效率和专业化水平，繁荣和丰富农村公共文化。如安徽省马鞍山市引入市场机制，吸引社会资本，利用政府“有形的手”来引导市场“无形的手”在文化资源配置中发挥作用，从而形成政府与社会共建共享的新格局。

（二）加强乡镇综合文化站内部建设

乡镇综合文化站作为农村公共文化服务的主要阵地，其自身的建设与发展直接决定着农村公共文化服务事业的成败。

1. 整合文化设施设备，创新建设机制

由于农村经济基础的薄弱以及乡镇的财政困难，一些乡镇综合文化站内部公共文化设施建设滞后。面对这一困难，乡镇综合文化站可通过机制创新整合人力、物力、财力资源，拓宽文化站建设发展空间，构建多元化建设格局。以“资源共享、优势互补、共同发展”思路对文化资源进行有效整合，让农家书屋、各村文化室、文化活动中心等资源互补并对其加以综合利用，努力做到相关设施设备的共建共享，有效克服财政对各个文化服务项目经费投入零星分散的局面，也能克服文化设施设备使用效率低下、文化服务绩效不高的缺陷。另外，还可利用当地学校的设施设备以及丰富的师资力量，在为学生提供教学服务以外的时间，积极为群众提供各类文化服务，如举办各类培训及讲座等。同时，向社会、企业、群众吸纳援助资金，形成多元主体投入机制。创建由文化站搭台引领、群众援助参与共建、志愿者参与管理的文化站建设机制，实现乡镇综合文化站持续发展。

2. 改革人事制度，抓好队伍建设

乡镇综合文化站对高素质文化人才的需求同现阶段人才短缺的矛盾比较突出。要解决这一矛盾，建立一支稳定高效的文化人才队伍，须改革当前乡镇综合文化站人事制度，建立健全用人选人机制。首先，应制定乡镇综合文化站用人标准，优化人才队伍结构。明确基层文化工作人员身份，提高其福利待遇，努力为其搭建施展才华的舞台。对在农村文化工作中有突出贡献的人员予以奖励，将专业水平高、业务能力强的人才引进乡镇综合文化站，深入农村开展工作，使其真正扎根于农村文化建设中，有效解决农村文化人才缺乏、素质不高的问题。其次，要加强农村文化队伍业务培训，尽快提升文化工作人员专业技能。乡镇综合文化站要充分发挥自身职能，加大对文化工作人员的辅导和培训，尽快培养一批农村文化骨干队伍，建立文化队伍建设长效机制，同时，加强对村级文化室工作人员的培训，实现农村文化人才队伍的可持续发展。最后，要积极推进文化工作人员实绩考核，构建科学评价体系，激发人员活力。把实绩考核作为文化工作考评主要内容，并逐年进行探索完善，形成一套比较系统的实绩考核体系。在考察中充分听取群众意见，落实群众对文化工作人员考察工作的知情权、参与权和监督权，对群众不认可、不满意的工作人员实行整改，让群众喜欢且有能力的文化工作人员施展才华。

3. 加强站际交流，实现资源共享

纵观我国乡镇综合文化站，大多自成体系，只与上级文化主管部门联系，彼此之间缺乏有效的衔接沟通，有限的设施设备、农村文化人才及地域性的农村文化资源没有得到合理利用。因此，在建设乡镇综合文化站时，应在资源利用上做到共享。追求资源共享，实现农村公共文化服务有限资源的效益最大化，除了要整合农村文化设施设备等资源外，还应注重文化人才资源以及地区文化艺术资源的整合。

首先，做好农村文化人才资源的整合。要以互惠共赢、共同发展为目标，突破体制、身份局限，引导各地区、各层次、各领域文化人才交流合作，最大限度发挥文化人才资源在农村文化服务进程中的智力支撑作用。

要搭建多方互动平台，建立优秀文化人才学习交流机制，积极推动区域间、不同体制间文化人才跨单位学习交流，尝试开展创新型、复合型文化人才孵化培养工作。要搭建信息管理平台，建立区域文化人才信息共享机制，加大地区性文化人才信息资源整合力度，提高人才资源使用效率。其次，做好地区文化艺术资源的整合。农村地区文化底蕴深厚，民间艺术丰富多彩，应整合各地区文化艺术资源，有效开发利用。要积极探索不同地区、不同领域、不同类型文化艺术合作途径，进行全方位、多层次合作与交流。合作进行各类文化资源交流与开发，合作举办文化演出活动，实现不同地域文化资源的融合，探索协作化、一体化文化交流与运作机制，增强地区性文化艺术辐射能力，实现农村文化艺术资源效益最大化。

（三）培育农村群众主体性

作为乡镇综合文化站服务对象，农村群众是农村生产力中最活跃的因素，也是农村精神财富的创造者。因此，要培育农村群众主体性，调动群众参与文化站建设的积极性、主动性和创造性，发挥群众的智慧，为文化站的发展注入活力和提供动力。

1. 提升农村群众文化素质

长期以来，由于历史原因、体制缺陷和投入不足等因素的影响，我国农村群众科学文化素质相对较低，农村群众缺乏关注公共生活的热情和维护公共利益的自觉性，也缺乏对农村文化活动的消化与接收能力，在一定程度上影响了其文化活动的参与度、积极性。即使党和政府对农村公共文化服务高度重视，且投入大量资金大力发展农村公共文化服务事业，也难以取得应有的效果，群众文化生活也难以得到深入改善。因此，必须加强对农村群众的教育，提升其科学文化素质，培育新型农民。首先，要加强基础教育，同时，大力普及职业教育，并结合当地乡镇实际、地域特点、农村发展条件等情况，既加强理论学习，又要侧重与生产相结合，做到学以致用。其次，针对部分乡镇城镇化、非农人口逐渐增多这一现象，应提高非农产业群众的文化素质。让农村群众在向非农产业或城镇的转移过程中，为适应新形势的要求不断加强再学习。同时，大力倡导和鼓励用工单位就地培训，使农民工在劳动期间学文化、学技术，促使农村群众增长知识，不断提高适应非农产业的文化素质。

2. 健全农村群众的参与需求表达机制

乡镇综合文化站建设最终受益主体是农村群众，如果缺少农村群众参与，其文化服务效果便大打折扣。在农村地区，公共文化服务仍属政府主导型，这就导致公共文化服务脱离群众实际需要，造成供需严重失衡。新公共服务理论认为，对于公务员来说，越来越重要的是要利用基于价值的共同领导来帮助公民明确表达和满足他们的共同利益，而不是试图控制或掌控社会新的发展方向①。

改变农村公共文化服务供需失衡的状况，提升乡镇综合文化站服务质量，必须健全农村群众参与需求表达机制。首先，要提升农村群众的文化参与意识。在大力发展农村经济和提升农村群众文化素质的基础上，要唤醒他们对文化参与重要性的认识，激发其积极性。在建设乡镇综合文化站、农村公共文化项目时，让农村群众参与科学论证与可行性研究，对基础设施的投入和文化活动的开展要进行民意调查；在乡镇综合文化站绩效评估中，可通过问卷调查方式，了解群众满意度，并以此改进服务质量。通过这些参与措施充分调动群众积极性，为农村公共文化建设提供合法性基础。其次，要建立多渠道需求表达途径。因为不同的农村群体有不同的文化需求，不同的生活方式和生活环境也使需求表达的方式和途径有所不同，所以建立多渠道表达途径尤为重要。针对弱势群体、贫困群众，应发挥乡镇综合文化站、乡镇政府、村组织的作用，为其建立组织化的表达渠道，广泛征求群众文化需求，并将这些需求整合上升为集体文化需求。对于有一定的表达能力、积极参与文化建设的群众，要建立畅通的个体表达渠道。

3. 推进农村群众组织化

我国农村地区公共文化服务主要依靠乡镇政府，尤其依托乡镇综合文化站来实现。而乡镇综合文化站在乡镇地区拥有处于垄断地位的基础设施和服务体系，缺乏市场竞争压力，其提供服务的主动性和积极性不高。对于农村群众来说，提高组织化程度，可以增强其话语权，改变其在公共文

①珍妮特·V·登哈特，罗伯特·B·登哈特．新公共服务：服务，而不是掌舵[M]．丁煌，译．方兴，丁煌，校．北京：中国人民大学出版社，2004：189.

化服务供给中的弱势地位，有效遏制文化服务供给的随意性，并使其反馈的情况得到政府回应和重视，从而使文化服务供给得到改进。近年来，民间艺人自发组织的各种剧团、艺术团体在全国各地兴起，给农村群众带来实惠，也促进了地方文化发展。如浙江省余姚市在全市城乡以姚剧联谊会、票友会等民间组织形式，组织开展联谊、观摩、座谈等活动，并举办余姚、慈溪地区“姚剧演唱大赛”，扩大了姚剧的社会影响面①。

政治学研究表明，国家与社会处于双向互动中，国家的退却与政府职能的收缩是以社会自治组织的发育为条件的②。通过群众自治组织，把分散的农民组织起来，实行一定程度的自我管理，并进行利益集中表达，可减轻政府负担，提高文化服务绩效。首先，政府支持与整合。政府作为间接引导者，应根据群众意愿进行组织，为这些文化组织输入必要的制度、信息、资源，并加强监管。同时，引导文化站与这些组织建立良好的伙伴关系。其次，将市场机制引入群众文化组织中。市场机制的引入，既可以解决群众文化组织的资金问题，也有利于吸引年轻人参与农村文化建设。同时，群众文化组织之间的竞争也有助于提高农村文化服务的效益，有效承担部分公益性文化职能，弥补农村文化需求的不足。

①甬文.政府投入为姚剧保护带来活力[N].中国文化报，2013-11-17(1).
②燕继荣.建设服务型政府的理念和走向[J].理论参考，2006(6):30-31.

乡村治理与农村政治文化研究

村民理事会的功能定性与发展趋向

——基于对全椒县的调查①

周仁标②

摘　要:村民理事会是一个新兴事物,它是伴随着行政体制改革的不断深入和"美好乡村"建设的需要而产生的,在改善党群和干群关系、推动基层民主政治建设、提升村民自治水平等方面发挥了重要作用。然而,它在运行中尚存在发展资金不足;理事会成员无偿奉献,工作难以持续;村里缺少精壮劳力,有些工作难以开展;理事会成员年龄偏大,男女比例不协调,文化水平不高等问题。在功能定性上,笔者认为它是一种在行政主导下、具有较强行政功能的基层群众自治组织,从长远的发展来看,可以将村民委员会与村民理事会进行机构与职能的整合,在不过多增加县乡财政负担的前提下,尽可能地处理好村级行政事务与村民自治事务之间的关系。

关键词:村民理事会;美好乡村;功能定性;发展趋向

一、引　言

1980年年底，广西宜山、罗城两县农民自发地组建了村民委员会，对村内治安等事务实行民主和自我管理，开启了我国农村基层群众自治之先河。1987年11月，第六届全国人民代表大会常务委员会第二十三次会议颁

①本文为安徽省高校省级人文社会科学研究重点项目"我国地方政府政策制定与执行的民主化和科学化关系研究"(编号:SK2012A059)的成果之一。

②周仁标,安徽师范大学法学院公共管理系主任,教授,博士,安徽师范大学法治中国建设研究院研究员。

布了《中华人民共和国村民委员会组织法》（以下简称《村民委员会组织法》），正式以法律的形式确认了村民委员会的合法地位。该法规定，村民委员会是村民自我管理、自我教育、自我服务的基层群众性自治组织，实行民主选举、民主决策、民主管理、民主监督，村民委员会根据村民居住状况、人口多少，按照便于群众自治，有利于经济发展和社会管理的原则设立。该法实施近30年来，村民委员会作为农村基层群众的自治组织，在推进农村基层民主和社会主义新农村建设等方面发挥了非常重要的作用。

然而，随着行政体制改革的不断深入以及撤乡并镇、村域整合等政策措施的施行，村民委员会管辖的区域范围明显扩大，多数地方村组织都是在原来一个村的基础上，合并了邻近的一两个村组建起来的。伴随着村域面积的扩大，村民居住区域变得相对分散，人口数量也较以前有较大增长，村民委员会已难以继续发挥《村民委员会组织法》所规定的办理“公共事务和公益事业，调解民间纠纷，协助维护社会治安，向人民政府反映村民的意见、要求和提出建议”等功能，从而也就不能有效地促进辖域的经济发展和社会管理。在这种形势下，一种新的基层组织形式——村民理事会应运而生了。

关于村民理事会的组织性质，学界可谓众说纷纭，如张艺等人认为，村民理事会是群众自治组织，协助村“两委”建设社会主义新农村、组织群众、协商问题、管理资金、实施项目、化解矛盾等等，让群众做群众自己的工作，真正实现农民自我管理、自我教育、自我监督①。王中华等人认为，村民理事会是农村基层党组织领导下的以社区、村民小组为基础建立的新型村民自治组织②。究竟村民理事会是一个什么性质的组织呢？带着这一疑问，2015年4月9日，笔者一行赴安徽省全椒县先后对Z、H、D三个村进行了走访和调研，分别与镇分管民政工作的同志、村委会主任、村民理事会的代表等进行交流，着重了解村民理事会建设的情况、主要做法和成效，以及村民理事会在运行中存在的困难和问题。

据了解，为响应安徽省第九次党代会提出的“打造三个强省、建设美好安徽”重要战略部署，2011年全椒县开展了“美好乡村建设”活动。为

①张艺，陈洪生．村民理事会：以社会资本理论为分析视角——以江西省幸福社区为例[J]．甘肃行政学院学报，2008(3)：67-71．

②王中华，刘宇丽．村民理事会的基层治理功能及其完善策略[J]．山西农业大学学报（社会科学版），2014，13(11)：1 087-1 091．

解决美好乡村、农村社区建设与管理等方面的难题，充分体现村民自治，2012年，H村率先组建了村民理事会，村民理事会成员经村民大会选举产生，并主要由村里一些德高望重、群众基础好、有较强组织能力的人员组成，以发挥他们近民、亲民和示范带头作用，并沟通和协调村两委与村民群众之间的关系。2013年，在总结H村经验的基础上，全椒县在20个美好乡村示范点和农村社区建设示范村进行了村民理事会工作的试点，并很快在全县各个乡镇进行了推广。2014年，为进一步推进村民理事会以及第九届村民委员会换届选举后的民主管理工作，全椒县出台了《关于全面推进村民理事会建设工作的通知》，明确村民理事会成立的条件和理事会成员的职数，规范了村民理事会成员推选及罢免的程序，界定了理事会成员的权利、义务和职责。截至笔者调查时，全椒县在94个村建立了村民理事会，理事会成员共846人。村民理事会成立后，在推进新农村建设、发展基层民主和提升村民自治水平等方面发挥了重要作用。在2013年度全国社区治理创新成果评比中，全椒县村民理事会建设成功地入选了“中国社区治理十大创新成果”候选项目，该县的村民理事会工作也成为近年来人们关注的焦点。

二、村民理事会工作的职责与成效

(一)村民理事会承担的职责

村民理事会是随着行政体制改革的深化以及美好乡村建设的需要而产生的，其在乡村规划与建设、社会管理等方面发挥了重要的作用。笔者分别对被调查的三个村的村民理事会承担职责的情况进行了梳理。

H村是全椒县最早建立村民理事会，率先以村民小组或自然村的形式实行村民自治的一个村落。该村地处山清水秀的自然风景区，过去每年都有大量的游客来这里旅游和休闲。然而，近些年来由于该村的主要街道房屋陈旧、乱搭乱建、脏乱差现象严重，破坏了景区的对外形象，导致游客数量不断减少，也严重制约了村域经济的发展。2011年，该村被县委、县政府确定为美好乡村建设点，发展旅游业和生态农业成为该村重要的发展方向。镇政府决定对H村建筑按徽式风格进行改造，维修破旧道路、拆除露天厕所、废弃猪圈、鸡棚等，对涵沟进行护坡美化。但是，在改造过程中遇到了阻力，大多数村民不希望将原有建筑拆除重建。于是，村两委决定，村民的事让村民自己来决定。2012年10月，黄栗树街道137户农民户主召开会议，选举产生了由9名德高望重、处事公道、群众信任的村民组成村民理事会，由他们代表村民全程参与美好乡村建设。村民理事会成立后，建立和完善了各项规章制度，依规行使管理和监督的职能。凡涉及土地丈量、青苗补偿、废弃物拆除等事务，均由理事会负责；补偿资金先由理事会审核，再由村委会主任审批；建筑用的钢筋混凝土是否达标，由理事会说了算；遇到棘手的事情，理事会成员集体研究、共同决定。村民还与村民理事会签订了《村民承诺书》，承诺“服从统一规划”“自动无偿拆除露天厕所，废弃猪圈、鸡棚”等。由此可以看出，H村村民理事会承担的职责十分广泛，涵盖了与村民利益密切相关的各类公共事务。

Z村是全椒县委、县政府重点建设的美好乡村中心村之一。经镇有关同志介绍，Z村村民理事会是在借鉴H村经验的基础上，于2013年组建起来的。Z村村民理事会由9名成员组成，其主要职责是：①宣传美好乡村建设的重要意义；②收集村情民意，集中村民对美好乡村建设的意见和建议；③充分发挥理事会成员近民的特点，在村民与村两委之间起沟通作用；④以身作则，发挥示范引领作用。可见，Z村村民理事会主要是起到上传下达、联系和沟通村两委和村民的桥梁与纽带作用。

D村是全椒县重点打造的“美好乡村”建设样板村，该村利用土地整治项目，建成了占地约98亩、建筑面积达3.6万平方米的农民集中居住区，安置了邻近两个自然村的拆迁农民310户，新建了便民服务中心、小学、幼儿园、污水处理、休闲广场等公共基础设施。D村以其整体美观的规划设计与布局，荣获了2011年滁州市新型农村集中居住区优秀规划建设项目一等奖。D村村民理事会成立于2013年，理事会成员由7人组成，承担的职责有：①宣传、解释美好乡村建设的各项政策；②监督村委会的各项工作；③为困难家庭提供无偿服务；④调解矛盾和冲突；⑤发挥示范和引导作用；⑥整治村内环境卫生等。因此，D村村民理事会承担的职责既广泛，又贴近村民的实际生活。

通过梳理发现，三个村虽然都建立了村民理事会，实行村民集中居住区域的自治，但是由于各村具体情况的差异，村民理事会成立后所承担的职责不尽相同，如H村村民理事会承担从制定规章制度到村级规划、村级事务管理等，为村民提供了全方位的服务；Z村村民理事会主要是协助村两委的工作，并对上级政策起到宣传、引导和示范的作用；D村村民理事会在起到上传下达作用的同时，主要发挥对村内公共事务进行管理与监督的职能。

（二）村民理事会工作取得的成效

虽然被调查的三个村的村民理事会在实际运作中承担的职责不尽相同，但是它们在协调基层干部与群众关系、管理村级事务和维护村民权益等方面均取得了明显的成效。

党群和干群关系明显改善。村民理事会成员是村民民主选举出来的村民代表，是村民信得过的当家人，他们能够自觉地维护村民的利益。同时，他们也是顺应新形势下美好乡村建设的需要而产生的，其重要职责就是协助和配合村党支部和村民委员会的工作，因此，他们成了联系和沟通村民群众与村级党组织和村委会干部的重要桥梁。村民理事会成员能够及时地将各级政府和村两委的相关政策、精神传达给全体村民，起到宣传、说服和教育的作用，同时，他们也易于收集村民群众的意见和建议，并将这些意见和建议反映到村两委和各级政府，从而起到上传下达的作用，使党群和干群关系得到了明显改善。

乡村基础设施建设成效显著。围绕美好乡村建设的目标和要求，各村民理事会在所在的村或村民小组，都陆续实施了农村危房改造和村庄整治工程。如H村从村庄的规划设计、街道的布局、基础配套设施的安排，到环境卫生的治理、土地的确权、林木的种植等，都广泛地征求村民意见，并在此基础上确定了全村建设方案的内容和实施步骤。D村在美好乡村建设中，新建了文化广场、健身广场、农家书屋等公益设施，修建了10千米长“户户通”道路，改建了2个景观沟渠，总投资250多万元，其中，理事会出谋划策筹劳筹资60多万元[①]。因此，正是在村民理事会成员的积极努力下，乡村基础设施建设取得了显著成效。

群众的合法权益得到了有效维护。村民理事会成员积极地向村民宣传

①关于安徽省全椒县村民理事会建设创新成果的说明[EB/OL].[2014-02-26].http://politics.people.com.cn/n/2014/0226/c99014-24472895.html.

美好乡村建设的重要意义，使村民能真正地领会美好乡村建设的精神和实质，支持和积极投入美好乡村建设。同时，理事会成员还善于听取和集中群众的智慧，在美好乡村建设的各个环节，注重村民的广泛参与，及时将群众的想法和建议向村两委和乡镇政府进行反馈，使上级制定的政策能够切实地反映民意。此外，在村级事务的管理中，村民理事会注重财务公开，自觉地接受村民的监督，尤其是针对村民自发为乡村建设筹集的钱款，做到每一笔开支都向群众张榜公示，从而有效地维护了村民的合法权益。

三、村民理事会工作中面临的困难

在调查采访的过程中，我们了解到全椒县村民理事会在运作过程中尚面临一些带有共性的困难和亟待解决的问题。

一是发展资金不足。美好乡村建设，需要对原来的村落进行重新统一规划，并按照一定的标准和产业布局进行建设和管理，这将涉及一大笔资金的投入问题，而这些资金的投入仅仅依靠乡镇或县级政府是不可能做到的。因为一方面，全椒县的财政收入本来就不多，据了解，全椒县全年的财政收入仅10亿多元；另一方面，整个全椒县有94个村实行了村民理事会制度，如果他们都依靠县乡财政投入的话，显然县级财政将不堪重负。那么，这些资金只能来自村民自筹，而对于本来收入就捉襟见肘的村民来说，这无疑将增加他们的经济负担。

二是理事会成员无偿为村民提供服务，在一定程度上耽误了其自家的生产和生活事务。目前，实行村民理事会制度的各个村，村民理事会成员均是无偿地协助村两委工作和为村民提供服务，这主要依赖于他们要么是老党员、老干部，要么是退休教师，思想觉悟比较高。但是，众所周知，村中无小事，村里的事务涉及每家每户的切身利益，工作搞不好就会出现这样或那样的矛盾，因此，需要理事会成员倾注大量的时间、劳务和精力，这样势必耽误和影响了其自家的生产和生活事务，导致一些成员家庭内部矛盾甚至夫妻关系不和，长此下去，工作难以持续。

三是村里缺少精壮劳力，有些工作难以正常开展。由于农村的生产力和收入水平比较低，全椒县近47万人口中，有16万农村劳力，其中富余劳力近6万人，每年外出打工的人数约4万人，且都是精壮劳力，占农村富余劳力的六成以上。据了解，全椒县平均每一个外出人员年纯收入在4 000元以上，是务农收入的3到4倍①。这样，留在村里的多半是年迈的老人和年少的孩子，一些重要的工作，如道路建设、土地丈量、废弃物拆除、房屋改造等缺少可以使用的精壮劳力。另外，当需要每家每户支持村里工作的时候，由于能当家做主的人都在外面打工，有些事务往往久拖不决，耽误了处理的时机，工作难以正常开展。

四是理事会成员年龄偏大，文化水平不高，且男女比例不协调（见表1）。由表1可以看出，被调查的三个村的村民理事会成员年龄普遍偏大，其中50岁以上成员占到总数的64%，尤其是H和Z村，50岁以上人员更是分别占到理事会成员总数的77.8%和66.7%。在理事会成员中，除了少数几个老党员、老干部和退休教师文化水平较高外，其他成员文化程度普遍偏低，大多只是小学文化水平。另外，女性成员所占的比例较低，仅占理事会成员总数的16%，而男性比例却占到总数的84%。这些现象的存在，严重制约了理事会工作的效率和水平。

表1　全椒县H、Z、D三村村民理事会构成情况一览表

人数 村名	性别		年龄			身份	合计
	男	女	60岁以上	50—59岁	49岁以下	老党员、老干部、退休教师	
H村	8	1	3	4	2	3	9
Z村	8	1	2	4	3	1	9
D村	5	2	1	2	4	2	7

此外，还存在少数理事会成员工作积极性不高、乡规民约与政策之间冲突、制度过多且难以严格执行等问题。

①王松，姚大金，齐振江．全椒农民打工收入超过财政总和[N]．安徽日报，2002-04-02．

四、村民理事会的功能定性

村民理事会是新形势下农村改革发展的一项新制度、新事物。安徽省全椒县在美好乡村建设点，通过民主方式组建村民理事会，逐步健全理事会运行机制，注重发挥理事会在村庄政治、乡村基础设施建设等事关村民切身利益的事项方面的主体作用，走出了一条创新农村治理举措、推动基层民主建设、提升村民自治水平的新路子。

关于村民理事会的功能定性，即村民理事会是一种什么性质的组织，学界乃至政界在理解上还存在争议，如前文所述，有人认为它是纯粹的群众性自治组织，而有人则仅仅将其理解为上传下达和协助村两委工作的组织。笔者试图从村民理事会成员产生的途径与程序，村民理事会与村党支部、村民委员会的关系，以及村民理事会承担的职责等方面，对村民理事会的组织性质展开分析。

首先，从村民理事会成员产生的途径和程序来看。村民理事会是以村民小组或集中居住区域为基础组建的，一般由7~9人组成，成员通过自愿报名、民主推荐等方式，重点从建设区域内的村民组组长、村民代表、行业代表、致富能手以及老党员、老干部、老模范、老教师等人员中确定理事候选人；再专门召开会议，邀请所有村民组组长和农户代表参加，在镇包片领导和分工干部见证下，公开、民主推选出理事；最后由理事民主地推选出理事长，正式组建村民理事会。理事会设理事长、副理事长各1名，理事若干名。理事、理事长任期3年，可连选连任。村民理事会成员以义务工作为原则，必要时村（社区）给予一定的工作经费支持，保障理事会正常运转。因此，村民理事会具有村民自治的性质和特点，即主要由村民民主推荐、民主选举，本着自觉自愿的原则从事无偿性的工作，实行民主监督和民主管理。

其次，从村民理事会与村党支部、村民委员会的关系来看。美好乡村建设是国家自上而下实行的一项政策措施，在推进美好乡村建设过程中，可能会触动一部分村民的既得利益，工作上会遇到一些阻力。为了将美好乡村建设落到实处，并充分地体现村民意愿，村两委决定由村民推选代表实行自我教育、自我管理和自我服务，村民理事会正是在这种情况下产生的。因此，其主要任务就是向村民宣传和解释美好乡村建设的意义和各项政策措施，并以身作则，发挥示范、引领作用，协助和配合村两委开展工作。同时，村党支部和村民委员会也有义务积极支持、指导村民理事会组织村民开展精神文明建设、兴办各项公益事业。因此，村民理事会具有一定的行政属性，类似于村民委员会的附属机构。

最后，从村民理事会的工作职责来看。被调查的三个村虽然都是应美好乡村建设的需要而产生的，但是因为各村的具体情况不同，它们所承担的职责在广度（范围）和深度上存在一定差异，所以它们所体现的组织性质也不尽相同。如Z村村民理事会的主要职责是宣传美好乡村建设的意义，收集村情民意，发挥理事会成员近民、亲民和示范引领的作用，因此，其行政属性较为突出。H村村民理事会的职责是全程参与和监督美好乡村建设，大到村庄的规划设计、街道拓宽、基础配套设施的统筹安排，小到垃圾筒样式的选择、卫生保洁清运、绿化苗木的品种搭配、土地丈量、青苗补偿、废弃物拆除等，均征求村民意见，在此基础上确定乡村建设的内容、规模和方式，得到群众认可和支持后再组织实施。可见，H村村民理事会的职责范围比较广泛，其自治色彩比较浓厚。D村村民理事会的职责包括宣传、解释村两委和上级政府制定的政策，监督村委会各项工作，为困难家庭提供服务，调解邻里矛盾和纠纷，发挥示范和引导作用，整治村内环境卫生，等等，因此，D村村民理事会兼具行政和自治的双重属性，且其自治的范围广、程度深，即不仅涉及村里的公共事务，还涉及矛盾和纠纷的调解，并为困难家庭提供力所能及的帮助和服务。

综合以上分析，笔者认为，村民理事会是一种在行政主导下，具有较强行政功能的村民自治组织。之所以说它是一种自治组织，是因为它是经过民主的途径和程序产生的，凡是与村民利益密切相关的事项都广泛地征求村民意愿，实行自我教育、自我管理和自我服务，并自觉地接受村民的监督；说它是一种行政主导下、具有较强行政功能的组织，是因为它并非由群众自发组建，而是为了贯彻上级政府的政策、精神，方便村两委顺利地开展工作，通过宣传和发动群众，有计划、有组织、有目的地建立起来的。

五、村民理事会的发展趋向

关于村民理事会的发展趋向，有三种代表性的观点：第一种观点认为，鉴于村民理事会在美好乡村建设以及土地确权等工作中发挥的突出作用，它应该作为一个常设性机构，长期地存在下去。第二种观点认为，目前村民委员会由于管辖的村域面积和范围过大、人口过多以及村民居住比较分散，而村委会成员人数又相对较少，他们与村民之间的直接联系较村域合并之前大为减少，其村民自治的性质已逐渐地淡化，再加上承接乡镇政府的行政事务过多，村民委员会实际上已经蜕变为一级行政组织，成为乡镇政府的下级机构，为此，需要有一个新的村民自治组织取而代之，而村民理事会正是这样的一个可以替代村民委员会的组织。第三种观点认为，村民理事会只是应美好乡村建设的需要而产生的，美好乡村建设任务完成后，这个组织就失去存在的必要了，加之这些成员都是无偿地提供服务，长此下去也缺乏可持续性。

以上前两种观点都赞成将村民理事会作为一个常设性机构长期地办下去，只是第一种观点把村民理事会视为村民委员会这一村民自治组织的辅助性机构，而第二种观点则把村民委员会当作一级行政组织，把村民理事会作为村民自治组织来看待。后一种观点仅仅将村民理事会看作一个临时性机构，即为满足美好乡村建设的需要而采取的一种权宜之计，一旦美好乡村建设任务完成，该组织就会撤销。

作为长期存在的常设性机构，有人主张应该像村民委员会的成员一样，每月给村民理事会成员发放工资，工资水平视工作范围和工作量的大小酌定。另外，在工作场所、办公和活动经费等方面提供财力和物质支持，以保障村民理事会能够正常地开展工作，这些费用均应纳入常年的乡镇财政预算。而作为一个临时性机构，有人认为应根据理事会成员的交通和出工情况，发给一定的误工补贴，以补偿其耽误家庭生产和生活所带来的经济损失，即按劳动和经济损失的情况发给报酬，为此，需要建立相应的人员考勤、考核和补贴发放的制度。

总之，村民理事会是一个新兴事物，其存在的时间还不长，但从目前所发挥的作用来看，其存在的价值是不容置疑的，至于它能否作为一个常设性机构长期地存在下去，还有待进一步的观察。笔者认为，可暂且将村民理事会作为一个临时性机构看待，在充分尊重村民意愿的基础上，优化理事会成员的年龄、性别、知识和能力结构，并提供一定的办公条件和工资福利待遇，在工作上给予一定的经费支持。而从长远的发展来看，可以将村民委员会与村民理事会这两个组织进行机构与职能的整合，即适当扩大村民委员会的人员编制，在一个组织的内部进行合理的职能分工，在不过多增加县乡财政负担的前提下，尽可能地处理好村级行政事务与村民自治事务之间的关系。

村民理事会与村级协商民主建设探索

——以全椒县H村为例①

严 宏②

摘 要:村民理事会是近年来乡村出现的一个新型农民组织,其产生是在后农业税时代资源下乡过程中,对乡村行政化治理的一种纠正。与城市基层社会基本是一个陌生人社会不同,村庄还是一个半熟人社会。这就决定了作为基层协商的重要形式,村民理事会内在的运行机理主要依靠其成员的面子以及村民的人情关系。现在村级协商民主还处于起步阶段,要想使村民理事会在农村治理中一直发挥重要作用,推进村级协商民主建设,必须要以村民理事会为依托,健全村级协商体系,推动行政化治理与协商治理有机结合。

关键词:村民理事会;半熟人社会;协商民主

近年来,随着农村综合改革的深化,各地纷纷探索乡村治理的有效形式。如广东蕉岭的乡贤理事会、四川的村民议事会、浙江的乡贤参事会、安徽的村民理事会等。这些新型农民组织的出现引起学界关注,很多人对之进行研究③。但学者从协商民主视角进行研究的不多。2015年7月,中共中央颁布的《关于加强城乡社区协商的意见》中,将村民理事会作为农村协商民主的重要形式。笔者以全椒县H村的村民理事会为例,对后农业税

①本文为国家社会科学基金青年项目“构建和完善协商民主体系及运行机制的案例研究”(编号:14CKS010)成果之一,已在中共福建省委党校学报2016年第7期刊载。

②严宏,安徽师范大学法学院副院长,副教授,博士,安徽师范大学法治中国建设研究院研究员。

③主要研究成果有:徐勇,沈乾飞.村民议事会:破解“形式有权,实际无权”的基层民主难题[J].探索,2015(1):40-44;李勇华.新农村建设理事:我国村庄治理的制度创新[J].探索,2007(2):54-58;等等。

时代村级协商民主建设及其未来前景进行探讨。

一、资源下乡、行政化治理与村民理事会的产生

在后农业税时代，为了缩小城乡差距，各级政府加大对乡村的资源投入。这种资源既有人力资源，如选派第一书记、大学生村干部等，也有物质资源，而这种物质资源基本上通过项目来实现的。投入的方式有个体化投入，既涉及农业生产方面的种子补贴，社会生活方面的低保户、新农合等，也有集体化投入，主要集中于乡村公益事业，提供公共物品。虽然村级组织都是由民主选举产生的，但是在项目制成为国家治理重要形式的背景下，村级组织日益成为乡镇的派出机构，乡村治理逐步呈现行政化形态。当然村级组织的行政化并非一无是处，它弥补了政府在村庄行动能力不足的问题，解决了村庄干部的报酬问题以及村庄一些公共设施问题①。但不足也是显而易见的，主要是角色困境导致村民对村级组织的认同度不高。同时，为了防止村干部在乡村公益事业项目上的贪腐行为，许多地方规定这些公益项目不能由村级组织来负责建设。事实上按照2010年的《中华人民共和国村委会组织法》（以下简称《村组法》）的规定，村民委员会也没有这一权限。因此，在资源下乡过程中，村级组织往往负责个体化项目的投入，集体化项目的建设由另一个组织来承担。新的《村组法》规定，由村民会议或村民代表会议来负责这样的集体化项目。这是中国共产党在推进村级协商民主建设时所要求的。2015年颁布的《关于加强社会主义协商民主的意见》就指出，坚持村（居）民会议、村（居）民代表会议制度，规范议事流程。也就是说，实际上，我国的乡村治理有两种机制，一种是行政化治理，一种是协商治理，二者构成乡村的复合治理形态。但是在实践过程中，往往是行政化治理强化，而协商治理则趋于弱化或虚化。造成这种弱化或虚化的原因主要是村民（代表）会议很难在村庄治理中起到《村组法》所规定的那种作用。这在不同地区的表现也是不尽相同。有学者在研究东部地区如浙江时发现，由于不少地方村民代表是由村

①王春光.中国乡村治理结构的未来发展方向[J].人民论坛(学术前沿),2015(3):44-55.

党支部、村民委员会干部指派的，即所谓的“指派”与“派选”，这样村民代表失去了代表性，他们不是村民意见的代表者，而是村干部的代表者[①]。也就是说，村民代表会议依附于村两委，协商治理淹没于行政化治理。东部地区的大部分乡村不存在青壮年农民外出打工的情况，他们大多在本地工作。而中西部地区的农村则不同。以笔者调研的H中心村为例，全村约480人，村中约200人在外地打工，大多为青壮年劳动力。所以H村中真正常年生活在乡村的多为老人、妇女和儿童。不用说村民会议无法正常召开，就连村民代表会议也无法按规定召开。即便正常召开，这些群体的文化水平、表达能力、思想意识也难以在村民代表会议中就乡村公共问题进行真正的沟通、辩论、协调。所以《村组法》设计的协商民主机制在中西部许多乡村地区无法真正实行。村民（代表）会议空转，协商治理也虚置。

为了打破乡村社会中行政化治理的现状，许多中西部地区进行积极的探索，比如江西赣州、四川成都的村民议事会。安徽也探索了村民理事会。从时间先后顺序来看，安徽的村民理事会出现较迟，是否是其他中西部省份村民议事会政策扩散的结果[②]，尚不得知。但是据笔者考察，它应是本省大中型水库“移民后扶项目理事会”这一政策扩散的结果。由于村民（代表）会议无法正常召开，村民理事会的成立在一定意义上替代了前者的一些职能，而且二者都是由选举产生的。不过两者还是有些区别。首先，村民理事会成员人数、组织结构与村民代表会议不同。按照H村所在的全椒县的相关文件，村民理事会成员人数为7~9人，而村民代表会议人数为20~30人。一般村民理事会设理事长1名，副理事长1名。其次，村民理事会成员来源的范围比较广。通过对H村的村民理事会成员与村民代表会议成员的比较来看，二者有交叉，但是村民理事会的成员来源更为广泛。除了村民代表和村民组长，还包括行业代表、致富能手、老模范、老党员等。再次，村民理事会与村民代表会议召开方式不同。按照2010年的《村组法》规定，村民代表会议由村委会或由五分之一以上的村民代表提议召集。而村民理事会的召开，无需村委会或村民提议，通常是遇事召集。最

①郎友兴，何包钢．村民会议和村民代表会议——村级民主完善之尝试[J]．政治学研究，2000(3)：54-60.

②关于中国公共政策扩散的相关内容，详见：王浦劬，赖先进．中国公共政策扩散的模式与机制分析[J]．北京大学学报(哲学社会科学版)，2013，50(6)：14-23.

后，二者的职能也不完全相同。村民代表会议的职能主要涉及村民个体利益与村庄公共物品供给。而村民理事会的职能不仅包括这些，还有整个村庄的精神文明建设，包括制定实施乡规民约、破除封建迷信、摒弃陈规陋习等。

二、半熟人社会的协商：村民理事会运行的内在机理

有西方学者把协商民主界定为无胁迫、关切他人、合乎逻辑、包容和平等辩论的。这种概念是基于西方协商民主经验概括的。这里必须指出，西方协商民主与中国协商民主建立的基础是不完全相同的。西方协商民主的主要理论基础是建立在哈贝马斯等人在对西方哲学主体性的批判基础上提出的主体间性命题之上的，其实践基础主要是针对代议制民主的虚假代表等弊端而提出的，是对西方现代性政治的一种反思。目前西方协商民主出现多种实践形式[①]。但是中国的协商民主具有本土资源，可以追溯到早期儒家的“议”和1949年以来中国共产党政治协商的理论与实践。在评判当下中国协商民主时，特别要注意中西方时空坐标的差异。特别是中国社会尚未整体进入现代社会，而是一个传统成分、现代与后现代成分的混合，并且由于中国地区、城乡差异较大，不同地方三者所占有的比重也是不同的。因此，对于基层协商而言，城市基层协商与乡村协商的内在机理也是不尽相同的。一个重要的原因是城市基层社会形态与乡村社会形态不同。现代城市基层社会是一个陌生人社会，人与人交往主要是理性工具式交往。同样，中西部乡村与东部的基层协商也不同。虽然现在的乡村社会与费孝通先生所说的“乡土社会”[②]已不同，也有学者称是“后乡土社会”[③]或“无主体熟人社会”[④]等，但是与城市基层社会相比，乡村社会仍然是一个“半熟人社会”[⑤]，其人际交往仍然是情感性和混合性交往。因此，村庄

①约翰·盖斯提尔，等.审议民主指南：二十一世纪公共参与的有效策略[M].刘介修，等译.台北：群学出版有限公司，2012.

②费孝通.乡土中国·乡土重建·生育制度[M].北京：商务印书馆，2011：9.

③陆益龙.农民中国——后乡土社会与新农村建设研究[M].北京：中国人民大学出版社，2010：97.

④吴重庆.无主体熟人社会[J].开放时代，2002(1)：121-122.

⑤贺雪峰.半熟人社会[J].开放时代，2002(1)114-115.

的协商可能是无胁迫、关切他人、合乎逻辑、包容的，不过未必是平等辩论的。

作为协商民主的一种形式，村民理事会与恳谈会不同。具体表现为村民理事会是一个常设组织，其成员较少，而以温岭地区为代表的恳谈会是一个非常设组织，参与恳谈会的人员有当地官员、村干部、本地居民代表与外地居民代表①。村民理事会是一个常设组织，因而在乡村治理的协商机制中贯穿始终。在H村调研时发现，这种机制包括村民理事会内部的协商、村民理事会与村两委的协商、村民理事会与村民的协商以及村民之间的协商。不过针对不同的事务，协商主体之间的侧重点不同。比如在美好乡村建设过程中，因这一政策是上级政府制定的，是政府主导行为，所以协商会主要是村民理事会与村两委、乡镇政府之间的协商，这时村民理事会表达的是村民的意志，同时在与村民协商的过程中，村民理事会表达的是政府的意志。在这样的协商过程中，村民与村两委、乡镇政府的分歧最终减少，并就美好乡村建设达成一致目标。而在“土地确权”过程中，村民理事会充当调解人的角色，就村民土地之间出现的历史问题进行调解，促成村民在土地问题上取得一致认识。笔者在调研时发现，村民理事会从理事长到理事的工作都是义务性的，没有任何经费补助。如果从小农理性的角度来看，这是无法理解的。笔者在访谈中就这一问题进行询问。一名理事说：“能当选村民理事会理事是一件有面子的事情。”这句话中的“面子”一词揭开了H村村民理事会运行的内在逻辑。有学者将面子与人情视为中国重要的社会机制②。在半熟人社会，这种机制在村民理事会运作中发挥了重要作用。那么何为面子？从社会心理学角度看，面子是借着个人努力或刻意经营而累积起来的声誉③。也就是说，村民理事会成员在乡村社会中具有比较高的社会地位，得到乡村两级组织和村民的认同和信任。这可以看作村民在没有任何报酬情况下愿意成为村民理事会成员的重要动机。而在处理乡村公共事务过程中，面子、人情和关系也发挥了重要作用。比如，2012年，安徽省开始进行美好乡村建设，对乡村建设提出一系列标

①何包钢，王春光．中国乡村协商民主：个案研究[J]．社会学研究，2007(3)：56-74．

②黄光国，胡先缙．面子：中国人的权力游戏[M]．北京：中国人民大学出版社，2010：3.

③黄光国，胡先缙．面子：中国人的权力游戏[M]．北京：中国人民大学出版社，2010：46.

准。在美好乡村建设过程中，因相关文件要求要对村庄进行整治，涉及房屋征迁、危房改造等全体村民的切身利益。从以往的经验来看，这些问题如果处理不好，将可能引起群体性事件。但是笔者在该县H村调研时发现，在上述工作中，的确遇到一些阻力，也遇到一些“不好讲话”的村民，但在村庄整治过程中，137户竟然没有一户钉子户，没有一户提出过分的补偿要求。

H村的村庄整治为何如此顺利？原因主要在于村民理事会成员的人员构成。9名理事由两种类型的人员构成：一是老人，60岁以上的3人，其中年龄最大的68岁，他们是村庄中的长辈，村民大多是他们的后备，尊重长者是中国的传统。同时，年龄是传统中国村庄非正式领袖的重要依据。从明代开始，政府就设置“老人”为乡村领袖，主要职责在于维持良好秩序与道德[①]。清朝把这一制度继承下来。也就是说，老人在村庄中的权威地位，从封建时代就开始了。费孝通先生用“长老权力”[②]概念来解释长者在乡村治理中的作用。从动态的关系运作角度来看，翟学伟使用了“日常权威”概念。所谓“日常权威”是称那些我们在政治和社会生活中不认为他们有权威，而他们却能靠其关系网支配他人的人。而对于这种权威是通过什么社会机制形成的，他认为中国传统社会以家族生活为基础，而儒家思想为家族生活提供了一套以情为中心的规范体系和运作制度（早期为宗法制，后来为宗族制）。这一套机制的根本点就在于对代与代之间辈分顺序的安排与规定[③]，所以晚辈总是尊敬长辈。二是能人。村民理事会9人中，除1人年纪较大，是保洁员之外，其余8人都是能人，他们中有的有产业、有的有技术等等，收入在村中属于上等。这与传统中国乡村非正式领袖的学识、个人能力或者财富等要求一致，这样的理事会成员自然得到村民的认同。其中的奥妙就像萧公权所描述的19世纪中国乡村非正式领袖一样，他认为，非正式领袖的支配性影响，来自他们的社会地位和个人威望[④]。同

①萧公权. 中国乡村：论19世纪的帝国控制[M]. 张皓，张升，等译. 台北：联经出版事业股份有限公司，2014：650.

②费孝通. 乡土中国·乡土重建·生育制度[M]. 北京：商务印书馆，2011：79.

③萧公权. 中国乡村：论19世纪的帝国控制[M]. 张皓，张升，等译. 台北：联经出版事业股份有限公司，2014.

④萧公权. 中国乡村：论19世纪的帝国控制[M]. 张皓，张升，等译. 台北：联经出版事业股份有限公司，2014.（313）

时，关系与面子紧密联系，理事会成员与大部分村民较为良好的人际关系有助于理事会工作的开展。那么这种关系属于什么类型？黄光国等人将中国社会中个人可能拥有的人际关系，分为情感性关系、工具性关系和混合性关系①。在这三类关系中，村民理事会成员与村民之间是混合性关系，其特征是交往双方彼此认识而且有一定程度的情感关系，但其情感关系又不像原级团体那样，深厚到可以随意表现出真诚的行为。这种关系的延续必须依靠人与人之间时常往来加以维持②。虽然随着不少村民外出打工，H村村民之间的直接交往比过去大大减少，但是村民理事会成员与大多数成年村民交往时间较长，次数较频繁。同时，这种交往不是普通的交往，还包含很多人情往来，而人情也是一种可以用来交易的“资源”③。所以在多年的交往和人情往来过程中，大多成年村民都比较清楚他们的为人和能力，于是他们格外受到村民的尊重和信任。此外，在协商过程中，村民理事会成员不倚老卖老，而是非常诚恳地与村民沟通、交流，并将村民的合理诉求上传至乡村两级组织。

三、完善村级协商：加强村民理事会建设进一步的思考

作为基层协商的一种形式，村民理事会的优点在于是一个常设组织，遇事可以随时协商。但是与恳谈会相比，其存在协商主体人数较少、协商的乡村事务范围较窄等问题，特别是与单独村民协商的有关村民切身利益的事务较多，而对与全村利益相关的公共事务协商不多（当然，有时全村公共事务与村民的切身利益也密切联系）。这种做法虽然符合当下村民的实际状况，但是也强化了村民的自利意识，弱化了其公共意识。毕竟村民理事会是乡村社会出现的一个新兴组织，还存在诸多不完善的地方，乡村协商民主也处于起步阶段，要想使村民理事会在乡村治理中一直发挥重要作用，推进乡村协商民主建设，实现乡村治理现代化，必须要以村民理事会

①黄光国，胡先缙．面子：中国人的权力游戏[M]．北京：中国人民大学出版社，2010：7.

②黄光国，胡先缙．面子：中国人的权力游戏[M]．北京：中国人民大学出版社，2010：11.

③翟学伟．中国社会中的日常权威：概念、个案及其分析[J]．浙江学刊，2002(3)：106-113.

为依托，健全村级协商体系，推动行政化治理与协商治理有机结合。

一是加强村民理事会自身建设。主要围绕议事制度、理事协商能力以及理事相关待遇等方面的问题。H村的村民理事会进行了一些制度建设，共有五项制度，主要是理事会的职责、章程、村庄建设管理、卫生管理制度以及村规民约。其中，两项针对理事会自身建设的制度，另三项是针对村庄建设与管理方面的制度。两项针对理事会自身建设的制度是实体性制度，这样村民理事会还缺少程序性制度，比如议事制度，导致村民理事会的议事过程随意性较强，规范性不够，甚至出现“一言堂”现象。就“美好乡村建设”而言，从2012年11月到2013年8月，村民理事会共召开五次会议，主题分别是美好乡村一期建设、美好乡村外墙改造、垃圾管理、绿化养护、危房拆迁五个方面。可以说主题比较集中，也有利于理事们对主题涉及的一些问题进行充分讨论与协商。但是根据笔者查阅的五次会议记录来看，其中四次会议，理事会只有一人发言，还有一次是正副理事长两人发言。五次会议九名理事无一人缺席，但其他七名理事无一人发言。这样的会议不是真正意义上的协商会议，像是工作布置会。是因为其他理事的表达能力不够、协商意识不强，还是对理事会工作精力投入不足？笔者就这些问题对这些理事进行面对面的访谈。其中一个重要因素是村民理事会工作是义务的，虽然当选理事很有面子，但光靠奉献难以调动他们的工作积极性。主要还在于H村的农民收入还不高，与东部发达地区无法相提并论，这些理事的经济收入在H村是较高的，但与传统乡村的非正式领袖有大量闲暇时间相比，这些理事们的闲暇时间较少，一年中大多时间都在从事与农业相关的工作，所以他们对理事会工作很难保证能投入的精力。因此，要给予理事相关待遇，可以采取费从事走的方式，加强相关议事制度建设，同时也要加强对理事的培训，提高他们协商议事的能力。

二是适时扩大乡村协商主体范围，丰富协商形式。针对村民理事会的精英协商问题，可以扩大协商主体范围。平时，在一些事关全村重大问题上，村民理事会应该协助村两委召开村民理事会扩大会议，让一些关心乡村发展却没有机会参加村民代表大会的人参加会议。同时，在春节等重大节日，抓住外出务工人员返乡之际，召开村民会议或村民代表会议，可将村民理事会过去一年的工作总结和来年的工作计划提交会议审议、讨论。

这样就能形成由村民理事会、村民理事会扩大会议和村民（代表）会议组成的乡村协商民主体系，既可以提高村民的民主议事能力，也可以提升村民的民主意识，还可以实现全村事全村人议的愿望，真正实现村民自治。

同时，扩大协商主体也有利于村民理事会长期在乡村治理中发挥积极作用。正如上文所述，笔者所调研的H村村民理事会的运行内核是村民给理事会成员面子以及几十年形成的关系与人情，这是长期频繁的人际交往和互动的结果。所以，虽然近年来乡村社会发生了较大的变化，从整个社会形态来看，不再是过去的熟人社会，但是对村民理事会成员来说，依然是一个熟人社会，他们与大多数成年村民较为熟悉。由于村民理事会成员年纪较大，虽然可以连任，但是人的自然更替是无法改变的。随着时间的推移，后来的理事会成员可能在年龄、职业等方面与现在的成员大致相同，也是老人、贤人和能人，但是与以前的理事会成员相比，他们与普通村民交往的时间短，次数也不多，与村民的关系和人情往来也较少，所以在村民中的“面子”自然也就没以前的成员那么大，与村民协商的效果也值得商榷。但是如果扩大协商主体范围，特别是将常年在外地工作的村民也纳入其中，使他们对村民理事会的工作有所认识，进而得到他们的认同和支持，这样关系与人情往来就会更加频繁，可以弥补乡村社会变迁对村民理事会作用的冲击，保证其在乡村治理中发挥长期建设性作用。

三是正确处理村民理事会与村两委的关系，实现行政化治理与协商治理的有机结合。虽然目前村委的行政化是一种普遍存在的趋势，但村委仍然是法定意义上的村民自治组织。作为新兴的村民自治组织，村民理事会的地位在国家法律层面并无明确规定，只是在2013年的《安徽省实施<中华人民共和国村民委员会组织法>办法》第二十五条中规定了村民理事会与村委的关系，村民理事会配合、协助村民委员会开展工作，村民委员会支持、指导村民理事会组织村民开展精神文明建设、兴办公益事业。二者是配合、协助、支持和指导的关系。不过当时的村民理事会是在村民小组意义上成立的，这种关系自然可以理解。而近两年安徽省的村民理事会发展较快，已经从一个组级组织上升为一个村级组织。目前全椒县的W镇对这种关系做了进一步梳理，该镇文件指出，村民理事会在村党总支的领导下，配合、协助村民委员会开展工作；村民委员会重大事项先与村民理事会沟通，征求意见，统一思想，达成共识，再委托村民理事会开展动员、宣传和实施工作。事实上，在乡村的许多公共事务中，村民理事会成为村委的代理人，村委往往把一些较为棘手的事务交给村民理事会去处理。在美好乡村建设中，H村村民理事会与村民协商最为频繁，与村委协商较少。村民理事会与村委的这种委托代理关系，容易使村民理事会变成乡村行政化治理的一个层级，久而久之，可能会影响其在村民心目中的地位。作为乡村两级组织与村民之间的中介，村民理事会更要注重表达和综合村民的集体意志，不定期召开与乡村两级组织的协商会议，及时反映村民的利益诉求，必要时村民代表也可参加。这样既可实现行政命令的协商表达，也可将协商成果转为行政命令，实现行政化治理与协商治理的有机结合。

社会转型视野下新型农村政治文化的构建
——以芜湖市郊区农村变迁为例

章征科　黄　蓓[①]

摘　要：农村人口在中国占大多数。中国实现社会转型，即现代化，关键在于农村能够实现现代化。农村现代化不仅仅体现在经济体系和法律制度的完善上，农村的现代政治文化构建也是重点。因此，构建与实际相符合的先进政治文化，培育和发展适合当今农村发展的政治文化是政治文明建设中的一个重要环节。本文从研究当代芜湖市郊区的农村政治文化演进角度入手，将演进分为1949年新中国成立前、1949年新中国成立后至1978年改革开放前、1978年改革开放至今三个阶段，通过翻阅史书和实证调查概括分析三个阶段不同农村政治文化的特征及其所受的多方面因素的影响，提出构建适应现代化需要的新型农村政治文化。

关键词：社会转型；农村政治文化；演进

中国一直以来都是一个农业大国，农业、农村、农民问题一直是中国社会实现顺利转型，国家实现现代化过程中的一个复杂难题。对于农村发展，我们应将它放在整个社会发展的高度去认识，将农村放入全球化视野中，用联系的、发展的眼光去思考。新中国成立以来，农村社会政治、经济体制都发生了显著的变革。那么，非制度性因素的变革情况怎样呢？这是一个值得关注的问题。因此，我们在农村社会建设中要重视非制度的变革，包括农民伦理道德、思维方式和生活方式等。中国改革开放30多年

---

①章征科，安徽师范大学政治学院教授，博士；黄蓓，安徽省地质勘探局第二水文工程地质勘探院职员，硕士。

来，农民受传统政治文化观念的影响仍很深，迫切需要从政治文化的角度入手，培育新型的农村政治文化，特别是培育农村的公民文化，并从中发现中国农村建设的新思路。本文以安徽省芜湖市郊区农村社会变迁为切入点，探讨农村政治文化的构建。

一、农村政治文化演进的历程

(一)1949年新中国成立前芜湖市郊区农村政治文化表现及成因

一定的政治文化总是有其相应的社会基础，受诸多社会因素的影响。1949年新中国成立前芜湖市郊区农村政治文化属于典型的传统政治文化，所以对它的认识，要从当地农村的政治状况、经济基础和文化背景等方面去考虑。

1949年新中国成立前，芜湖市郊区农村政治文化由于受政治上宗族权威、经济上小农经济、文化上儒家学说等因素的影响，形成了臣属型政治文化。一般来讲，政治文化的结构主要包括三个基本成分：政治认知、政治情感和政治评价。芜湖市郊区农村政治文化主要有以下表现：

第一，政治认知低。在当时，受中央集权和宗法制的双重压迫，农民生活贫困潦倒，地位低下，无心关心政治，也觉得政治与自己无关，认为那都是皇帝应该操心的，自己对于权力只能仰望和崇拜，在皇权、神权、族权面前只能做“顺民”。

第二，政治情感淡漠。宗族文化以及生产力水平的低下使村民根本无暇顾及政治权力，像衣、食、住、行这些最基本的生活权利都保障不了，他们对政治就算不满，也是忍受和服从，有的在政治无助感的支配下选择远离政治权力，“眼不见心不烦”。

第三，政治文化评价缺乏理性。在新中国成立前，中国农民的政治评价标准是以封建伦理道德为准。人们受儒家学说的熏陶，遵循“人道”及“天道”。封建伦理道德强调三纲，即“君为臣纲，父为子纲，夫为妻纲”，封建等级制度森严。统治阶级将封建伦理上升到政治的高度，并以此在精神上麻痹百姓，使百姓服从皇权。国家、集体的利益高于一切，百姓自我意识缺失。

形成这一特征的原因主要有：

第一，中央集权专制和宗法制对农村政治文化的影响。一般来讲，中国传统社会存在两套权威系统，一套是来自国家自上而下的正式的权威系统，另一套则是从农村社会基层自发生长出来的非正式的地方权威系统[①]。这两套系统也就是管制授权系统与地方权威[②]。中国传统政治文化与宗法制可谓一脉相承，皇权崇拜、权威崇拜和家长作风盛行，民众的政治权利相应地被弱化、被淹没，对于政治统治的态度几乎毫无主动性和参与性。民国二十二年（1933年），国民政府推行保甲制，芜湖县建立四个区署，共有一百零二个联保办事处，五百四十三个保，四千九百五十九个甲的组织（每甲15户以内，10户以上；每保150户以内）[③]。民国时期，全国开始实行区乡制，设立区公所，至此，国家权力才真正深入县级以下，而“农村自治”则退到村一级。中央集权专制和宗法制相互影响、相互补充，共同统治着民众。

第二，落后的小农经济对农村政治文化的影响。从古至今，中国都是一个农业大国，与封建君主制相对应的经济基础是自给自足的小农经济。在小农经济基础上建立起来的传统农村社会注定是封闭和落后的，农民对于国家政治漠不关心。朱元璋1368年建都南京后，芜湖等江南五郡是农业发展基地，他曾多次下《免租赋诏》，大力扶持这一地区的农业经济建设。但是，在1949年新中国成立之前，芜湖市郊区的农民仍然保持着自给、半自给的自然经济状态，封建剥削关系和土地制度仍然是中国农村中基本的经济结构，大量土地被地主和富农占有。在维护和反映专制、集权政治的封建传统政治文化下，农民的思想、观念和行为深受影响。

第三，儒家学说对农村政治文化的影响。中国传统的政治文化以儒家学说为核心，它借助封建国家的政治力量，通过各种机制渗透在人们生活的各个方面，并内化成一种政治心理束缚着人们政治生活的观念以及政治行为的原则。首先，在中国古代的教育机制中，儒家学说是主要内容，儒家学说在思想文化领域占据长达两千多年的统治地位。儒学的传播不仅仅

①项辉，周俊麟．乡村精英格局的历史演变及现状——“土地制度—国家控制力”因素之分析[J].中共浙江省委党校学报，2001(5)：90-94.

②张静．基层政权：乡村制度诸问题[M].杭州：浙江人民出版社，2002:18-48.

③芜湖县地方志编纂委员会办公室．芜湖县志资料选编·第1辑·1988[M].1988:15.

在学校，它的影响力遍及社会的各个阶级和阶层。农民生活在社会的底层，但是受尊崇儒学社会风气的影响，他们也成为儒学的尊崇者。“家贫有困难，蒲草编成席，竹子削成简，抄读书籍；袋装萤火虫，屋外借雪光，读书识字。干活有影响，学会巧读书，身背柴禾，书不离手，牧牛行路，牛角当挂书之钉”[①]。可见，儒家学说在农民中的影响也是很大的。其次，以儒家作为独裁的思想，实行强抑制，压制“异端邪说”。封建王朝统治者以儒家思想为核心，通过编订史书，编纂丛书、类书来统一人们的思想。统治者根据自己的统治需要删改儒家经典，大兴文字狱，使人们万马齐喑，畏惧权力，很自然地成了“顺民”“臣民”，形成了“臣民文化”。所谓臣民文化，就是人们面对强大的封建王权，感受到的一种政治上的无助感，要么形成“政治冷漠观”，要么“学而优则仕”。

在中国传统社会，政治上中央集权与宗法制相结合，自给自足的小农经济，再加上儒家学说对人们思想的渗透，导致民众形成了特殊的权力崇拜心理和人身依附意识。另外，新中国成立前芜湖城区人口的文化程度较低，一般城区居民子女只能读几年书，粗识文字就弃学就业，贫困居民子女则无法受到教育。文盲在市区总人数中的比重占51%。而郊区农民文化程度更低，思想更加封闭。这一阶段，农村政治文化属于传统伦理型政治文化。

(二)新中国成立后到改革开放前芜湖市郊区农村政治文化表现及成因

1949年，中华人民共和国的成立结束了帝国主义、殖民主义奴役中国的历史，开启了中国发展的新篇章。在1949年到1978年党的十一届三中全会召开的这段时期内，中国社会转型波动比较大，新政权刚刚建立，国家为了巩固新生政权，更加重视农村、农业和农民问题。国家权力越来越深入农村，人民公社化运动、党政合一的政治体制等都影响着这一时期农村政治文化的特征，社会基础相对上个阶段来说有很多明显的不同，但村民仍深受臣属型政治文化的影响，这一时期的农村政治文化又有了不同的特征。

政治文化的演进具有传承性，传统臣属型政治文化给农民打上了深深

①吴偲千.封建蒙学文化评述[M].2版.西安:陕西人民出版社,1989:7.

的烙印。1949年新中国成立后到1978年改革开放前，由于受当时特殊的政治、经济等制度的影响，芜湖市郊区农村政治文化表现如下：

第一，农民政治认知抽象。在1949年新中国成立后，国家的政治权力开始向农村基层延伸，以血缘和宗法制为基础的自然村庄逐渐被行政村庄所取代，人们较之前一个社会阶段，政治认识水平有所提高，有了一定的社会意识形态。国家通过各种手段和政治运动将人民塑造成了“政治人”，数千年的臣属型政治文化被打破。但是，人民公社化体制与当时的社会经济基础不相适应，只是一味地通过说教方式来渗透人们的意识形态，只能使农民对政治的认识更为抽象。

第二，农民对政治体系的信任度高。由于传统宗族制度的打破，国家权力向农村深入，人们对于政治不再像以前那样冷漠了，而且在国家强制力的背景下，政治离百姓的生活更贴近。农民接受了新的社会道德，民主意识、平等意识有了较大提高。

第三，农民政治评价非理性化。人们对于政治没有一套正确合理的准则、信条，或明确或含蓄地对政治体系进行价值判断。这一时期，政治评价以个人的话语为评价标准。这些必然对现代政治文化的培育造成不良影响，导致农民政治评价的非理性化。

形成上述特征的原因有：

首先，农村合作化、人民公社化对政治文化的影响。1949年之后，国家权力开始渗透农村，全面管理农村事务。农村合作化是在中国共产党的领导下，通过各种互助合作的形式，把以生产资料私有制为基础的个体农业经济改造成以生产资料集体所有制为基础的农业合作经济的过程。互助合作的形式是朝着互助组、初级农业合作社、高级农业合作社方向发展的。1951年，大多数农户组成了临时性互助组，到了1953年，互助组得到了进一步的发展，组织的人口占全区的82.54%，组织起来的土地占全区土地总面积的82.09%。从生产互助组再到农业生产合作社，1952年10月，第一个郊区农业生产合作社成立。后来又对初级合作社的骨干进行培训，对合作社进行整顿、提高，到1956年年初，市郊范围内的高级合作社达到了15个。虽然，这一组织形式在一定程度上促进了农业的发展，改善了农业生产条件，但是经济效益没有显著提高，不利于农业生产力的发展。

1958年以后，人民公社化运动盛行。1958年9月，芜湖县实现人民公社化，废县辖的区、乡行政建制，成立了万春、东风、红旗、长江四个一大二公的人民公社，公社下设生产大队。经批准马塘公社又划属芜湖市郊区。1959年1月，芜湖地委将同属地委领导的芜湖县和芜湖市郊区人民公社合并，成立芜湖市郊区人民公社联社，同时成立芜湖郊区人民公社委员会。1961年12月，芜湖市郊区重划为市管，原县辖属四大公社复改为万春、易太、方村、澛港四区，并分设22个人民公社（原则上以乡为单位设立）[①]。当时，人民公社是社会主义在农村的基本单位，农民在人民公社这个框架内生活，生产、分配、消费等一系列环节都是由公社包办的，农民的生产积极性不高，农业生产效率较低，农民自我意识淡薄。

其次，经济制度变革对政治文化的影响。新中国成立初期，我国集中力量发展重工业，建立国家工业化的初步基础。为了完成国家的工业化，大量资金需要从农业方面积累。国家制定走重工业的发展道路，然而，重工业作为资本密集型的产业，是不符合中国比较优势的，其所具有的基本特征与中国当时的经济状况相冲突，这使重工业优先增长无法借助于市场机制得以实现。解决这一困难的办法，就是做出适当的制度安排，人为压低重工业发展的成本，即压低资本、外汇、能源、原材料、农产品的价格，降低重工业资本形成的门槛。这样，以农业辅助重工业，只能使原本就很脆弱的农业更加千疮百孔。这对农业、农村社会的发展造成了严重的破坏，农民在心理上也背负着沉重的负担。

再次，阶级斗争扩大化的思想意识形态对政治文化的影响。1949年新中国成立后，社会主义国家迫切要对农民进行改造，而这种改造主要体现在土地改革、互助合作到人民公社制度的确立。在这一过程中，农民由于长期受到小农经济散漫性和落后性的影响，对公社体制会出现一定程度的抵制。特别是受到“文化大革命”的影响，农村的思想教育以泛政治化和阶级斗争扩大化为主，生活充满政治化，思想和行为受到严格的约束。

最后，教育模式变革对政治文化的影响。20世纪50年代中期，芜湖的学校教育得到了比较健康的发展，学校数量增多，农民踊跃学文化，农

①芜湖县地方志编纂委员会办公室.芜湖县志资料选编·第二辑·1989[M].1989:21-22.

村竞相办学校。但是，由于“文化大革命”，芜湖教育大受影响。芜湖地方办的许多所职业、技工、半工（农）半读学校因倡导者被“打倒”而被关闭，有的学校被加罪“古、大、洋、修（修正主义）”而强令下迁农村，许多老师也被迫随校下迁“接受再教育”①。教育上片面追求“大普及”，不重视质量，一时虚假繁荣，很多学生一度不经过考核，直接升高中。芜湖郊区人民公社提出了“一年入学，三年扫盲”“千人教，万人学”的口号，农民业余教育只是表面上进行得风风火火，没有实际成效。农村的社会主义思想教育都是以阶级斗争和政治泛化为主要内容的。这一阶段，农村的政治文化可归结为新伦理政治文化。

(三)改革开放后芜湖市郊区农村政治文化表现及成因

1978年改革开放以来，中国社会发生了翻天覆地的变化，中国的发展进入了一个全新的时期。政治改革和经济改革等方面的实践，不断地促进了人们思想观念上的变化。另外，在全球化背景下，政治文化明显朝着现代化政治文化的方向发展，农村政治文化也越来越有现代化的趋势。因此，这一时期农村政治文化的演进在很多方面都呈现出新的特点。

随着中国改革开放的推进，社会生活在政治、经济和教育等方面都发生了巨大的变化，芜湖市郊区农村政治文化也呈现出新的情况。

第一，政治关注程度日益提高但深度不够，只停留在表面。为了了解当今当地村民政治关注现状，我们将300份问卷随机发给芜湖市郊区的村民，就安徽省两会召开这一事件在村民中做了调查。第一个问题：“你知道安徽省两会的召开吗？”回答“知道”的占60%，回答“不知道”的占40%。第二个问题：“你知道安徽省两会具体指的是哪两会吗？”回答“完全知道”的占26%，回答“知道一点但不是很清楚”的占51.4%，回答“完全不知道”的占22.6%。第三个问题：“你有关注代表委员们的建议吗？”回答“密切关注”的仅占11.7%，回答“偶尔”的占38.3%，回答“从来不”的占43.9%。通过调查发现，当今芜湖市郊区的村民较之以前在政治关注上有显著的提高，但从政治关注的程度上看，却比较肤浅，只能对一些政治活动有最表面的认识，却不能有深层次的、实质上的认知。

①芜湖市地方志编纂委员会.芜湖市志(上)[M].北京:社会科学文献出版社,1993:560.

第二，政治角色认知模糊。我们在对一个村庄进行访谈的过程中，有针对性地对关于村民自治制度这一方面的问题进行提问时，95%的村民都知道村民自治制度的存在。但当问到具体含义时，有80%的村民都不清楚村民自治制度就是村民当家作主，是自己管理自己的村中事务。其中有19.7%的村民认为："我们自己管理自己的事怎么能管好呢，没有领导管，那怎么行。"当问道："你们是怎么认识自己在村民自治中的选举权的？"有42.3%的村民都是随大流，有18.4%的村民是受到领导们的指示，让选哪个就选哪个。积极主动参与选举的人只占17.5%，被动参加选举的占25%，更有10.5%的村民参加选举是为了图物质利益和打击报复一些领导。很多情况下他们对候选人根本不了解，更不用说选出来的代表是代表人民利益的，是为人民谋福利的。可见，当代芜湖市郊区村民对于自己的政治角色认知还比较模糊。公民意识具有偶然性、自发性，缺乏持久性、主动性。这些必然导致非理性的参与，阻碍现代农村政治文化的构建。

第三，政治参与意识明显提高，但离现代政治的要求还有较大差距。根据现代村民选举权的行使，我们可以将村民的政治参与类型分为三大类：积极主动型参与、消极被动型参与和随大流型参与。调查发现，有41%的村民属于随大流型。由于部分民众仍存在被动服从心理，缺乏责任心，导致在选举、监督、上访等具体的政治参与活动中形成了跟随式政治参与。

第四，政治评价理性化与感性化混合。改革开放后，国家把工作重心转移到经济建设上来，经济领域里的工作都是为了促进生产力的发展。在政治上，国家对农村政治权力的掌控逐渐减弱，农民在村中事务上能为自己做主，也能适当地处理个人、集体、国家三者之间的关系。农民在政治评价中更多的追求公平和道义。村干部工作是否称职，政府行为是否公平，村干部处理村中事务是否公正，已经成为村民开展政治评价的又一标准。虽然村民政治评价标准相对前两个阶段已经趋于理性化，但是感性的标准仍然存在。

为何会产生上述特征呢？原因是多方面的。

其一，村民自治制度的建立对政治文化的影响。1978年以后，中国加快了政治体制改革的步伐，在全社会广泛实施政治民主化，在农村推行村民自治制度。20世纪80年代以后，村民自治制度在中国农村普遍实行，芜湖市郊区的许多村庄都建立了村民委员会。1982年12月，国家新宪法规定，农村按村民居住地建立村民委员会，并明确为群众自治组织。1983年至1984年，芜湖市郊区在改社建乡中，以原生产大队为基础，建立村民委员会。村民委员会的主要任务是：完成政府交办的各项政务，协助维护社会治安，调解民事纠纷，依靠和组织村民办理本村各项公益事务。村民委员会订立了村规民约，并加强宣传教育工作。

其二，法律体系的健全对政治文化的影响。改革开放后，中国的法律体系不断完善，协调着社会的各种关系，公民的法制观念史无前例的增强，在中国正向依法治国的道路迈进的过程中，中国特色社会主义法律制度体系不断完备，法律宣传与服务活动不断加强。1981年至1985年，芜湖市在城乡先后开展了新宪法、刑法、刑事诉讼法、民事诉讼法、森林法、治安管理处罚条例等法律、法规的宣传。为全面开展对公民普法教育各项准备工作，芜湖市于1985年10月成立普法办公室，各县区分别成立普法领导小组或办公室[①]。经过五个“五年普法”活动，郊区农村农民的法制意识逐渐增强。由于受传统政治文化和时代条件等因素的制约，法律条文也未能像想象的一样能从实质上完全改变农民旧的思想观念，农民的法治信仰并未能完全确立，社会风俗在农民的社会生活中还有很大的影响。

其三，市场经济发展的影响。我国经济体制发展的主要趋势是由高度集中的计划经济体制向社会主义市场经济体制转变。20世纪90年代，社会主义市场经济体制正式确立。我国的经济体制改革始于安徽农村，安徽小岗村最先搞包产到户，接着全国实行以家庭联产承包为主要形式的责任制。家庭联产承包责任制是我国农村集体经济管理方式的一次伟大变革，打破了人民公社化制度，极大地促进了我国农业生产的发展，改变了农村保守、封闭的旧面貌。1980年冬，官陡人民公社鲁里大队余家村队社员，自发讨论，将队里的田按人口定到户，实行联产承包。1982年，区委、区政府根据中央精神，在全区推行以家庭联产承包为主要形式的责任制。1984年中共中央《关于1984年农村工作的通知》下达后，农民种田的主动权更大了，有权根据

①芜湖市地方志编纂委员会.芜湖市志(上)[M].北京:社会科学文献出版社,1993:388.

自身的能力并结合市场的需要进行农业结构调整，农产品朝着商品化方向发展。农民的收入逐年提高，农村社会总产值大幅上升[①]。社会主义市场经济体制和家庭联产承包责任制的确立，彻底地改变了农村的经济基础，农村面貌焕然一新，这对中国的政治文化构建产生了深刻的影响，促使中国要建成新型的政治文化，传统的政治文化已经不能适应新的社会。

其四，工业化和城市化的影响。改革开放后，我国大力发展农村工业，加快城市化的步伐，农村与城市之间的差距逐渐缩小，农民深受工业化和城市化的影响。工业化和城市化是紧密相联的，城市化由工业化来推动，城市化又是工业化的载体，对工业化也有反作用。当代政府在政策的制定中坚持两者有机统一的原则，在推进工业化进程中同步地推进城市化。芜湖市提出在新农村建设过程中着力推进“六个一体化”，构建以城带乡、以乡促城、城乡统筹发展新格局。到“十一五”末，全市城市化水平达60%以上，非农产业比重超过95%，农民人均纯收入达6 000元。为推进城乡产业发展一体化，芜湖市将大力发展农村工业，加快发展农村现代流通业，建设一批连锁化“农家店”，加快区域性现代农业综合服务中心建设；推进城乡规划管理一体化，实行统一规划，形成中心城市（区）、副中心城市（三个县城）、中心镇和社区（居民点）四级结构布局；城乡基础设施一体化，实施交通“两网”（城乡道路网、城乡客运网）工程，社区（居民点）之间实现客运公交化；解决全市所有农民饮水安全问题，推进三县天然气利用工程建设[②]。

其五，农村基础教育发展的影响。改革开放至今，我国就高度重视农村基础教育工作，将农村教育作为教育工作的重中之重。在农村基础教育发展的过程中，国家颁布法律规定推进教育法制化进程，如1986年颁布的《中华人民共和国义务教育法》、1995年通过的《中华人民共和国教育法》、2002年国务院办公厅下发的《关于完善农村义务教育管理体制的通知》、2003年国务院颁布的《关于进一步加强农村教育工作的决定》等。芜湖市教育局采取“三结合”的建校方针，不断改善农村学校办学条件，

①芜湖市地方志编纂委员会.芜湖市志(下)[M].北京:社会科学文献出版社,1995:616.

②参见芜湖市国民经济和社会发展第十一个五年规划纲要。

即国家适当补助、农村群众筹措、学校勤工俭学三方面共同筹集建校资金和材料。农村的教学条件得到了极大的改善，郊区66所中小学校面貌焕然一新。

其六，人际交往变化的影响。改革开放30多年来，随着农民活动空间的扩大，农民从事其他产业人数的增多，过去以单一的血缘为主的交往模式发展到现在的以血缘、地缘、业缘为共同构成的交往体系，农民的思想观念也发生了很大的变化。在芜湖市郊区的农村，农民的生活方式早已改变，不再是面朝黄土背朝天了，农民有更多的业余时间来通过电视和网络等收看新闻节目，在处理人际冲突时也更加理性化。据调查显示，平时喜爱看新闻节目的村民在面对人际冲突时，有75.1%的人都会选择面对面协商解决，而不喜欢看新闻的农民，只有41%的人选择面对面协商解决。由于村民主要是通过电视新闻来了解外面的信息，经常接触新闻的农民在处理事情的时候会更理性，更具判断力。另外，还有很多农民通过网络来参与政治，加强与政府之间的沟通，及时准确地了解最新的国家动态。

其七，对外开放的影响。经过30多年的努力，我国的对外开放取得了辉煌的成就，成为推动中国经济改革与发展的重要机制和动力，形成了一个从经济开放到文化交流的多渠道、多层次、多元化的开放格局，为中国的发展作出了巨大的贡献。我国已经实现了从封闭半封闭到全方位开放的伟大历史转折。30多年来，改革开放对农村的发展影响极大，农村的经济有了快速发展，农村社会结构变迁推动了农村工业化的兴起和发展，乡镇企业、新型合作企业和一些私营企业等如雨后春笋般兴起。2002年，安徽省人民政府颁发了《关于进一步扩大对外开放加快招商引资的若干意见》，推动全省经济结构的调整与升级。这一阶段，农村政治文化开始逐渐向法理型政治文化转变。

二、新时期农村政治文化演进中的特征

农村政治文化在经历了（1949年）新中国成立前、（1949年）新中国成立后至（1978年）改革开放前、（1978年）改革开放后这三个阶段的发展后，正朝着现代化农村政治文化的方向发展，其特点的变化主要表现在

以下几个方面。

(一)国家政治主导性减弱

在中国传统封建社会，国家政治权力高度集中，专权之风、皇权崇拜盛行。1949年新中国刚刚成立，由于受当时政治、经济现状的制约，国家依然实行高度集权的政治体制，国家权力侵入社会和个人生活的各个方面，国家权力空前下沉到农村。地方自治失去了赖以生存的土壤，国家政治主导性充斥着整个社会。改革开放以来，我国逐渐认识到高度集权的政治体制已经不能适应现代化的发展了，中央权力开始分化，扩大和下放自主权到地方，增强地方的自我调控能力和管理能力，调动地方的积极性和主动性。在农村，最典型的就是村民自治制度的诞生。当今，芜湖市郊区的农村村民自治制度进一步完善。为了积极探索村委会选举新模式，扩大基层民主，芜湖市鸠江区、繁昌县等开展了观察员制度、“一票制”选举和定岗选举三项改革试点①。

(二)农民政治参与自主性增强

在传统高度集权的政治体制中，国家对社会生活的各个方面进行渗透和控制，农民受传统臣属型政治文化的影响，思想上守旧，生活的贫困使他们无心关心政治，大多数农民的政治参与都是被动的。新中国成立后，经济的发展使农民的政治参与意识有所提高。而随着我国经济、政治体制的改革，国家对农业、农民、农村问题的重视以及村民自治制度的完善，当今农民的政治参与正朝着积极、主动的方向迈进，广大农民认识到政治参与已不是一种义务，而是一种权利。对于与自己利益切身相关的村中事务主动参与的意识更强，集中表现在村干部的选举上。在芜湖市郊区农村政治参与的调查中，被访的农民中有17.5%的人表示主动参与过村干部的投票。虽然这一比例离现代化的目标还有较大差距，但是与传统社会中的农民参与自主性相比明显增强。

(三)法治观念代替人治观念

在传统的政治体制中，人治观念深入人心，君主都被神化，皇权是神圣不可侵犯的，老百姓只能无条件地服从。新中国成立后，人们的法治意

①安徽省“村民自治”建设和谐共同体[N].安徽日报,2008-12-09(A1).

识不断增强，法治建设取得了显著的成就。改革开放后，我国农村更加重视法治建设，依法治国方略的实施更使农民的法治观念日益增强。法治观念的宣传也使农民在遇到问题时，能够用理性的、科学的方法去解决。芜湖市近郊农村基层民主法制建设取得了显著成效，广大农村干部群众在工作中，以宪法为指导，以农业法、村民委员会组织法为重点来规范和管理农民的生产生活。依法治村活动广泛发展，“依法建制、以制治村、民主管理、民主监督”的新的农村工作格局正在逐步形成。

（四）农村民众分化导致现代政治文化发展不均衡

我国农村人口占全国人口的大多数，随着现代化的扩展，农村人口的文化素质高低有别，村民与村民之间的收入水平也有较大的差异，农村民众也开始出现了分化。结合调查情况看，我们可以将现在芜湖近郊的农村民众分为三类：专业农民，以靠土地种植为主要收入来源，人数约占农村总人数的33%；外出打工、经商者，大约占农村总人数的38%；留守妇女和老人，大约占农村总人数的29%。这三类民众对村中选举村干部等公共事务的态度存在显著差异。专业农民在选举村干部中政治参与度、积极性最高，因为谁当选村干部与农民的切身利益密切相关。外出打工、经商者对村中事务的关注非常少，其原因是他们的收入并非来自本村，另外，城市与农村发展之间的差距，也使他们对本村干部的认同感偏低。留守妇女、老人属于顺民型的一类，他们文化素质偏低，政治参与意识薄弱，没有自己的主见，受传统政治文化的影响还比较深。

三、构建新型农村政治文化

随着社会由传统向现代的转型，只有新型农村政治文化才能适应农村社会的发展要求。当前，在我国农村政治文化的演进中还存在许多困难，在一定程度上阻碍了新农村的发展。所以，当务之急就是要建立与村民自治制度相协调的新型农村政治文化，并要着重考虑以下两个问题：一是未来农村政治文化朝着什么方向发展，二是应该如何构建未来农村政治文化。

美国政治学家阿尔蒙德综合分析不同群体、不同国家和不同政治制度下的政治文化，将其分为三类：地域型政治文化、依附型政治文化和参与型政治文化。同时，个人在政体中倾向于一种自我活动者的角色，个人对这种角色的情感取向和评价取向，可能接受，也可能反对。公民文化是一种混合型的政治文化，在不同的国家，它是这三种政治文化在不同程度上的混合。阿尔蒙德和维巴认为，公民文化是社会成员对政治体系作为一个整体以及体系的输入方面和输出方面都有强烈而明确的认知、情感和价值取向，并对自己作为政治体系成员的权利、能力、责任以及政治行为的效能具有积极的认识和较高的评价[①]。

公民文化在政治生活中起着重要的作用，有助于维持政治稳定和保证政治效率，主要表现在两个方面：一方面，公民政治文化中的参与型政治文化是民主政治所需要的，公民有了参与的意识才能够促进民主政治的发展。另一方面，公民政治文化中的地域型和依附型政治文化，能够与参与者角色相互依存，渗透并约束参与者的取向，影响他们的政治态度和内容，缓和参与型政治文化。

中国社会正处在由传统社会向现代社会的过渡阶段，政治、经济、文化等诸多社会因素都存在特殊性，这必然导致中国农村政治文化的发展具有特殊性。中国传统的政治文化对村民有着根深蒂固的影响。改革开放，社会主义市场经济体制的建立，中国传统政治文化的主体地位开始动摇，在新的时代背景下，创新是农村政治文化发展的趋势和动力，能够推动农村政治文化的发展更加科学、更加开放、更有成效。积极的政治参与是政治文化先进性的一个重要指标。现代化的推进，政治民主化的发展，信息渠道的增多，使村民的法治思想越来越强烈，自我意识和政治参与意识不断提高。未来农村政治文化要朝着公民文化的方向发展。

那么，如何构建公民文化呢？

第一，国家、政府应在宏观上引导农村制度和大政方略的调整。新中国成立前，中国一直处于封建专制体制下，农村的政治文化是传统的，并以保守和封闭为典型的特点。新中国成立后至改革开放前这一段时间，国家都笼罩在极“左”的路线和“以阶级斗争为中心”的方针政策下，以大规模的运动为形式对农村进行改造，阶级斗争和个人崇拜之风盛行，导致农村的政

①加布里埃尔·A·阿尔蒙德，西德尼·维巴．公民文化——五国的政治态度和民主[M]．马殿君，阎华江，郑孝华，等译．梦熊，校．北京：华夏出版社，1989:35.

治文化突变与异化。改革开放后，中国共产党的执政理念发生了很大变化，中国政府转变了政府职能，治理能力有了很大的提升。党和国家在坚持以经济建设为中心的同时，更加突出地强调城乡、区域、经济社会的协调发展，大力繁荣社会主义文化，强调以马克思主义引领社会思潮，践行社会主义核心价值观，注重促进社会全面进步和人的全面发展，更加重视宏观调控和统筹兼顾，切实贯彻“五大发展理念”，落实好“五个统筹”。在农村，政治上、经济上以及文化上都在深化改革，农村政治文化正朝着现代化的方向发展，正朝着公民政治文化的目标努力。由此可以看出，国家的治理结构及其大的方针政策对于农村政治文化的培育具有积极的引导作用。

第二，普及农村教育和科学文化事业。农民的素质提高了，农民的政治参与意识和参与能力也得到相应的提高。农民积极参与政治，能使他们在思想观念上认识到政治生活的变化，从而自觉提高政治参与意识。当然，随着我国社会主义市场经济的发展，人们的参与意识有所提高，但是参与无序性的上升，导致很多越级上访的现象屡次发生。因此，将农民的政治参与纳入法制的有序轨道迫在眉睫。

第三，完善社会主义市场经济体制，推动城乡一体化发展。市场经济的快速发展要求人们在相互交往中坚持“公平”“平等”的观点，从而促进村民自我利益的觉醒和自我政治主体地位的认识，不再过分依赖领导者，而主动参与政治。经济基础决定上层建筑，社会主义市场经济体制的完善，提高了人们生产的积极性，促进了农村经济的增长。如果没有村民赖以生存的经济基础，那么谈村民的政治参与、法治意识都是不切实际的，公民文化的培育也会很难实现。同时，要根据各个地区农村的实际情况，调整农村产业结构，发展规模经济和循环经济，建立人口、资源、环境协调发展的科学模式，以适应市场经济的优胜劣汰原则。随着社会主义市场经济的发展和完善，农民的商品意识和经济意识增强，一些外出务工的农民可以将自己闲置的土地转租给别人，获得农业租金，提高收入水平①。

第四，扩大有序政治参与，完善村民自治制度。村民自治制度的完善为村民政治参与提供制度保证。中国社会正处在从传统社会向现代社会转

①戴玉琴. 基于村民自治视野下的农村政治文化转型特征论析：以江苏为分析案例[J].求实,2008(10):91-94.

型的过渡时期，村民自治制度在中国还不够成熟，因此，完善村民自治制度成为扩大村民政治参与的有效路径之一。首先，要实行农村村务信息公开制度，使民主选举程序透明化、公开化、公平化，而不只是流于形式。其次，对于村中内部事务的决策要实行民主程序，农民当家作主，实行“从群众中来到群众中去的方针”，和广大村民进行充分讨论协商，多听群众的意见，不能单独实行领导决策制，要在民主协商的基础上做出决策。最后，要强化监督机制，对村民委员会的工作进行村民监督，加强村民对村干部权力的监督和制约，使工作环节一步步落实到位，真正做到农民是农村的主人。

第五，正确对待传统政治文化，去其糟粕，取其精华。传统政治文化消极因素很多，大体有：中国传统的政治参与以专制主义与等级观念为核心内容；大多数社会成员都用一种带有迷信色彩和宿命论的眼光来看待世界和政治体系，认为一切都只能听天由命，缺乏个人的主体意识和竞争意识。从而形成了民众政治参与意识的缺乏以及政治参与的被动性与依赖性，民众与政治资源、政治信息隔离，被屏蔽于政治生活之外，导致民众的独立人格和政治自我意识萎缩，政治参与意识缺乏，并形成了盲从和依附心理，有一部分民众把自己当成一个旁观者“冷眼相向”。因此，我们要有清醒的认识。

而传统政治文化节中也有很多积极方面：如中华民族的优良伦理道德传统，是中国成为文明古国、礼仪之邦的重要因素，是中国人民的宝贵精神财富。中国传统政治文化中的“民本思想”就是其精髓之一，这种思想大大有益于现代公民政治参与实践的发展。另外，在中国传统政治文化中还有义利统一的思想。义利统一的思想对于我们建设社会主义和谐社会具有非常重要的启示作用。“为国舍家”的爱国精神在我国传统政治文化中十分强烈，使中华民族具有强大的凝聚力、向心力，对内，各民族人民团结一致，对外，同仇敌忾地抵抗外来侵略者。在社会现代化的过程中应该对传统文化进行批判和整合，促进传统政治文化的创造性转化，使它能够更好地指导人们的政治行为，建立良好的政治体系。这些则需要我们大力传承与发扬。

社会转型视野下的农村政治文化演进，是一次现代化的进程，也是一次对人们心理有强烈震撼的过程。社会转型期农村政治文化的构建是一个系统的工程，它需要国家、政府、村民委员会、村民和一些社会非政府组织的协调配合。农村现代政治文化的培育与农村政治、经济、文化等方面的生活密切相关，现代农村政治文化的最终确立要以农民的现代化为基础。我们相信有中国共产党的坚强领导，有全社会各方面的配合，农村现代政治文化的构建一定会取得新的成果。

徽文化影响下的农村传统政治文化

胡颖群[①]

摘　要:徽文化内容十分丰富,其中影响巨大的主要是程朱理学、徽商文化和徽州宗祠文化。在这三者中,程朱理学是核心,徽商文化是重要的补充,而宗祠文化则是前两者的外在形态,它与教育一道构成了徽州文化的主要传播机制。徽文化塑造了较为独特的村民主体心理倾向、价值理念、政治情感、态度取向和行为规范,从而形成了颇具特色的徽州区域农村传统政治文化。

关键词:程朱理学;徽商文化;徽州宗祠文化;农村传统政治文化

在政治学研究中，自美国学者阿尔蒙德提出政治文化概念以来，这一概念为大多数学者所接受。政治学家们普遍认为一个国家的政治文化如何，对国家治理和民主政治的运行有重大的影响。我们研究乡村治理，离不开对农村政治文化传统及其变迁的研究。本文旨在廓清颇负盛名的徽文化影响下的徽州区域农村政治文化传统。

一、徽文化的核心内容

传统徽州[②]文化内容十分丰富，主要包括新安理学、徽州朴学、新安

---

①胡颖群,安庆医药高等专科学校讲师,硕士。

②徽州作为一个地域的名称有着悠久的历史。历史上自从元代以后,古徽州(府)所辖歙县、休宁、婺源、祁门、黟县和绩溪六县的行政格局一直处于相对稳定状态。尽管千百年来,朝代不断变更,名称不断变化,但徽州地域相对稳定,这就为徽州文化体系的形成和发展创造了良好的条件。现在,徽州作为一个建制已不复存在,但人们习惯上还称这一地区为徽州,其地域包括:黄山市的歙县、黟县、休宁县、祁门县、屯溪区、徽州区和黄山风景区,以及现在宣城地区的绩溪县和江西婺源县等。

画派、徽州篆刻、徽派版画等，特色鲜明，这些都对原徽州地区农村政治文化产生了重大影响。就徽文化而言，其精神层面的文化主要表现为宋明理学及其衍发的一些思想。就对徽州政治文化的影响而言，主要是程朱理学、徽商文化、徽州宗祠文化。其中，程朱理学是核心，徽商文化是重要的补充，而徽州宗祠文化则是前两者的外在形态，它与教育一道构成了徽州文化的主要传播机制。

(一)程朱理学

程朱理学是南宋以后封建社会的主要统治思想，是中国历史上最完整的客观唯心主义体系，它统治思想界数百年，影响深远。古徽州是朱熹的故乡，又是二程（程颢、程颐）的祖籍地，程朱理学在徽州流传之广、影响之深，远非其他地方可比。弘治《徽州府志·风俗》中说：徽州“自朱子之后，为士者多明义理，称为东南邹鲁”[①]。在徽州，朱熹被视为最得孔孟之道真传的人，而被人们加以顶礼膜拜。可以说，徽州思想文化是以程朱理学为指导，由儒家伦理来规范的。

程朱理学是两宋理学的总结，其核心是：天理与人欲、天地之性与气质之性、道学与人心、公与私、义与利、王道与霸道。程朱理学对徽州文化产生较大影响，主要表现为理学兴盛（新安理学）、教育发达（东南邹鲁）、儒商精神（贾而好儒）、提倡气节（刚毅风节）。但它也有一些消极影响，表现为强化宗法等级制度、压迫妇女等。总的来说，程朱理学对徽州的影响主要集中在以下方面：

1. 倡导伦理纲常思想

程朱理学的“理”是至高和包罗一切的。朱熹所说的“理”，实际上是指封建伦理纲常，他还认为理和气不能相离，在哲学上发展了二程关于理气关系的学说。南宋理宗把朱熹“存天理，灭人欲”的思想，作为维护封建统治的理论根据加以推崇。从此，程朱理学成为徽州正统的学术思想。徽州各地所建的祠堂，严格的祭祀形式都体现了“理学”的伦理纲常思想。

①安徽大学徽学研究中心.徽学(第二卷)[M].合肥:安徽大学出版社,2002:153.

2. 倡导宗法等级制度

朱熹一生维护封建宗法制度，宣称“君臣父子，定位不移”“父安父之分，子安子之分，君安君之分，臣安臣之分”。此“天分”即天理。朱熹所制订的《家礼》，按其说法，是“以三纲五常为大体”，旨在“明君臣父子夫妇之伦”“序亲疏贵贱之仪”。它成为徽州各宗族制订“族规”“家规典”的主要依据。朱熹《家礼》连同他维护宗法制度的种种言论在徽州地方文化中影响至深。自南宋以来，徽州各族无不遵循他的《家礼》。在每一个宗族里，尊卑、上下、长幼等级极其严格。每一族设有族长、祠长、房长、家长。建祠堂、修族谱、立族规、修族坟、祭扫族墓，这些都是以朱熹《家礼》为依据，体现了重血缘、重宗法，以家庭为本位、以孝悌为基础的理学思想和精神。

3. 重视儒教礼俗教育，提倡开拓、创新、奉献的儒家精神

徽州理学大儒们认真读书、研究学问和重视著述的传统，对徽州思想文化界的影响很大。据康熙《徽州府志》记载，当时徽州有书院54所，除府学、县学外，光社学就有462所。据不完全统计，宋、明、清三代，徽州考取进士者有1 742人，仅清代考取状元者就有19人，在全国名列前茅。这些数据可以反映徽州儒教礼仪教育之盛。勤劳、节俭、爱故土、重礼义、仁爱、忍让、谦和、抗争、奋进的徽文化精神以及贾而好儒、以诚待人、以信接物、以义为利等都集中体现了儒教自强不息、厚德载物的教义，同时体现了程朱理学“仁、义、礼、智、信”的宗旨。

(二)徽商文化

宋元时期，徽州宗族子弟经商者逐渐增多。明代中期，伴随着商品经济的发展和资本主义生产关系的萌芽，徽州宗族子弟从商者大量增加，形成一种经商的社会风尚。徽商作为中国古代四大商帮之一，在商界叱咤风云长达三个多世纪。徽州宗族子弟经商风尚和徽商的繁荣，对徽州宗族的发展和昌盛产生了重大作用。

徽商兴起以及兴旺发展的具体成因，与徽州地区独特的自然地理环境和人文环境是分不开的。徽州濒临江浙地区，离上海不远，致富的机会多；徽州地处山区，在资源上有木材、茶叶、土特产、文房四宝等，这些

物产都是富庶的江南所需要的。由于徽州人多田少，发展经济有一定的局限性，因此徽州人被迫走向山外的广阔空间。徽州是一个川谷崎岖、万山环绕的“四塞之地”，这里“七山一水一分田，一分道路和庄园”。就在这块贫瘠的土地上，人口却不断增加，明初已近60万。地狭人稠，必然造成巨大的生存压力。此外徽州地区传统和榜样的力量很大，在徽州有很多商人赚钱之后便衣锦还乡，在家乡积极捐资大修祠堂、广建书院、建房修路等等，引得同乡人纷纷效仿。于是外出经商便是“父携子、兄携弟”，这样亲帮亲、邻帮邻，从商的队伍越来越大。

徽商的特点，总的来说就是“诚信、节俭、贾而好儒”。在文化上，徽商的确有一整套的理念。第一，在创业精神上，小本起家、艰苦创业、不畏艰难、开拓进取是徽商坚持的成功之道。在封建社会，商业资本的最初积累是比较艰难的，商人只能依靠自身的力量一步一步地发展。据史料记载，徽州著名大盐商鲍志道，“年十一，即弃家习会计于鄱阳”，二十岁去扬州佐人业盐，大获成功。后来自己独立业盐，成为两淮总商。几乎大部分徽商都是这样发迹的，这说明徽商在经商过程中，意志坚韧、能吃苦耐劳，且颇具开拓创新精神。

第二，在架构上，徽商普遍带有一种血缘和地缘关系，外出闯荡往往是父带子、兄带弟、亲帮亲、邻帮邻。徽商一般都利用宗族制度，大量使用宗族人员。因为徽州宗族制度非常发达，在这种社会环境下人们的宗族意识极强，因而宗族内部成员的凝聚力、向心力也就极强，任用宗族人员也就显得很可靠。

第三，在经营中，徽商尤其注重商业道德，讲究“以诚待人，以信接物，以义为利，仁义为质”。“诚信”之所以成为徽商的特点之一，是因为徽州是程朱理学的发源地，徽商在道德方面执行得更为严格一些，道德自律也更强一些。而徽商在经商中标榜的“诚”“信”“义”，往往也会带来更多的商业利润，于是他们便有意识地注重和光大这种以儒学建立起来的商业道德。这就形成了徽商的一大经营特色。

第四，在价值取向上，徽商的显著特点是“贾而好儒”。徽商奉行“以儒为体，以贾为用”的信条，追求儒为名商、贾为厚利，儒贾结合，官商互济，因而形成了贾而好儒、亦贾亦儒的重要特色。因为徽州儒风极盛，很多商人对读书仕进之路都报有向往之情。为了让更多的子弟习儒就学，徽商积极捐资，广建书院，如歙县的师山书院、斗山书院，休宁的东山书院、天泉书院，婺源的明经书院、福山书院等都是徽商捐资修建的。在这种文化氛围下，徽州涌现了众多的文化精英。徽州学子在科举中也大显身手，据统计，明代徽州有进士392名，举人298名，生员则更多，清代单是歙县一地（包括寄籍）就有进士296人，举人近千人[①]。

总的来说，在长达几百年的时间里，徽商尤其是盐商巨额利润所形成的丰厚经济基础，为徽州的文化、教育、科学、艺术、出版等领域的发展与繁荣提供了物质保证，为形成徽州丰富的地域文化打下了深厚的基础。如在徽商的影响下，明清时期的徽州教育“具有明确的目的性和强烈的自觉性”，而且徽商“极具开放性观念”[②]，这不仅促成了徽州教育的开放性，也使徽州地区的人们在思想上逐渐形成了开放性观念，提高了徽州人的整体素质。

（三）徽州宗祠文化

徽州宗祠亦即徽州祠堂，它不仅是祭祀祖宗或先贤的庙堂，而且是村落宗族财势和实力的“象征”。村中部落的生活，宗族的繁衍、发展和兴衰，村落的布局结构均与祠堂相关。徽州祠堂是独特的徽州文化的一个重要代表。历史悠久的徽州祠堂及其丰富的宗祠祭祀内容均成了徽文化的重要组成部分，它们形成了独树一帜的徽州宗祠文化。徽州宗祠文化是徽州祠堂形体文化和徽州宗法制度文化的复合文化，其内涵可以从徽州宗祠的结构和徽州宗法制度的文化理念两方面去界定。

徽州祠堂的出现，源于“聚族而居”。聚族而居是维护封建宗法的需要，也是徽州宗法建制的重要表现之一。从徽州人的来源来看，绝大多数都是来自中原，他们总体上都是为了逃避兵荒马乱而迁居于此。因为是分批迁入，所以徽州人大都聚族而居，一村一姓现象相当普遍，而且世代相沿，根深蒂固。徽州“八大姓”，一个姓都有一个姓的祖居地，比如，歙县篁墩为程氏世居，棠樾为鲍氏世居，唐模为许氏世居，江村为江氏世居，

①王世华.双子星座：徽商、晋商比较研究[J].安徽师范大学学报（人文社会科学版），2005，33（6）：634-642.

②张海鹏，王廷元，孙树霖.徽商研究[M].合肥：安徽人民出版社，1995：508.

潭渡为黄氏世居，黟县西递为胡氏世居，屏山为舒氏世居，绩溪西关为章氏世居，上庄为另一胡氏世居，等等。也因为是逃避兵荒战乱迁居于此的，所以徽州人自然对外人存在很强的戒备心理，凡族人总爱抱成团，形成了徽州人较为浓烈的宗族心态。维持宗族关系的一个重要纽带就是祠堂，每个姓有每个姓的总祠堂。

徽州现存祠堂最早的建于明弘治年间，至清代则多不胜举，其大体分为总祠、分祠和家庙。总祠，作为当时重要的公共建筑，一般多置于村镇两端、傍山或有坡度的地方，气势恢宏、庄严气派，少则二进，多则四五进，建筑依地形渐次高起，主体建筑置殿后，颇富变化。单面为中轴线上两个或多个三合院相套而成，民居簇拥，牌坊映照，支祠平面多为四合院式。而家庙是总祠的一种特例，一般是官宦人家在家宅处所所建的祠堂。一般较大的村镇，如歙县许村、昌溪，总祠与支祠在12个以上。

一方面，从宗祠选址上可以看出儒家思想和道家八卦思想的糅合理念。宗祠一般选在村落的盆地中心，使后裔在祭祀祖先的同时，体验到自然环境与建筑之美。如呈坎古村落形式：前罗家庙、后罗家庙、罗东舒祠、前罗长春社等均是村落的核心，居首要地位。又如坐落在歙县鲍村的鲍氏宗祠，族人在祠堂里安放家庭始祖和历代祖先的牌位进行祭拜，整个鲍村的村落建筑都是围绕着祠堂而建，并以祠堂为中心，这种建筑布局形成一种极为强大的向心凝聚力量，使整个家族成为一个整体。

另一方面，宗祠建造的结构和内外工艺都体现出博大精深的徽文化底蕴和出登科第、博取功名、光宗耀祖的思想。徽州祠堂的门厅多为五凤楼建筑，两侧八字墙上饰以细腻的砖雕。内部中进享堂的月梁、金柱粗硕。斗柱节头多为象鼻、风头、如意，有的上面有翼形云板。祠堂寝殿底层梁架绘有精致的彩画。这种融风水、美学、礼教为一体的构造以及大量工艺精美、栩栩如生的壁画、木雕、泥塑、石刻、纹饰、诗书画无不体现出徽州人追崇祖宗、崇尚礼教、推崇科举、祈求人丁兴旺和福禄寿全的特点①。许多祠堂至今仍保存了许多楹联、牌匾、名人书画、木石古雕等。在祠堂中，通过悬挂堂匾、祠联、楹联这种形式，起到了弘扬、渲染、推崇知书达理之德的作用。如鲍村的鲍氏宗祠中高悬的一块堂匾上书“积厚流光”

①叶鸣声，刘伯山.徽州文化研究(第一辑)[M].合肥:黄山书社,2002:242.

四个大字，另外还有一副楹联“诗书教化光前裕后大家声　忠孝承先振纪扶纲隆世第”，通过这些堂匾和楹联可以看出——重视教育、重视家族伦理体系、希望后代能够光宗耀祖以及推崇“忠”“孝”的儒家思想和观念在徽州宗祠建筑艺术风格中的体现。

徽州宗族族规家法源远流长，尤其是到了明清时期，徽州的封建宗法制越发完备和牢固。无论是以占少数的累世同居的大家族为基础的宗族，还是以占多数的小家庭为基础的宗族，都是以宗子族长为中心，按照尊卑长幼的等级组织起来的。随着社会的发展，为了巩固宗族制度、加强宗族统治，同时也是为了宗族的兴旺发达，世家大族制定族规家法的日益增多。总的来说，徽州宗族的族规家法囊括了忠孝节义的道德信条以及修身、齐家、敦本、和亲之道，它具有民间法规与封建伦理道德相结合的特点。其关于“忠”“孝”“节”“义”“礼”“名分”的规定，体现了以族长为核心的宗族士绅集团和封建统治阶级的阶级意志和要求。其关于“崇尚节俭”“重视教育”“济贫救灾”“抚孤恤寡”“职业当勤”等十几类规定，则属于中华民族传统文化的精华。

1. 徽州宗法制度中的伦理道德规范

在徽州族规家法中，封建伦理道德占了极大篇幅。徽州宗族族规家法，实际上就是将封建伦理道德法规化，变成人们必须遵守的带有强制性的行为规范。族众违反了这些伦理道德规定，不但要受到舆论的谴责，还要受到宗族的惩处。

在徽州宗法制度中关于伦理道德的规范有很多方面，其核心是“忠”“孝”“节”“义”“礼”“名分”等。徽州各宗族对“孝”极为重视。“孝”的规定在族规家法当中占有极为重要的地位，这些规定也起到了重大的社会作用。历史上徽州地区产生了许多孝子，这可以从历史文献和文物两方面得到有力证明。第一，在徽州的地方志以及谱牒当中，孝子传占了很大篇幅。据《歙县志》记载：从郑村往北2.5公里为棠樾村，村头大道上屹立着七座牌坊，雄伟壮观，世所罕见。其中，慈孝里坊建造最早，为表彰鲍宗岩、鲍寿孙父子的父慈子孝而立。据史料记载，元代守军李世达叛乱，四处抢劫，鲍宗岩、鲍寿孙父子被叛军捉获，并要杀其一，父子争死，在礼仪之邦传为佳话。明永乐皇帝曾为鲍氏父子题诗：“父遭盗缚迫凶危，生死存亡在一时……鲍家父子全仁孝，留取声名照古今。”乾隆皇帝御笔题赐“慈孝天下无双里，衮秀江南第一乡”联，高悬于鲍氏宗祠。第二，在徽州地区，牌坊众多，孝子坊占了很大比例。驰名中外的歙县棠樾牌坊群七座牌坊中就有两座孝子坊。大盐商鲍志道还专为棠樾鲍氏宗族历代孝子建了一座“世孝祠”。他在《世孝祠记》中记载说：“夫孝者，百行之原也。……因是敬述先德，用勖后人，于宗祠外别建世孝祠，合累世孝子之主祀焉。”①

另外，徽州宗族对妇女的贞节非常重视，许多族规家法对此都作了极其严格的规定。对于妇女来说，从小时候起就应该明白：男女有别，肃清闺门，“闺门内外之防，最宜严谨”。到了结婚以后，要做到恪守家规，要三从四德，做贤妻良母。如果妇女不幸寡居，则要从一而终，苦志贞守。如绩溪《明经胡氏龙井派祠规》记载说：“妇人之道，从一而终，一与之齐，终身不改。泛柏舟而作誓，矢志何贞？歌黄鹄以明情操，心何烈？倘有节孝贤妇，不幸良人早夭，苦志贞守，孝养舅姑，满三十年而没者，祠内酌办祭仪，请阖族斯文迎祭以荣之；其慷慨捐躯殉烈者亦同，仍为公呈请旌，以表节也。”②徽州族规家法中关于“节”的规定，起了重大的社会作用。历史上，徽州地区产生了数以万计的节妇烈女。清代休宁赵吉士曾指出：“新安节烈最多，一邑当他省之半。”在徽州地区的忠、孝、节、义四大类牌坊当中，妇女“节孝坊”占的比例最大。在歙县棠樾鲍氏宗族牌坊群七座牌坊中，就有两座是妇女节孝坊。

在徽州地区，到处可见的节烈牌坊是徽州宗法制度文化中关于伦理道德规范的具体体现。徽州原有牌坊一千多个，现尚存百余个，被誉为“牌坊之乡”，位于歙县的棠樾牌坊群就是其中的典型。棠樾牌坊群是古徽州人宗法思想、伦理道德的集中表现：牌坊群共有7座牌坊依次排列，明代3座，清代4座，勾勒出封建社会“忠孝节义”伦理道理的概貌。3座明坊为慈孝里坊、鲍灿孝行坊、鲍象贤尚书坊。慈孝里坊建于1501年；鲍灿孝行坊表彰明弘治年间孝子鲍灿，建于嘉靖年间，清乾隆年间重修；鲍象贤尚书坊表彰兵部左侍郎鲍象贤，建于明天启年间。4座清坊为鲍文龄妻汪氏

①赵华富.徽州宗族研究[M].合肥:安徽大学出版社,2004:371.

②赵华富.徽州宗族研究[M].合肥:安徽大学出版社,2004:373.

节孝坊、鲍父渊继妻吴氏节孝坊、鲍运昌孝子坊、鲍漱芳父子乐善好施坊。据传，棠樾鲍氏家族当时已有“忠”“孝”“节”牌坊，独缺“义”字坊。其村鲍氏世家，至鲍漱芳时，官至两淮盐运使司，掌握江南盐业命脉。他欲求皇帝恩准赐建“义”字坊，以光宗耀祖，便捐粮十万担，输银三万两，修筑河堤八百里，发放三省军饷，此举获得朝廷恩准。于是，在棠樾村头又多了一座“好善乐施”的“义”字牌坊[①]。在歙县众多的牌坊中，这种“以商入仕，以仕保商”，政治与经济互为融贯的密切关系屡屡可见。从中也可以看出徽州宗族对“义”都很重视，在族规家法中也能看到很多关于“义”的规定，许多宗族还采取种种不同的举措，以表彰宗族子弟的“义行”。这些宗族规定鼓励很多宗族子弟在仕宦发财或经商致富后，都为宗族和家乡修宗谱、筑祠堂、置族田、建书院、修桥铺路、兴修水利、赈灾济贫、扶孤恤寡等。

2. 徽州宗法制度中的具体行为规范

为了巩固宗族统治，促进宗族的兴旺发达，必须使族众的生活行为规范化。于是，徽州宗族统治者在族规家法中制定了许多有关具体生活行为的规定，其中，有祠堂与祠祭、祖墓与墓祭、族产与田租、学校与科举等规定，有春节团拜、元宵庆典、迎神赛会等规定，有勤俭节约、扶孤济贫、救灾恤患、冠婚丧祭等规定，有禁止斗殴、赌博、游闲、迷信等规定，还有表彰忠孝节义、反对械斗的规定，等等。这些规定都是对忠孝节义的具体化。

如婺源县游山董氏宗族族规家法的重要内容一共有十七条：孝顺父母、尊敬长上、婚姻要当、闺门要严、继嗣要当、春节团拜、勤俭持家、周济贫困、禁止新年讨债、奖励人才、保护寺墓、封山育林、保护村溪、严禁赌博、植“树人”树、制御世仆、经理祠堂[②]。从这些族规家法中可以看出，其对宗族成员的生活行为、培育人才、风俗民情等都有详尽的规定，从方方面面对宗族成员的行为进行约束，这有利于巩固宗族的统治，促进宗族的兴旺发达。

在歙县棠樾鲍氏宗族的族规家法中，也有很多关于生活行为方面的规

①参见歙县棠樾牌坊群资料介绍。

②安徽大学徽学研究中心．徽学(第二卷)[M].合肥:安徽大学出版社,2002:37-39.

定和典范。例如，抚孤恤寡在徽州的族规家法中是一个重要内容，也产生了很大的社会作用。许多富商大贾都把踊跃捐输、抚孤恤寡视为人生一种高尚德行和极大光荣。棠樾大盐商鲍启运置“体源户”义田，赡给鲍氏宗族鳏、寡、孤、独，就是一个典型。据《棠樾鲍氏宣忠堂支谱》卷十九《义田·敦本户田记》记载：“启运……服贾四方，薄积所赢，因本先君之意……置体源户田五百四十亩，专以赡给族间‘四穷’，归诸宗祠，而告之有司，用垂久远。嗣恐经费不充，续增田一百六十余亩足之。自此，吾族中有不幸茕独者，可无虑于饔飧矣。”[①]

还有关于尊敬老人的规定，如新年元旦，宗族普遍在祠堂举行谒祖、团拜礼。拜毕，有的宗族每人散发米粉制作的“和合饼”一双，有的宗族每人散发米粉制作的“元宝”一双，有的宗族每人散发米粉制作的“寿桃”一双。徽州宗族族规家法都有这样的规定：年届60岁的发2双，年届70岁的发3双，年届80岁的发4双，依此递增。再如，名门右族祖墓较远的，族规家法大都规定：清明标祀，年过60岁以上子弟，乘轿前往，经费由祠堂支付[②]。

由此可见，徽州宗祠制度的主体部分虽然是封建思想和封建伦理道德，但它也体现了一些中华民族传统文化的精华，这些积极的方面对于现代村民思想观念来说仍有不可低估的价值。在徽州做调查时，我们感受到，这里的村民表现出了明显的社会品质或社会特性，如爱好自然、安土重迁、崇文重教、强调稳定和谐、重视人际关系、知足常乐、勤劳务实、坚韧不拔、崇尚仁义、修德敦行、讲求诚实守信、注重气节操守等。

二、徽文化影响下的政治文化传统

徽州地区的程朱理学、徽商文化和徽州宗祠文化，相互影响、相互制约，是一个不可分割的整体，它们共同塑造了徽州地区颇具特色的政治文化传统。在这三者中，程朱理学是徽州传统文化的内核，塑造了徽州传统政治文化的精神支柱。程朱理学思想从本质上影响了徽州人的意识形态、

①赵华富.徽州宗族研究[M].合肥:安徽大学出版社,2004:390-391.

②赵华富.徽州宗族研究[M].合肥:安徽大学出版社2004:396.

思维方式、思想观念、行为规则和伦理价值观。在此基础上徽州文化的内在观念性文化逐渐形成了自己的体系，发展出自己的特色。在程朱理学的人伦教化下，徽州地区的宗祠、制度文化才得以形成和发展起来，才有了后世被人们称为“儒商”的徽商的兴起。宗祠、制度文化和徽商文化的蓬勃发展，又反过来加强了程朱理学这种文化形态在徽州的统治地位。

徽州传统政治文化基本上属于传统依附型（或臣属型）政治文化，同时又具有极其丰富的东方内涵和异常鲜明的徽州特色。与中国传统政治文化相一致的是，它在政治认知方面，将天、君、国、家合为一体；在政治评价模式方面，以忠、孝为核心；在政治情感方面，表现为丧失主体性的依附感。同时，由于徽文化的影响，徽州地区的传统政治文化中理学思想极其浓厚，宗法观念像一块牢固的基石，潜伏在徽州传统政治文化的深层，并逐渐沉淀为一种政治亚文化，支撑着整个徽州地区政治统治的形态。它还吸收了徽商文化的开放观念、崇文重教、勤劳务实、崇尚仁义、修德敦行、讲求诚实守信、注重气节操守等（传统）社会价值取向，不仅形成了自己的鲜明特色，也对现代徽州乡村政治文化产生了重大的影响。

(一)徽州传统政治文化中的村民主体心理倾向

徽州人大都是在家乡浓郁的理学观念和儒文化氛围中耳濡目染成长起来的，兼具一定的文化知识，所以徽州人比较崇儒尚文，注重义理。儒家学说是徽州乡村社会中的正统文化，理学观念和宗祠制度给徽州人的思想套上了一副沉重的枷锁，徽州的地形地貌使徽州人在接触外界新事物、新观念方面普遍比较闭塞，从徽州走出去的徽商又给徽州人带来了极其活跃的思想意识和开放的观念，众多因素糅合在一起，使徽州人在心理倾向上逐渐形成了勤劳务实而又封闭内敛、讲究中庸而又自以为是、活跃开放而又墨守成规、有时过分强调稳定和人际关系的和谐等特征。近年来，随着经济的发展和改革开放的冲击，徽州广大村民主体的这些心理特征虽然有了一定的改观，但仍然存留着一定的印痕。

(二)徽州传统政治文化中的村民主体价值观念

因为理学在徽州的传播和影响尤为深刻，徽州宗祠、制度文化的浓厚氛围又加强了这一思想观念的主导地位，所以在价值观念上，徽州人普遍都有深厚的宗族观念，在漫长的社会历程中，这种家族主义、伦理本位、血缘情感的品质在徽州乡村占据了主导地位。比如说，徽州人的人生价值取向都不仅仅指向个人获取事业成功，更重要的还在于获取成功之后为宗族和乡里造福，保证和维护村落的繁荣、家族的昌盛。徽州人在外面无论是做官还是经商，都希望成功后能光宗耀祖，并能为家乡作出贡献，这也使他们在外出时总是互相帮助、互牵互引、荣辱与共。随着“贾而好儒”的徽商在家乡乃至全国取得的极大成功，徽商文化加固了儒家学说在徽州乡村社会中的统治地位。儒家学说是一个庞大的体系，它包含了中国社会文化中的方方面面，如它重视“仁”“义”“礼”“信”等核心概念，突出强调三纲五常，确立伦理社会秩序，等等，这些文化理念都无一例外地渗透徽州乡村社会的深厚土壤中。在这些文化理念的影响下，徽州人普遍比较崇文重教、强调稳定和谐、重视人际关系。另外，在徽商文化的影响下，徽州人普遍比较踏实务实，他们对政治不会抱着过多的热情，而是更愿意将精力投入到自己的私人事务上去，一般以个人利益为行事准则和评价标准。

(三)徽州传统政治文化中的村民主体政治情感

在对村民主体政治情感的影响上，徽州宗祠、制度文化不仅强化了以血缘等级和伦理主义为主导的传统政治精神，也使徽州人形成了尊重权威、维护宗族、安分守己、服从约束等特点。徽州的牌坊、祠堂、族规家法以及一些家族事务，共同构成了乡村的小社会空间，不仅在客观上稳定了社会的道德秩序和行为规范，也在内在精神上维护了一种井然而不容违抗的宗法礼仪秩序。此外，徽商文化的影响也较大。徽商作为一支封建性商帮，没有成为一支独立的政治力量，因而对徽州人的政治情感产生了一些负面影响。一方面，徽商借助族力、大量使用宗族人员的习惯无疑强化了传统政治文化中的血缘等级和伦理主义，加强了政治的伦理化；另一方面，徽商在封建社会中形成的懦弱的政治品格也有深远影响——使徽州人形成了保守忍耐、平和消极、安命不争的品格，普遍不敢藐视权威，对权力有一种敬畏心态。

(四)徽州传统政治文化中的村民主体态度取向和行为规范

徽州的理学观念和宗祠、制度文化都从根本上扶持了以“礼治”为核心的一整套观念在徽州大地上的传播和衍生，“礼治”这一观念对徽州广大村民在政治共同体面前所表现出的被动和消极心理起了不可忽视的作用。“礼治”有较明显的消极影响，“礼治是一种人伦秩序，它灌注着对人强制性进行尊卑名分教育的意识”①，维持“礼”的是传统，传统的效力可以在村庄中有效地应付生活中的很多问题，因此，“礼治”使人的主体性和独立性逐渐趋向于无。在这一观念的影响下，徽州人比较注重规范，普遍比较自觉地遵守各种礼俗传统，这对当今的徽州村民仍是有影响的。在如今的徽州村庄，“礼治”的乡土社会早已转变为“新农村建设”下的现代村庄，法治观念在徽州乡村的普及也要求村民们自觉遵守。在现代化的过程中，徽州的村庄面临很多传统无法应付的新问题，这时候就需要大家在自觉遵守各种法律规范的前提下，团体合作，共同应付问题。社会的变迁导致法治进驻“礼治”社会，虽会加速传统村庄的衰落，但未尝不是一个现代村庄的良好开端，是村庄现代化的必经之路。

①金太军，王庆五．中国传统政治文化新论[M].北京：社会科学文献出版社，2006:54.

徽州传统政治文化当代变迁及影响
——基于歙县乡村调查

胡颖群　王义德[①]

摘　要:徽州地区传统乡村政治文化随着社会变迁而变迁。其中,以程朱理学、宗族礼治为代表的一部分传统村落政治文化逐渐被新的乡村政治文化取代;“忠孝节义”传统村落政治文化受历史发展总趋势的推动,很大一部分在社会变迁中消解,其中一部分在消解的过程中发生了嬗变。而以徽商文化为代表的部分传统政治文化在商品经济迅速发展的徽州乡村得以极快复归,并在其得天独厚的外部条件下获得发展。

关键词:徽州;传统政治文化;变迁

徽州传统政治文化作为一种文化传统在当代皖南农村地区仍有较大的影响,但当今徽州地区的农村政治文化与其传统政治文化相比已不可同日而语。

辛亥革命推翻了帝制,摧毁了封建皇权的统治秩序,其后又发生了新文化运动,以儒家文化为核心的传统政治文化遭到了猛烈的冲击,但后来民国政府在建立现代政府结构的同时并不彻底否定以儒家文化为核心的传统政治文化的主体性作用。因此,无论是在城市还是在乡村,传统政治文化仍然是主导性政治文化,徽州地区也不例外。直到新中国成立后,乡村中人们的自主性开始凸显,冲击了中国乡村的传统村落政治文化。改革开放三十多年来,政治、经济、文化等多方面的大发展对传统政治文化形成了极大的冲

①胡颖群,安庆医药高等专科学校,讲师,硕士;王义德,安徽师范大学法学院公共管理系教授,博士,安徽师范大学法治中国建设研究院研究员。

击。在多种因素的作用下，传统村落政治文化逐渐呈弱势状态，在现代乡村中，新的政治、经济、文化秩序虽然还没有彻底取代旧秩序，但在新秩序的影响和改造下，乡村社会中的传统政治文化已发生重大变迁。

一、封建宗族礼治的消解

古徽州是一个受理学教化严重、影响最深，体现儒家伦理道德最为典型的地区。新中国成立，新政治、新秩序对徽州地区的影响和改造尤为深刻，新政治已经强而有力地渗透进了传统的村落家族，成为人们认同的公共权威[①]。乡村中权威基础的改变使徽州传统政治文化的核心部分——程朱理学、宗族文化和礼治秩序受到了巨大冲击，传统的以血缘关系为权威基础的乡村体制很快转变为以法理关系为权威基础的现代政治体制。

在徽州地区，新政治以前所未有的巨大冲击力对乡村社会传统政治基础进行了彻底的改造，并完全按现代的政治与行政原则对乡村社会进行了重新组织。以徽州地区的歙县为例：据《歙县志》记载，自1949年10月1日中华人民共和国成立后，同年10月20—24日，歙县首届各界人民代表会议在县城召开；同月，撤销乡建制，全县改划为15个区、7个镇、435个行政村；1950年1月1日，县民主政府改为县人民政府，同月县人民法院成立，3月14—18日，县首届妇女代表大会在县城召开。新政治带来的新政治秩序在歙县的广大地区建立以后，普遍受到人们的拥护，新政治秩序很快在这一地区扎根下去，并给人们的思想带来了巨大的冲击。宗族制度被乡村政权所取代，国家通过在农村建立广泛、严密而有效的乡村政权，取代原有的宗族组织的权威与功能。宗族制度既然消亡了，传统的宗族观念、家族政治文化便失去了存在的制度基础，在这种新形势下，程朱理学所倡导的封建伦理纲常和宗法等级制度被否定。新的经济制度和以公共权威为基础的正式结构的建立从根源上否定了传统村落政治文化的基础，使传统村落政治文化中主导性的制度结构得以覆灭。在以后的历次政治经济社会运动中，封建的礼治观念基本荡涤殆尽，并且其复归的可能性也从根

①王沪宁.当代中国村落家族文化——对中国社会现代化的一项探索[M].上海：上海人民出版社，1991:159.

源上被消除了。

在徽州乡村中，程朱理学的封建伦理纲常礼治思想和宗族统治的一个重要载体是传统的宗祠、制度文化，而这一载体随着新政权的建立在历次社会政治运动中不断被消解。徽州自古以来就是一个典型的宗族社会，其各种文化现象——徽州建筑、新安理学、徽州朴学、新安画派、徽商文化、徽州雕刻等，都与徽州宗族文化有密不可分的联系。因此，徽州宗族文化对于徽州文化总体的影响与渗透有不可替代的地位。在现代的徽州乡村中，宗族势力主导一切的情况并不存在，这是其较突出的一点。

改革开放以来，中国农村政治文化的转型与社会发展的历史背景密切相关，实现了从计划经济体制向市场经济体制的转轨，其对平等的人际关系的宣扬、对个人价值的肯定、对个人利益的维护等等，都使这一时期的农村政治文化变迁或转型在多个方面表现出不同于以往的特点，并将影响和塑造未来中国政治发展的过程、轨迹和方向。在这种大背景下，传统的宗族制度、家族文化走向了日渐消解的总趋势，取而代之的是，村庄中以公共权力为基础形成的公共权威在乡村社会中的根基越来越牢固，作为村庄主体的乡村村民素质不断提高，思想也更加开放，他们的平等思想、自主意识逐渐增强，创新意识也有了很大的提高。这一系列的变化都使传统的宗族文化在现代的乡村难以继续存在下去。

在徽州地区，宗祠、制度文化的变迁首先是从物化表征的覆灭开始的。随着社会变革的风云变幻，作为徽州宗族、宗法理念物化表征的徽州宗祠，在历史风雨的冲刷中，变化很大。徽州宗祠曾经不仅是祭祀祖宗或先贤的庙堂，而且是村落宗族财势和实力的“象征”。但在现代社会，徽州宗祠不仅在形态上逐渐没落，而且在精神上也早已式微，徽州宗祠的地位已经今非昔比，它由过去乡村权威的象征演变成了现在乡村宗族历史的遗址。现存的徽州祠堂虽还有一定数量，但作为徽州宗族、宗法伦理的物化表征，却早已物是人非。徽州祠堂有的成为学校校址，有的成为村民开会的场所，有的成为粮站或仓库，有的则霉朽塌倒、风雨飘摇，有的已成为特色旅游的景点。

如在鲍村，村庄里不仅有鲍氏宗祠，还有许氏家庙、宁丰大社等县级文物保护单位，在村口至今仍有保存完好的徽商“石板古道”。其中，鲍氏基业主体丰碑工程——鲍氏宗祠（惇叙堂）、鲍氏社屋（宁丰大社）由鲍村富商鲍世通所建。鲍世通约生于清乾隆初年，发迹于苏州，家中十子造十舍厅，建庄园置田地，成为富甲一方的大绅士。“无祠不成宗”，鲍氏公推举鲍世通率众造祠，上下齐努力，全族同奉献，鲍氏宗祠于乾隆五十二年（1787年）竣工落成（现为县级文物保护单位）。宗祠坐西朝东，总建筑面积680平方米，外观与棠樾惇本堂（万四公祠）相似，三进两天井，前后分明，高低有序，卷篷轩顶，画栋雕梁，有“鸱吻兽”护祠，气势恢宏。鲍氏宗祠耗尽鲍世通积蓄，但其仍不遗余力，致力于鲍氏宗社事业，在全族人鼎力支持下，鲍氏社屋（宁丰大社）按期落成于乾隆末叶嘉庆初年。社屋坐东朝西，以正殿、文庙和厢房构成建筑群体，正殿大门带天井，大门上矗“双门楼”。额书：“宁丰大社”。翘角黛瓦，气势壮观。正殿寝堂，三格神台供奉菩萨几十尊。春露秋霜，由专人看管奉祀①。

现在，由于鲍氏宗祠属明清时代古建筑，近年来虽进行了几次修理，但因为鲍氏宗祠年代久远，目前又发生多处险情，现急需对鲍氏宗祠的斗拱、木椽、山墙等进行更换并添加新瓦。而有300年左右历史的古建筑宁丰大社，在很早以前就已破旧不堪，部分顶部损坏，村里也无人主动去维修。经过2007年末的雪灾后，宁丰大社整个房顶全部倒塌，断壁残垣，一副颓败的迹象。在鲍村的村委会材料中，有一篇是给县财政局的申请报告，内容如下：

县财政局：

坐落在我村天灯桥边的一幢古建筑宁丰大社，现有300年左右历史。原建筑前几年已破旧，部分顶部损坏，村里无钱维修。本建筑是国有资产，村里无权拆除。去年雪灾，整个房顶全部倒塌，如要维修，总测算资金达14.5万元，本村无经济能力，只能靠财政部门来解决，如财政部门能维修，资产是国家的，本村来看管。如不维修，就要及时处理，以考虑过路行人的生命安全。

特此报告

鲍村村委会

2008年3月17日

①鲍应武.鲍村鲍氏溯源、定基建业史略[J].杭州徽学通讯(内刊),2002(2).

从这则材料可以看出，在作为徽州宗族、宗法理念物化表征的徽州宗祠和家庙已逐渐衰败的情形下，现在的乡村中已经没有宗族势力来带动村民们主动的修葺祠堂和家庙，村民们只能看着它们衰败。虽然鲍村中的村民生活水平都比较富裕，但没有哪一个人会像以前的鲍世通一样主动捐出自己的钱财来修葺祠堂、家庙。作为乡村权力代表的鲍村村委会只是写出申请报告向上级有关部门请示，让更高一级的公共权威来妥善解决这件事，这正说明，即使事关宗族祠堂、家庙的发展前景，鲍村中的传统宗族势力也已经不起作用了。

在徽州宗祠、制度文化的内在精神层面上，与徽州地区程朱理学的变迁相类似的是，它对村民主体伦理道德上的规范功能、司法功能已经消解，它所包含的封建思想和封建伦理道德也在商品经济迅速蔓延、现代化得以开启等因素的强烈冲击下很快衰落下去。徽州宗祠、制度文化在变迁过程中，村民主体的人格逐渐由传统社会中的依附型人格转变为现代社会中的“企业家型”人格。

在鲍村，过去这里是一个宗法观念极其浓厚的地方，这里等级分明的家族传统对人们的思想观念有很大影响，但经过新中国成立60多年来特别是改革开放30多年的发展，平等竞争、独立自主的意识逐渐进入鲍村村民们的思想观念，冲淡了家族传统的等级界限，有一些村民身上越来越具有现代人的特点，这在青年一代的村民身上尤为突出。由于他们所受的教育和所见所闻，不少人越来越敢于表现出自己身上的独立性和自主性，他们作为现代社会的成员，不再听天由命，而是富有革新精神，随时准备克服障碍，表现出强烈的企业家精神和对世界的理性与科学态度[①]，在处理事情上越来越依靠自己的决断，他们已不愿受家族的牵制，而是想体现自己的价值和意义。如现在的年青一代村民在婚姻价值观念上变得更加独立自主，在务农经商等事务上更加敢于竞争、敢作敢为等。同时也可看到，现代村民越来越意识到自己“村庄主人翁”地位，积极参加村庄事务，积极参加村委会选举的投票，等等。

随着宗祠、制度文化的消解，附着其上的徽州传统政治文化中的重要部分——礼治观念中的许多因素也不断地被消解。中国传统社会是一个礼

①安德鲁·韦伯斯特.发展社会学[M].陈一筠,译.北京:华夏出版社,1987:29.

治社会，传统的村落家族共同体以礼俗为调节手段，礼俗是一种不明确的但深入人心的规范[①]。在程朱理学影响下的徽州乡村社会里，礼治的影响更加深入人心。礼就是社会公认的合适的行为规范，合于礼就说明这些事做得是对的，就是合适的。礼治是一种人伦秩序，礼治秩序被古人定义为“礼者，所以定亲疏，决嫌疑，别同异，明是非也”，传统社会中的“礼”产生于等差有序的以家族成员的关系为基准的社会结构中，其功用必然是要服务于这种社会制度的，在“礼”这种秩序下，每个人以“礼”为行为的规范，生于族法家规、国法、天地之道之间，社会秩序形成了一个健全的体系，每个人都找到自己的身份地位，固守自己的本分，做到“父子有亲，君臣有义，夫妻有别，长幼有序，朋友有信”，也就是要恪守五伦，有序地行动起来。礼正是立足在家庭（家族）成员之间的关系上，以家族为其依凭的基本单位，然后一步步扩而充之，修齐治平，亲政仁民，仁民而爱物，所有的人际关系都希望纳入同样的秩序原则之下，甚至人与自然的关系也不例外[②]。现代社会，传统社会中礼治开始逐渐解体。

公共权力的介入是礼治变迁的直接原因，新中国成立初期，国家权力第一次全面深入乡村，取缔了乡绅阶层和宗法制度，乡村社会中旧的社会秩序开始逐步瓦解。据《歙县志》记载，1958年，黄山人民公社诞生，人民公社下设管理区、大队、生产队三级；到1959年2月14日，歙县全县共有15个人民公社、57个管理区、60个大队、250个生产队。人民公社的建立使乡民们被纳入更大的组织范畴中，从而进一步限定了原先的乡土社会中以血缘关系作为秩序依据的作用。

现代性因素的生长是乡土社会中礼治真正解体的根本原因。在现代的乡村社会里，礼治逐渐被以民主与法治为主体的现代法理型社会秩序所代替，新型社会秩序以人的个体自由、权利平等、社会公正、人格尊严等为本质取向，代表了现代制度文化的开放理念，从而超越了旧的伦理型社会秩序，并形成了所有既有秩序的标准，村民们对民主、法治的观念也已普遍接受。在现阶段，民主、法治的新型社会秩序在乡村社会中的重要表现

①王沪宁.当代中国村落家族文化——对中国社会现代化的一项探索[M].上海：人民出版社，1991：29.

②曹燕.中国的秩序与变迁——《乡土中国》的诉说[J]，法制与社会，2010(3)：160-161.

之一就是《村民委员会组织法》在农村的实施和村民自治工作在农村的开展。我们在鲍村中看到，村民自治工作开展得基本顺利，并建立健全了村民议事制度和村务管理、村务公开制度，实行了民主决策。村党支部和村委会关系融洽，落实村务公开，严格执行村财乡管并及时进行公开，做到了“六规范，一满意”，实行村务工作制度化、程序化、规范化。村民对村务、财务公开和两委班子基本满意。

目前，我们的新农村建设要走向正确之路，要持续、长效、健康地发展下去，使村庄建设、经济发展持续保持良好的发展势头，就必须继续坚持民主、法治的新型社会秩序，建立健全“科学、民主”的管理制度，只有管理民主了，才能集思广益，才能调动全体村民的积极性，共同做好新农村建设工作。因此，传统乡村政治文化中的“礼治”在现代社会中消解，是必然的也是必须的。

二、“忠孝节义”内涵的转化

徽州地区的传统乡村政治文化虽然有很大一部分都在社会变迁的过程中得以消解或覆灭，但其中也有一部分政治文化在消解的过程中发生了嬗变。徽州传统村落政治文化在当代乡村中的嬗变既在根本上符合时代精神，又突出体现了徽州地区的地域特色，正是在社会发展和传统文化影响的双重作用下，徽州传统村落政治文化在当代才形成了自己极具特色的变迁。

程朱理学思想中“忠君”思想的嬗变就较为突出。传统的以“忠”为核心的政治意识形态主要是致力于培育人们对君王的崇拜，“忠君”即爱国，在中国数千年的传统社会里，君主从来就没有和国家发生过完全的分离，君主个人就是国家本身，君主的利益就是国家的利益，君主的意志就是国家的意志①，所以，人们必须遵循“顺天应人”的政治秩序。同时，我们应该看到，忠君爱国思想也是血缘宗法家庭的伦理秩序的衍生品，血缘家庭中已经微缩了国家存在的全部基因，父亲和长子在血缘家庭中的地位

①金太军，王庆五．中国传统政治文化新论［M］．北京：社会科学文献出版社，2006：78．

也就是君主在国家中的地位[1]，这种对君王意志绝对服从的"忠君"思想在村落社会中即表现为对族老、长辈的无条件服从。今天，这种思想已经有了极大的改变。在乡村社会中，传统的宗族观念、家族政治文化渐渐消解，乡村社会中传统的以"忠"为核心的政治意识形态也发生了改变，这主要体现在人们"忠"的对象发生了改变。在传统的政治文化里，"忠"的对象是融为一体的封建君主和封建国家，在较低层级上，就是忠于乡村社会中的族老、长辈以及家庭中的父亲、兄长。但新中国成立以后，虽然人们"忠"的对象发生了改变，但是人们对公共权威的忠诚情感并没有消减。当新政治通过政治机制将新的意识形态和价值观念传递到乡村社会中后，新的政治权威给这一地区带来了尤为深刻的影响，村落中的人们虽没有马上建立起民主、平等、公平、正义等现代型的政治价值观念，但却产生了深远的影响。

进入改革开放时期，虽然经过了改革开放后一系列新思想、新文化的洗礼，但徽州地区的人们普遍还是对政治权威有着敬畏的心态。它的积极影响在于，这一地区的人们普遍比较遵纪守法，对村规民约也遵守或执行得较好，如在鲍村，我们在查看村委会的一些文件资料时，基本没有看到比较大的村民纠纷事件，在这一地区，人们上访或民告官的事件也基本没有看到。但同时它的负面影响在于，在政治生活中，徽州村落中的村民往往过于遵守规则而导致精神上的相对低微，他们往往显得胆小怕事而对政治漠不关心，完全遵从上级政治机关的领导而不愿提出任何异议，有时导致思想观念上呆滞和刻板。

程朱理学思想中提倡"节""义"的思想在现代徽州村落社会中也发生了一些嬗变。"节""义"是我国固有的道德标准，主要是指所谓读书人或士人的立身处世之道，现代社会也用这个标准来衡量人们的行为。所谓"节义"，指的就是为了自己的理想和信念、为了正义，在敌人或困难压力面前不屈服的品质和刚毅的风节。古徽州士大夫们所坚持和宣扬的"节义"思想，对世道人心、社会风气都有劝勉、敦化的功能，而且在徽州地区影响至深。现在，在徽州许多地区都制定了乡规民约或村民公德守则等，而其中的条款诸如"爱国守法""明理诚信""勤俭节约""见义勇

①金太军，王庆五.中国传统政治文化新论[M].北京：社会科学文献出版社，2006：78.

为”“尊老爱幼”“助人为乐”“崇尚知识”等，都与这一地区“节义”观念影响下的许多传统规范有一定的契合，因而较易得到遵守。所不同的是，传统“节义”中的诸如对妇女的摧残等封建糟粕在新的政治社会化中不断消解，一些新的因素不断进驻人们的心灵。在鲍村做社会调查时，我们就了解到，鲍村村民委员会带头制定的《上丰乡鲍村新农村建设村规民约》，其主要内容包括社会治安、消防安全、村风民俗、邻里关系和婚姻家庭这五个方面，例如其在“村风民俗”方面的村规民约就包括以下六个要点：

(1)提倡社会主义精神文明，移风易俗，反对封建迷信及其他不文明行为，树立良好的民风、村风。

(2)喜事新办，丧事从俭，破除陈规旧俗，反对铺张浪费、反对大操大办。

(3)不请神弄鬼或装神弄鬼，不搞封建迷信活动，不听、看、传淫秽书刊、音像，不参加邪教组织。

(4)建立正常的人际关系，不搞宗派活动，反对家族主义。

(5)积极开展文明卫生村建设，搞好公共卫生，加强村容村貌整治，严禁随地乱倒乱堆垃圾、秽物，修房盖屋余下的垃圾碎片应及时清理，柴草、粪土应定点堆放。不损坏公共场所旅游设施和宣传物品。

(6)建房应服从建设规划，经村委会和上级有关部门批准，统一安排，不得擅自动工，不得违反规划或损害四邻利益。农民建房必须交纳徽派建筑保证金(300~500元)和建筑垃圾清理保证金500元。在验收合格后予以退还。

在村委会办公楼边的公共布告栏上，也悬挂着一些乡约的布告牌，如“平安家庭十项标准”“村民守则‘十要’”等，在村委会的档案中还有“上丰乡鲍村开展‘十星级文明户’创建活动的实施方案”，以及广泛开展村“文明信用户”“优秀党员户”“五好家庭户”等评选活动的一些资料，这些宣传材料都不同程度地强化了村民们的气节意识，提高了村民们的思想道德素质，对培养现代化的村民主体有积极的推动作用。

传统村落政治文化在某些方面的嬗变带来了社会的进步和乡村的发展，也使乡村中的人们摆脱了封建枷锁的束缚，有利于村民主体现代型人格的培养。但我们也应该看到，传统文化在某些方面的嬗变却使中华民族的一些优良传统渐渐丧失，甚至还产生了一些负面的糟粕，如“孝”思想发生的变迁就说明了这一点。现在大部分徽州人还是很恪守孝道的，在鲍村中，我们看到了很多老年人都在安享晚年，衣食无忧，但是村庄中也出现了一些老人与子女之间的赡养纠纷问题，经由村调解委员会的调解后才得以妥善解决。

由此我们可以看出，市场经济的蓬勃发展逐渐造就了人们对经济理性的社会性推崇。农村家庭联产承包责任制的推行，在重新赋予农村家庭以经济功能的同时，也赋予农民个人以自主追求经济利益的权利，由收入所体现的经济实力成为个人、家庭、家族成就的最高甚至唯一标准①。在这种背景下，村落中的村民往往追求利益的最大化，有些人对传统文化中的一些美德开始有所轻视，从而产生一些负面影响。另外，在调解村落中的一些家庭纠纷时，村调解委员会已取代过去的族老而成为权威主体，这说明乡村社会中传统宗族势力作为家族权威的彻底覆灭，也是乡村社会中政治现代性的一种积极体现。

三、徽商文化的复归与发展

徽州传统村落政治文化在当代乡村中的回归及发展是以徽商文化在当代徽州乡村中的复归为代表的。现在，徽州乡村地区村民生活水平都比较富裕，人们普遍拥有灵活的经济头脑和敢为人先的实干精神及创新意识，对市场信息也有敏锐的嗅觉，能适时优化调整自己的产业结构，在市场经济的竞争中往往能成为佼佼者，这些变化中有很多都与徽商精神的特质相关联。种种迹象都表明，现代社会商品经济的观念在徽州的农村很容易就得到了复归，徽商文化在当代乡村中的复归主要体现在徽商精神在当代徽州乡村的传承和发展。

历史上的徽商作为产生在封建体制内的商帮，带有那个时代的许多烙印和痕迹，其表现出的徽商文化既有精华也有糟粕，而它的精华内涵值得挖掘，值得现代人传承。徽商倡导一种独具特色的商业道德，也创造了一

①唐军．蛰伏与绵延：当代华北村落家族的生长历程[M]．北京：中国社会科学出版社，2001：45.

套完整的商务理念。徽商精神的精华内涵主要有两大要点：一是徽商的创业精神，二是徽商的创新能力。自从农村实行家庭联产承包责任制以后，随着农村经济的发展和商品经济思想在农村的广泛深入传播，徽商的创业精神和创新能力在全社会商品经济的大潮中获得了新生，徽商“极具开放性观念”的特征在现代的徽州村民身上得到了很好的体现，他们身上能够很清晰地看到徽商的拼搏、勤俭、谦让、诚信、思维活跃等特征。

随着改革开放的深入和发展，在现代的徽州村庄中，人们原有的思想观念和思维方式都发生了改变，现在的村民已经从传统农业型逐渐走向了副业经营型。在鲍村虽然仍有不少人从事农业种植业，但都是一些年老体弱者和妇女，身强力壮的年轻村民大多从事工业、建筑业、交通运输业和商业等。他们认为农业种植只能解决温饱问题，而要想赚大钱必须要靠从事商业、建筑业等。鲍村中现代村民的思维方式越来越活跃，能因势利导很自然地转变自己的生产结构。农民有了经济头脑，在大众传播媒介日益普及的影响下，其信息也更加灵通，农民如果看到哪种农作物产量高、收成好，就会马上转向那种农作物的种植，从而转变自己的产业结构。在鲍村做调查的时候正值7月份，我们看到当地的农户都正忙着给菊花施肥、打药除虫，这里的农户几乎家家户户都种植菊花。后来我们在与一位五十多岁的村民进行交谈后才得知，原来这里的村民以前是不种植菊花的。也就是说，鲍村以前没有种菊花的传统，但现在菊花（黄山贡菊）是鲍村农户最主要的收入来源，有的种植大户一季菊花的收入就有一万元左右。现在鲍村的村民几乎家家户户都有烘房（成本两千元左右），这样便于村民炮制菊花，再卖到城里去。那位村民还告诉我们，在村子里他是第一个开始种植菊花的。大约在1996年，他有一次在家中看《黄山新闻》了解到“黄山贡菊”的销路非常好，价格也非常高，于是那一年他一下子就种植了三亩多的菊花，到收获季节他还不得不雇佣其他村民为他采摘菊花，当年他种植菊花的纯收入就有一万多元。后来其他的农户看到有利可图，便也开始纷纷种植菊花。另外，在鲍村的村级资料里，我们还看到了一份该村一位“农民创业带头人”的报告。这位农民的创业成绩非常显赫——他于2002年在歙县××村租地160余亩，2002年开始种植油桃1 240株，布朗李1 100株，美国杏李300株，梨660株，枣300余株。同时，还栽培了各种盆景4万多株，年收入共计150万元左右。不仅村民个人的创业能力越来越强，有些村庄还开始如火如荼地发展村办企业，如在鲍村村委会的领导下，鲍村于2007年成立了“上丰乡鲍村农家乐旅游发展服务中心”，由鲍村自筹资金、独立核算、自负盈亏，企业法人由村委会主任鲍万龙同志担任。鲍村还以此为条件，提高了农家乐旅游服务水平，发展了集体经济，促进了本村农民收入的提高。

从以上这些事例中我们可以看到，在徽商传统的影响下，现代的徽州村民思维越来越活跃，观念也越来越开放，徽商思想与现代商品经济思潮能够很自然地紧密结合在一起，古徽商的创业精神和创新能力在现代社会商品经济的发展下获得了新生，并得到了稳定健康的发展。在徽商传统与商品经济的双重影响下，现代徽州村民的思维方式早已由封闭型的自我思维转变为开放型的信息思维。农民在思考问题时，不再是单单考虑到自我生存和土地，而是同时考虑到了市场的、国内的商品信息和整个经济形势。现代的徽州村民已经学会通过收集大量的市场信息和进行准确的综合判断，来决定如何调整产业结构，赚到更多的钱，过上更加富裕、幸福的生活。

历史上徽商结伙经商的现象一直很普遍。据资料介绍，明清时期，当时徽人行贾往往结成规模庞大的群体，其人数动以千计。这种群体是以宗族乡里关系为纽带结合起来的。在群体中，首领对众商在财力上予以支持，在业务上予以指导；众商则听从首领的指挥，协同行动[①]。与这种规模宏大的徽商商帮和徽商协会相类似的是，现代的徽州村民往往能进行很好的互助合作，能在诚信、妥善的沟通基础上，自发成立一些农村专业合作组织。农村专业合作组织的自发成立在徽州地区非常普遍，仅在歙县，规范操作的农村专业合作组织就已经达到60个，在全县已有一定规模，作用非常明显。在上丰乡的乡政府材料中我们了解到，上丰乡已成立的农村专业合作组织有歙县葡萄协会、江满田绿色食品茶协会、定潭机制名优茶协会、南源口兰花茶协会、汪村高山蔬菜协会、黎明养殖协会等，在我们做调查的鲍村就有“歙县上丰乡鲍村花果协会”。现代徽州地区农民协会的普遍成立，一方面说明古徽商亲密合作、诚信互助的优良传统在现代乡村得

①张海鹏，王廷元，孙树霖.徽商研究[M].合肥：安徽人民出版社，1995：6.

到了传承和发扬，另一方面也说明现代农民组织化的程度已逐渐提高。这些协会承担的工作主要有拟订合同协议书、制定集体商标使用的管理规则、向外来客户介绍和宣传产品、引进并推广优良品种的种植（或养殖）、开展农民科技培训工作等。如在鲍村花果协会的材料中我们就看到了《徽州雪梨产品简介》《“徽州雪梨”集体商标使用管理规则》《大花枇杷种植技术详细介绍》《优质枇杷丰产项目经费预算安排》等材料，这些材料说明现代的鲍村村民在农民协会的带领下，能较好地适应市场经济的规则，对合同、商标等现代商品经济体制下的产物有了普遍的认同，能有效地提高自身农产品的质量及产量，并能较好地将自己的农产品宣传出去。总的来说，农民协会的普遍成立增强了农民抵御市场风险的能力、自主发展的能力和市场竞争能力，起到了鼓励农村专业合作组织打破行政区域界限、开展跨区域发展、努力壮大自身实力的作用。随着乡村社会的发展，农民协会将真正成为上连市场和龙头、下连基地和农户，带领农民闯市场、调结构的纽带和桥梁。

农民协会与传统徽商商帮的根本区别在于，传统徽商商帮是以宗族乡里关系为纽带结合起来的，而现代的农民协会则是在志愿、平等、诚信的基础上建立起来的，传统的宗族关系在现代的农民协会组织中没有任何体现。传统徽商商帮的首领往往也是宗族中辈分较长的族老，但现代农民协会的首领则一定是村庄能人或村委会的领导干部（一般以村庄能人居多），村庄中的传统宗族势力对协会起不到任何影响。例如歙县上丰乡鲍村花果协会的组织名单如下：

会　长：鲍万龙
副会长：丁光安
秘书长：宋顺意（女）
理　事：汪寿高、鲍小苟、鲍秋汝（女）、鲍　瑀

从这份组织名单中可以得知，在鲍村花果协会里起领导作用的正是村庄能人，也有组织能力较好的村委会干部，甚至连村庄中较能干的妇女也在协会中起到了一定的作用。这些事实材料表明了浓厚的徽商文化在现代村庄中复归后的发展，也表现出村庄中现代性的提升。

传统徽商文化中重教兴学的风尚在现代村庄中也得到了传承和发扬。徽商不仅自己“贾而好儒”，而且十分重视对下一代的培养。他们在致富以后，或者兴建书屋，购买图书，以重金延师课子；或者亲自督促子弟读书；或者兴办义学，教育本族子弟；更有甚者则兴建书院或捐资书院等。重教兴学已成为徽商的一种风尚，这种风尚历经几百年，代代相传，经久不衰，不仅在当时造成了巨大的影响，也对后世的徽州人产生了深远的影响。例如，在鲍村，村民都很重视孩子们的教育工作，全村适龄青少年入学率为100%，村小学经过改造后，建起了一幢两层楼的教学楼，窗明几净、桌椅整齐，学生的学习环境良好。学校不仅办起了图书室，还配备了先进的电教设备，每个教室都安装了彩电和闭路电视。鲍村小学的教学质量在全乡名列前茅，而且鲍村中每年都有很多农户家里的孩子在高考中取得骄人成绩，这正是徽商崇儒重教思想在现代村庄中延伸的结果。

徽商文化在现代乡村的复归与发展具有极其深远的意义，推动人们经营方式的多样化，促进了人们生活水平的极大提高。同时，在商品经济不断渗透的过程中，传统村落中以血缘关系为基础的家族权威逐渐被消解，村民个体的现代型政治人格渐渐得以凸显。村落中的生产关系是乡村中所有政治、经济、文化关系的决定性因素，因为“人们在自己生活的社会生产中发生一定的、必然的、不以他们的意志为转移的关系，即同他们的物质生产力的一定发展阶段相适合的生产关系。这些生产关系的总和构成社会的经济结构，即有法律的和政治的上层建筑竖立其上并有一定的社会意识形式与之相适应的现实基础。物质生活的生产方式制约着整个社会生活、政治生活和精神生活的过程。”[①]所以说，在现代经济体制影响下村落中的人们依靠获取财富方式的多元化，不仅改变了传统村落的封闭性和农耕性，消解了传统村落的家族权威，也使处在现代社会商品经济浸淫下的整个村落的社会生活、政治生活和精神生活都逐渐体现出了现代性的诸多因子。

①马克思恩格斯选集(第二卷)[M].2版.北京:人民出版社,1995:32.

徽州农村政治文化结构现代性分析
——以歙县鲍村为例

王义德　胡颖群①

摘　要:现代性的本质是以人为中心的主体性。当今徽州地区农村政治文化结构中的现代性主要体现为村民主体政治人格的转换、乡村政治权威的理性化以及村民政治参与的扩大和理性化。这种现代性的发展,有力地促进了乡村政治向现代政治的发展。

关键词:徽州;农村政治文化;现代性;理性化

政治文化具有一定的稳定性和历史延续性,但它不是一成不变的。新中国成立60多年来,我国农村传统政治文化已发生重大变迁。如前文所析,徽州地区颇富特色的农村传统政治文化虽然还没有完全转变为现代型政治文化,但在农村传统政治文化革故鼎新的过程中,已逐渐显现出了很多现代性的因子,推动了农村基层民主政治的发展。本文以歙县鲍村为基础来阐述当今徽州地区农村政治文化结构中所包含的现代性因素。

一、政治现代性的根本内涵

所谓"现代性"是对"现代"在价值上的一种确认,它是源于启蒙时代的一种持续进步的、合目的性的、不可逆转的、发展的思想观念。现代性推进了民族国家的历史实践,形成了民族国家的政治观念与法的观念,

①王义德,安徽师范大学法学院公共管理系教授,博士,安徽师范大学法治中国建设研究院研究员;胡颖群,安庆医药高等专科学校讲师,硕士。

建立了高效率的社会组织机制，创建了一整套以自由、民主、平等、正义为核心的价值理念。现代性的本质是以人为中心的主体性，其本质特征是设定了人作为主体对客体的绝对征服关系。

在传统政治向现代政治转变的过程中，根据亨廷顿的理解，政治现代化应包括权威的理性化、结构的分化以及政治参与的扩大[①]。同时，根据现代性的定义，“以人的价值为本位的自由、民主、平等、正义等观念”应是现代性的根本内涵，因为任何政治活动都是以现实中的个人为主体的。马克思也曾这样阐述道：“以一定的方式进行生产活动的一定的个人，发生一定的社会关系和政治关系。经验的观察在任何情况下都应当根据经验来揭示社会结构和政治结构同生产的联系，而不应当带有任何神秘和思辨的色彩。社会结构和国家经常是从一定个人的生活过程中产生的。但这里所说的个人不是他们自己或别人想象中的那种个人，而是现实中的个人，也就是说，这些个人是从事活动的，进行物质生产的，因而是在一定的物质的、不受他们任意支配的界限、前提和条件下能动地表现自己的。”[②]所以，政治现代化的过程中最根本的动因应该是作为主体的人的现代化。与这一论断相符合的是——改革大潮下徽州农村政治文化结构中体现出的现代性主要表现在三个方面：村民主体政治人格的转换、乡村政治权威的理性化以及村民政治参与的扩大和理性化。

二、村民主体政治人格的转换

随着村落生产力的发展、商品经济的延伸、大众传播媒介的影响等，乡村的经济、政治、文化方面都有了明显的发展。村落共同体在客观方面发生重大变化的同时，在主观方面也有很大的变化，人们的心态、心理定势、情感、价值偏好等都伴随着社会政治经济力量的变迁而发生着变化。这种主体性的变化可以理解为村民主体政治人格的转换，这种转换有以下两个方面的表现：

一方面，是从家族集体人格向社会个体人格的转换。社会发展创造了

①赛缪尔·亨廷顿.变革社会中的政治秩序[M].李盛平，杨玉生，李培华，等译.梦觉，校.北京：华夏出版社，1988：92.

②马克思恩格斯全集(第一卷)[M].北京：人民出版社，1995：71-72.

家族集体人格向社会个体人格转换的必要条件。现代社会经济力量的延伸、大众传播媒介所带来的新的价值观念、生活观念的冲击，使人们的个体意识日趋明确、自我意识开始觉醒，与此相伴随的是村落宗族文化、家族观念的消解。有学者指出，传统家族文化的一大特征就是血缘关系把整体联结成一个相互交融的集体人格，每个家族成员没有独立的人格，他们均在集体人格中获得自己的存在。现代人格转换使人们的个体意识逐步加强，逐步明确了个体人格与集体人格的界限。这种人格转换可以从现代农村的婚恋观念上表现出来。在鲍村，因为这是一个单姓村落家族，以前村民们的家族观念非常深厚，村落中绝大多数村民都姓鲍，村落中的人轻易不与外族通婚，婚姻关系上也历来讲究“父母之命，媒妁之言”，婚姻的当事人作为家族的一分子，维护家族的繁衍兴旺似乎是一件义不容辞的事。但是在当代，乡村青年在婚姻问题上表现出越来越大的自主权，越来越多地以自己的意志决定自己的事情。在当代乡村青年外出打工大潮的带动下，农村人口流动增多，村民的人际交往得到扩展，乡村青年的择偶范围大大扩大，他们会认识来自五湖四海的对象，婚姻观念也不再像以前那样保守，有的男青年会甘愿“入赘”，做上门女婿，而在以前，如果谁做了上门女婿，会为人们所耻笑。鲍村中的一位老伯伯告诉我们说：“我儿子在浙江那边打工，认识了当地的一个女孩子，现在他俩就在那儿成了家，小孩子都很大了，过年也不怎么回来。”

在村庄中，年轻一代的村民由于思想观念上的独立、自主甚至“新潮”，再加上年轻夫妇经济上的独立，很多年轻夫妇与上一代存在明显的“代沟”，观念、思想和经济上的冲突逐渐增多，因此年轻的夫妇自立门户，组成属于自己的核心家庭。新的核心家庭一般由年轻夫妇及其子女构成，人数一般在4至6人。在现在的鲍村中，以前的大家庭已经看不到了，村庄中几乎每一户都是核心家庭。另外，在现代乡村中，妇女的地位得到了很大的提高，妇女们的自立意识日益凸显出来，广大妇女在新农村建设中积极地发挥了“半边天”的作用。如在村妇代会的引导和帮助下，鲍村的妇女以产业结构调整为中心，大力发展绿梅花和徽州雪梨新品种的种植，并积极参加村庄中的各项实用技术培训，增强致富能力和驾驭市场的能力。此外，村庄中许多妇女当家作主，勇挑家庭重担，使村庄中许多家庭有富余的男壮劳力。农村富余劳动力的转移不仅促进了农户家庭经济收入的提高，也对村庄的现代化发展起到了积极的影响。

另一方面，是从小农经济人格向“企业家人格”的转变。徽州地处偏僻之地，自然地理环境比较封闭，但随着社会经济的发展，现在的徽州是“偏而不闭，僻而不穷”，究其根本原因，是因为商品经济对村落家族的渗透很明显，对村民主体人格的影响也非常大。因为商品关系的逻辑在本质上是超血缘关系的，商品关系不承认血缘关系所决定的各种原则，如血缘等级、辈分、血缘权威，而讲究价值、等价交换、权利、契约等，所以现代村落的村民逐渐由小农经济人格向“企业家人格”转变，人们逐渐从小农经济的自给自足观念中解放出来，村民的人际关系得到扩展，效率观念得到加强，信息需求也得到增加，还逐渐确立了竞争意识和市场观念。如鲍村的一位村干部在务农以外，还担任了一系列职务，如“皖南上丰花果山景区、农家乐旅游服务中心总经理”一职，他在谈论村庄中的很多事务时，都谈到了“市场运作”这一概念，在他身上能够明显地看到“企业家人格”。

三、乡村政治权威的理性化

政治领域总是以权威的存在为前提的，而权威产生的前提又是人们对权力的正当性与合法性的自觉承认和接受。乡村政治权威的演变是乡村政治文化变迁的一个重要方面。传统的乡村政治权威的基础往往是血缘和习俗，或者是宗教、神幻等其他因素。而现代社会则是依靠体制和理性，依靠法理为权威的基础。乡村政治权威在现时的变化表现为从以血缘关系为权威基础的模式向以法理关系为权威基础的模式过渡。

在社会主义制度建立起来以后，以法律为基础和以公共权力为基础的权威逐步在乡村家族中建立起来，传统的村落家族的权威模式发生了根本的变化。这个变化主要体现在以血缘关系为基础的权威逐渐削弱，而以公共权力为基础的权威逐渐加强。每个村落家族都发生了这种变革，但程度有所不同。

在政治发展较快、经济生活较为繁荣、文化代谢较明显的村落共同体中，我们一般能看到这样的情况——以公共权力为基础的权威逐渐占据了压倒性的优势，而以血缘关系为基础的权威则日见式微。

一方面，家族结构中辈分高的老人的权威性越来越小，现在对村庄事务基本上不产生影响。在鲍村，我们与一位70多岁的老人进行了交谈，他说："现在的天下都是年轻人的了，我们这些老年人都只能待在家里看看门了。"在与这位老人交谈的过程中可以发现，虽然他的年龄比较大，但他也感到现在村中宗族体制、宗族权力、宗族观念等都已经消失殆尽了，连他们这一辈的老年人也都不再对宗族关系抱有太大热情。比如他说，鲍氏家族的族谱早已被毁，而现在的鲍氏宗祠主要作用也从以前的宗族主导转变为现在的仅供祭祀和供外地游客参观。由此可见，经过60多年来的历史变迁，徽州农村中的宗族血缘关系逐渐淡薄，徽州的宗族文化在逐步弱化。

另一方面，村委会的作用日益增大，现在鲍村里的事务都是村干部牵头。鲍村的村两委干部主要有以下几位：村支部书记、村委会主任鲍×龙，支部委员、村委会委员、妇女主任宋×意（女），村委会主任助理吕×杰（大学生村干部），支部委员鲍×武，村委会委员鲍×义。在这些村干部中，鲍×龙和宋×意、鲍×义都是村落中较年轻的一辈，年龄都为40岁左右，他们在村落中的辈分也都比较低，其中宋×意还是外村人，因为她嫁到了鲍村，文化程度较高且在村庄中属于较能干的妇女，所以才当选为村妇女主任，并成为村委会委员。另一位村委会委员鲍×义虽然年长一点（约55岁），但他以前是当过兵的，复员回乡以后因办事能力比较强，才进入了村委会为村民服务。所以鲍村中目前这些村委会成员都是实干型的村干部，鲍村中传统的宗族势力对村委会几乎没有影响。

我们在鲍村进行调研时，遇到这样一件事：村里的一个智障村民养的两头牛吃了另外一个村民的庄稼，引起了纠纷，于是就由村党支部和村委会的干部出面卖掉其中的一头耕牛，以此给庄稼受损的村民一定的经济赔偿。由此可见，现在农村中的村庄事务无论大小，村民们首先想到的就是找村干部解决，若村干部解决不了，还会请乡政府司法部门出面解决。一位村干部向我们抱怨道："下一届村干部选举时不想再干了，因为农村里的事情实在是太多了，鸡毛蒜皮的小事非常繁琐……"村庄的事务事无巨细都需要村委会解决，而村干部要做大量工作，可见，村庄里村两委已成为最主要的权威代表。在我们的调查问卷中也反映出了这个问题，在回答“您认为您村的党组织和党员在群众中的威信如何”时，有64.2%的村民选择了“非常高”，还有16.8%的村民选择了“高”（见表1）。

表1　关于“党组织和党员在群众中的威信如何”的情况统计

非常高	高	一般	较低	非常低
64.2%	16.8%	9.2%	5.1%	4.7%

现代性的另一大特征就是村庄中村民独立、自主意识的增强。一方面，独立自主意识带来了个人的解放；另一方面，独立、自主意识凭借理性，通过自主自律的观念倡导了一种理性的、自我负责的生活方式。村民独立自主的自我意识在村庄权威基础中就表现为：村民以政府体制和法理关系为权威的基础，以村两委干部为权威的代表，但并不迷信于以村干部为代表的个人权威，而是以法律规范取代伦理原则，尊重国家法律和司法原则。在乡村社会，村干部不是对过去族老的取代，不会形成个人崇拜的局面。如在鲍村，村民对村干部褒贬不一，以村支书为例，有的村民对村支书满是溢美之词，称赞村支书“有干劲”，但也有村民并不认为村干部能力过人。

四、村民政治参与的扩大和理性化

中国政治正处于变革之中，政治参与逐渐从精英参与向大众参与发展是其一个重要特征，这一特征在中国乡村社会也有明显的表现。另外，在中国的村落社会中，作为政治主体的广大村民在民主意识、政治认知程度、参政议政能力和政治道德品质方面相对于以前都有了较大程度的提高，这必然导致了乡村政治参与的扩大。与社会发展水平相联系，农村政治参与的扩大是与村民文化素质的提高和农村经济水平的提高紧密联系在一起的。

在鲍村，近三十年来全村人口的文化水平呈上升趋势。在鲍村，我们所接触到的年富力强的村民大多是“60后”或“70后”，他们一般都有初中或初中以上的文化水平。随着近些年来人们对教育的重视，现在村庄里高中毕业和上大学的年轻人越来越多。虽然文化素质高并不一定意味着人们政治参与的热情和程度就高，但随着电子大众传播媒介在村庄的普及，几乎家家都有电视、电话和手机，这样人们足不出户，就可以了解到国家形势，了解各地众多的信息，不仅能丰富自己一天劳动之余的文化生活，同时也潜移默化地影响了村民的生活价值观、政治情感以及政治评判标准等。在鲍村，通过与村民们的交谈可以了解到，许多村民不仅对我国的国家领导人很熟悉，对国外的一些政治领导人也很了解，他们对国家的政策也很了解。当问一位中年妇女在村委会选举唱票时她会不会去时，她说："当然会去了！这是我们的权利嘛！"由此可见，随着时代的发展，尤其在大众传播媒介的影响下，文化素质逐渐提高的村民在政治心理和政治行为上都有了一定的改变。

随着农村的农业、工业和多种经营全面发展，农民的收入有了大幅度的提高。比如，鲍村的山林资源非常丰富，村民们除了种植经济作物外，还发展了生态旅游景区，搞起了"农家乐"，村民们的经济收入有了显著提高。生活由温饱变为小康后，村民在组织生产、消费方面的自由度增大，经济能力增强，自我意识觉醒，开始改变以前对政治权力无条件依附的状态，对民主政治也有了强烈的需求。在这种社会环境下，村民自治虽然并没有激起大多数村民高涨的参与热情，但现代村民在政治参与上确实要理性得多，村民在乡村政治生活中会紧紧联系自身利益再决定对公共权力的态度与取向。如鲍村村民在近几届的村委会换届选举中表现出了更加负责的权力意识，同时还更加关心与自身利益息息相关的现实政治，如国家农业政策的变化、社会风气的好坏等。村民在投票选举时，会倾向于有能力的、政治素质高的候选人，而不会盲目投票。另外，在乡村富裕以后，乡村社会的富户开始受到注意。乡村社会新崛起的富人阶层对民主政治的参与热情要更强烈一些，一方面是因为他们所拥有的资源和能力，另一方面是因为作为"村庄能人"的富户在村落社会中更能得到别人的尊敬，他们的政治话语权更有分量，他们的政治行为也更具有表率性。这些村庄精英也能较容易地融入乡村的政治生活，因为他们是村民的楷模和致富的带头人，凡涉及村中经济与社会发展的大事，村干部较为注重倾听他们的意见、发挥他们的作用，所以他们会获得比较高的地位，也存在较多的参与机会，他们中的一部分人甚至很愿意进入基层权力结构，以寻求实际掌握乡村社会的政治权力。

在鲍村的村组干部中，我们能看到村书记就是一个典型的“村庄能人”，其个人财富在村庄中也属佼佼者，其他如妇女主任、文书、村民小组组长，几乎都是“村庄能人”或“经济精英”。

五、结　语

现在的鲍村虽然仍存在一些传统文化的影响，但我们已深深感受到现代性在村民政治文化中的影响力。鲍村村民主体政治人格的转换、乡村政治权威的理性化以及乡村政治参与的扩大和理性化突出体现了当今徽州地区农村政治文化结构中的现代性。农村政治文化结构中的这种现代性的发展，有力地促进了乡村政治向现代政治的发展，促进和巩固了乡村政治结构功能的分化。如前文所述，鲍村的村组织结构就以职能为依托，实现政治功能的分化。乡村政治结构功能的分化，使其角色发生了变化，变得更加专门化或自主化，出现了新型的专门角色，出现或创造了新的专门化的结构和次体系。与以往封建社会和新中国成立初期的乡村政治权威有所不同，在现在的乡村社会中，村党支部和村委会在职能上开始分开，其中，作为基层自治组织的村委会由村民直接选举产生，在法律上既不隶属乡政府，也不隶属村党支部，它代表村民管理村的公共事务，而党支部从理论上不再直接管理村的公共事务，在涉及村务管理时党支部只是一个决策机构，不再是一个执行机构，不享有直接的村务管理权。这样，一方面有利于乡村社会政治权威的理性化，另一方面也重视了村民的社会需求和利益表达，能更好地服务于村民，促进乡村社会的发展。

徽州区域农村政治文化结构中现代性的发展，促进乡村政治发展的另一个重要体现就是为村民自治的有效运行提供了有力的支撑。因为政治文化直接关系到人们的政治行为，并深刻地影响人们政治行为的方式、政治活动的性质等，所以乡村政治文化现代性的发展直接影响村民自治的运作。现在鲍村村民们面对社会转型所带来的价值观等思想观念的变化时能表现出良好心态，为村民自治制度的推行提供了坚实的基础。在鲍村政治文化变迁所形成的新型政治文化结构中，无论是村民主体政治人格的转换，还是乡村政治权威的理性化、乡村政治参与的扩大和理性化，都反映了农村政治文化向正面方向发展的倾向，这一切在村民自治的实践中，又潜移默化地为村民自治的运作营造了有利的文化环境。随着社会的进步和乡村的发展，作为乡村主体的村民，其自身的现代性会表现得越来越强烈，这必然有利于乡村社会中村民自治的健康运行。这也说明我国的基层政治民主化发展道路尽管存在种种困难，但是能够走得通。

当前，我国正处在社会主义初级阶段，政治、经济、社会都处在转型期，都在向现代化迈进，与之相适应的是，我国的文化建设也正努力朝着现代化的方向发展。我国的农村政治文化作为社会总文化的一部分，也正处在转型、变化与发展的过渡阶段。处在过渡阶段的农村政治文化，因其自身交织着传统与现代两方面因素而存在一定的不确定性。中国的农村地区范围广阔，不同地区有其独特的文化氛围和一些特色文化，这就要求我们必须秉承实事求是的态度，深入细致地研究不同地区农村政治文化的现状，采取不同的政治社会化方式，促进其现代性因素的成长，推动农村政治文化与基层民主的良性互动与协调发展。